Jule
zum 27.9.75
Antje + Martin

Ostern 1966 kam ich zum ersten Mal nach Taizé. Es war der Tag der Profeß meines Bruders. Die große Freude des Ostergottesdienstes und die unvermutete Gastfreundschaft der Brüder bewegten mich. Sie ließen mein damaliges protestantisches Vorurteil gegenüber einer Mönchsgemeinschaft rasch verfliegen. Seitdem bin ich jedes Jahr in Taizé gewesen, allein und mit Jugendgruppen, zuletzt für vier Wochen zur Vorbereitung und Eröffnung des Konzils der Jugend im Herbst 1974. – Mit meiner Absicht, eine Arbeit über ihre Gemeinschaft zu schreiben, mochten sich die Brüder nicht gleich anfreunden. Ihre Gemeinschaft sei nicht geeignet für die wissenschaftliche Darstellung durch einen deutschen Theologen, meinten sie. Zuviel sei noch in Bewegung, zu wenig sei definiert. Trotz dieser Skepsis unterstützten sie mich mit vielen Informationen, die ich mir allein nie hätte beschaffen können. Ohne die Hilfe der Brüder wäre dieses Buch nicht geschrieben worden. – Als die Arbeit abgeschlossen war, akzeptierten sie deren These und meinten, ihre Gemeinschaft sei, so gut es ein Außenstehender könne, zutreffend beschrieben worden.

Für die Ausgabe als Siebenstern-Taschenbuch habe ich den Text gekürzt und auf den neuesten Stand gebracht.

Hamburg, im Mai 1975 A. ST.

ANDREAS STÖKL (*1939) studierte von 1958 bis 1965 Theologie in Wuppertal, Tübingen und Hamburg. 1968 bis 1971 war er wissenschaftlicher Assistent am Missionswissenschaftlichen Seminar der Universität Erlangen, wo er 1973 mit der ersten Fassung seines Taizé-Buches zum Dr. theol. promovierte. Seit 1972 ist er Pastor in Hamburg-Barmbek.

ANDREAS STÖKL

TAIZÉ

Geschichte und Leben der
Brüder von Taizé

Siebenstern Taschenbuch Verlag
Hamburg

Siebenstern-Taschenbuch 184 / Eine Originalveröffentlichung

Umschlagfoto von Andreas Stökl.
Gesamtherstellung Clausen & Bosse Leck/Schleswig
Printed in Germany 1975. ISBN 3-7970-0145-2

Abbildungen

Quellen: Foto Felici: 6; Hans Lachmann, Düsseldorf: 4, 7–11; Ökumenischer Presse-Dienst: 1, 3, 5; Fernand Rausser, Bolligen: 2.

Das vorliegende Buch ist die gekürzte und auf den neuesten Stand gebrachte Fassung meiner Dissertation »Die Communauté de Taizé« (Universität Erlangen–Nürnberg 1973). Ihre These – »Die Communauté de Taizé stellt Einheit der Kirche als Voraussetzung und Inhalt der Mission der Kirche zeichenhaft dar« – wird in den beiden Kapiteln »Gottesdienst« und »Präsenz« entfaltet.

Einleitung

> Wir berufen uns wie jede christliche Gemeinschaft auf die Prinzipien der ersten Gemeinschaft in Jerusalem. Wir wollten, daß man von uns sagt: »Seht, wie sie sich lieben, sie sind ein Herz und eine Seele. Sie haben alles gemeinsam.«
>
> Prior Roger Schutz[1]

Die Communauté de Taizé ist ein Zeichen.

Was ist ein Zeichen? Ein Zeichen ist ein Kommunikationsinstrument. Nichts sonst. Sinnvoll ist ein Zeichen nur als Hilfsmittel. Für sich genommen, ohne die kommunikative Funktion verfehlt ein Zeichen seine Zweckbestimmung. Man kann es dann »für sich« betrachten, so wie man einen auffälligen Wegweiser bestaunt. Seinen Sinn hat ein Zeichen jedoch verloren, wenn es nicht mehr ein bloßes Instrument ist, das sich selbst überflüssig macht, sobald die bezeichnete Sache in den Blick kommt.

Nur wenn wir diesen selbstlosen Charakter jedes Zeichens ernst nehmen, hat es Sinn, ein Buch über die Communauté de Taizé (Gemeinschaft von Taizé) zu schreiben und – zu lesen. Wollten wir etwas anderes, mißverstünden wir von vornherein alles, was die Communauté ist und sein will. Dann könnten wir zwar das religionssoziologisch interessante Phänomen untersuchen, daß zum ersten Mal seit der Reformation etwa 70 Protestanten so leben, wie römisch-katholische und orthodoxe Mönche längst vor ihnen lebten und noch immer leben. Von dem Sinn der Communauté de Taizé hätten wir aber so gut wie nichts begriffen. Vor allem merkten wir nicht, daß diese Gemeinschaft ein Zeichen sein will. Es soll uns auf etwas hinweisen, von dem die Communauté meint, es sei das Ziel jedes christlichen Lebens: die Communio sanctorum, die Gemeinschaft der Heiligen.

Die in Taizé sichtbare Gemeinschaft der Brüder soll das prophetische Zeichen der Gemeinschaft sein, zu der alle Christen gerufen sind. Das gemeinsame Leben der Brüder ist Zeichen im Blick auf zwei Aspekte christlichen Lebens:

1. Im Blick auf die getrennten Kirchen, deren noch ausstehende sichtbare Einheit und Gemeinschaft die Brüder durch ihre Gemeinschaft gleichnishaft vorwegnehmen, anregen und unterstützen wollen. Seit 30 Jahren erweist diese zeichenhafte Gemeinschaft der – konfessionsverschiedenen – Brüder von Taizé,

1 In: Fêtes et Saisons, 1965, S. 12

daß unterschiedliche Konfessionen keineswegs ein gemeinsames Leben von Christen, also die Einheit der Kirche, hindern müssen.

2. Im Blick auf die Menschen, die noch nicht Christen sind oder es nicht mehr sein wollen. Die Brüder von Taizé meinen, Gemeinschaft, also friedliches, brüderliches, unbesorgtes Miteinander-Teilen und -Leben sei der Inhalt des Evangeliums Jesu. Ihr gemeinsames Leben sei darum so etwas wie die wiederholte Predigt und Existenz Jesu. Jesus sprach von Frieden, Freude, Freiheit, Gerechtigkeit, Barmherzigkeit und Vergebung und lebte sie, um die Menschen auf das Wesen der Herrschaft Gottes hinzuweisen.

Theologisch gesprochen meint das gleichnisartige Leben der Brüder von Taizé: *Einheit von Mission und Ökumene.* Mission ist nach Meinung der Brüder nur möglich und hat nur dann Verheißung auf »Erfolg«, wenn die Kirchen eins sind. Und das nicht, weil eine geeinte Kirche ihre Mission gezielter und wirkungskräftiger ansetzen könnte – die Ökumene ist keine Firmenfusion –, sondern weil nur eine sichtbar geeinte Kirche, nur die sichtbar verwirklichte Gemeinschaft aller Christen der Mission Glaubwürdigkeit verleihen kann. Solange die Kirchen wie bisher getrennt nebeneinander oder gar gegeneinander existieren, bleibt ihre Botschaft von Gemeinschaft und Liebe unglaubwürdig. Solange gleichen die Kirchen einem Ehepaar, das von Liebe spricht, aber in Scheidung lebt.

Weil sich die Communauté als prophetisches Zeichen versteht, ist sie nicht zu vergleichen mit scheinbar ähnlichen Gruppierungen. Wollten wir das prophetische Zeichen der Gemeinschaft von Taizé mit anderen evangelischen Kommunitäten oder Orden vergleichen, müßten wir auch das prophetische Zeichen der Ehe Hoseas mit einer Hure (Hosea 1, 2 ff) mit andern Ehen vergleichen. Das Spezifische der zeichenhaften Existenz der Communauté wie der des Propheten Hosea würde durch eine solche Gleichsetzung nicht mehr erkennbar. Sie wäre ihres außergewöhnlichen Charakters beraubt.

Weil sich die Communauté als prophetisches Zeichen versteht, wird sie in diesem Buch auch nicht als Gemeinschaftsmodell für die Kirche der Zukunft beschrieben. Prophetische Zeichen sind nie Modell. Sie rufen nie zur Nachahmung, sondern nur zum Nachdenken über das Bezeichnete auf.

Diesem ökumenischen und missionarischen Ziel der Communauté will dieses Buch dienen, indem es Geschichte, Grundlagen und Intentionen der Brüder von Taizé darstellt.

I
Die Quellen

Das Dilemma: Niemand kann einen auch nur annähernd zutreffenden Bericht über die Communauté de Taizé geben. Die Communauté besitzt kein Archiv. »Wir verbrennen alles, wir bewahren nichts auf.«[1]

Außer den Selbstdarstellungen der Communauté standen für diese Arbeit nicht die üblichen Primärquellen zur Verfügung wie eine Chronik, Tagebücher, die umfangreiche Korrespondenz der Brüder, Protokolle des Bruderrats, Haushaltspläne, Abrechnungen, Arbeitspläne und Rechenschaftsberichte der verschiedenen Betriebe der Communauté, Nachrichten aus den Fraternitäten, Statistiken und andere Dokumente. Quellen dieser Art, die es einem Historiker gestatteten, sich ein umfassendes Bild von dieser Gemeinschaft zu machen, wurden von den Brüdern stets vernichtet, sofern sie überhaupt existierten.

Hinter diesem beachtenswerten Verzicht der Brüder auf jede Form von Dokumentensammlung verbirgt sich eine Vergangenheitsbewältigung, die in der Geschichte der Kirche ihresgleichen sucht. Die Ursache für diese sonderbare Dokumentationsaskese ist allerdings nicht in der Absicht der Brüder zu suchen, bestimmte Ereignisse aus der Geschichte der Communauté vor zudringlich scheinenden Fragen ihrer Besucher zu verbergen. Es gab in der Communauté zu keiner Zeit so etwas wie eine publizistische Arkandisziplin, die über die eigene Vergangenheit nicht reden mochte. Stets erteilten die Brüder hinreichende, wenn auch zuweilen knappe Antworten auf Fragen ihrer Besucher.

Der Grund für das eigentümliche Desinteresse der Brüder an ihrer eigenen Vergangenheit liegt einzig in ihrer Absicht, das »Heute Gottes« zu leben, die »Dynamik des Provisorischen« zu nutzen. Sie wollen sich deshalb nicht unnötig belasten mit der Erstellung eines Archivs. Zudem böte ein Archiv der gefährlichen Möglichkeit Raum, als Communauté eines Tages zu den ›reinen Anfängen der ersten Jahre‹ zurückgeführt, im restaurativen Sinn

1 Paupert: Taizé, S. 37

reformiert zu werden. Dann wäre aus einer Form des institutionalisierten Provisoriums eine bewegungslose Institution geworden, die nur noch sich selbst zu erhalten imstande wäre, nicht jedoch kommunikationsfähig bliebe.

Der Prior schreibt, daß »wir uns in einem ständigen Provisorium befinden. Die lateinische Wurzel dieses Wortes bezeichnet auch die ›Vorsorge‹: Vorsorge treffen für das, was nötig ist, und auf die Veränderung der Verhältnisse warten ... Wer im Provisorium lebt, erkennt, daß er den Weg zur Einheit mit neuer Kraft geht. Denn Bedrohung schlechthin wäre es, wenn wir uns selbst genügen würden, über einem Schatz, den wir entdeckten, den Deckel wieder schließen würden, und wenn wir auf diese Weise auf Jahrhunderte hinaus wiederum Strukturen schaffen wollten, die, sobald sie ihrerseits überholt sind, zu neuer Isolierung beitragen würden und nicht zur Kommunikation. Ihnen Dauer zu verleihen, werden so oft alle Kräfte mit Beschlag belegt. Gibt es nicht in der Geschichte der Christen genügend Institutionen, die den provisorischen Anfangscharakter ihres Ursprungs verloren haben, um die Zeiten überdauern zu können? Der christliche Horizont derer, die ihnen angehören, ist verengt. Sie können nur überleben, indem sie sich hinter schützende Barrieren zurückziehen.«[2]

Diese grundlegenden Sätze begründen auch den Verzicht der Communauté auf ein Archiv. Darüber hinaus weisen die Sätze des Priors zum ersten Mal auf die »ökumenische Berufung« hin, die für die Existenz und die Intentionen der Communauté charakteristisch ist. Durch ihren Verzicht auf ein Archiv, das die Besonderheiten der Communauté bewahren hülfe, weigern sich die Brüder, sich »mit dem Skandal der Spaltung unter den Christen« abzufinden, »die alle so leicht die Nächstenliebe bekennen und doch getrennt bleiben«.[3] Insofern ist dieser Verzicht tatsächlich mehr als eine Rationalisierungsmaßnahme. Er ist vielmehr von nicht gering zu achtender theologischer Bedeutung, die alle Merkmale eines »prophetischen Zeichens« trägt.

Primärquellen

Wer unter den gekennzeichneten Voraussetzungen ein Buch über die Communauté schreiben will, muß sich zum großen Teil mit dem zufrieden geben, was er an Information aus Gesprächen mit

2 In: Dynamik des Vorläufigen, S. 107 ff
3 In: Regel von Taizé, S. 15

den Brüdern erfährt. Obwohl ich mich gemüht habe, durch planmäßiges Befragen ein möglichst umfassendes Bild der Communauté zu erhalten, waren solcher mündlichen Information Grenzen gesetzt. So war meist die Zeit sehr knapp bemessen, die den Brüdern für Gespräche mit mir zur Verfügung stand, ein tieferes Eindringen in die Problematik bestimmter Themenkreise daher kaum möglich. Auch waren während meiner Aufenthalte nicht immer jene Brüder anwesend, die über bestimmte Bereiche der Communauté am ehesten kompetente Auskunft hätten geben können. Außerdem waren die geschichtlichen Kenntnisse zuweilen lückenhaft. Das wichtigste Hindernis aber bildete für mich der konsequente Verzicht der Brüder, interne Strukturen, theologische Grundlagen und Ziele der Communauté durch Definitionen zu erklären. Statt dessen benutzten sie Bilder, Vergleiche, Beispiele und Bonmots, um sich und das Leben der Communauté verständlich zu machen.

Die einzigen schriftlichen Primärquellen sind Selbstdarstellungen der Communauté. Formal und inhaltlich unterscheiden sie sich nicht wesentlich von den mündlichen Auskünften der Brüder. Sie sprechen in sehr allgemeinen Worten und Daten. Ihr historischer Quellenwert besteht darin, daß sie die typische Zurückhaltung der Communauté widerspiegeln, von sich selbst zu sprechen.

Gedruckte Selbstdarstellungen sind äußerst selten. Die ausführlicheren unter ihnen stammen aus den ersten Jahren der Communauté.[4] Von 1957 an wurde man in Taizé noch zurückhaltender. Seitdem wird meist derselbe kurzgefaßte, allgemein gehaltene Text wiederholt.[5]

Es muß noch etwas über die Maßgeblichkeit aller Texte aus Taizé gesagt werden. Faktisch kommt diesen Schriften nämlich unterschiedliche Verbindlichkeit zu. Diese läßt sich durch das Bild zweier konzentrischer Kreise verdeutlichen, um die sich gleichmäßig verteilt eine Anzahl von Punkten schart. Den Kern aller Äußerungen der Communauté bildet die »Regel von Taizé«, die durch das Büchlein »Einmütig im Pluralismus« aktualisiert wird.[6] Daneben drücken alle Arbeiten des Priors authentisch das Selbstverständnis der Communauté aus. Diese große Authentizität seiner Schriften ist nicht durch einen angenomme-

4 Vgl. das Literaturverzeichnis

5 Vgl. zum Beispiel den kurzen Text im Anhang von Roger Schutz: Heute Gottes, S. 119 ff

6 Beide Bücher erschienen als Herder-Taschenbuch Nr. 365. »Regel« und »Einmütig im Pluralismus« werden nach dieser Ausgabe zitiert.

nen Offenbarungscharakter seiner Gedanken bedingt, dem sich die Brüder zu unterwerfen hätten. Seine Schriften geben nur darum am ehesten das Selbstverständnis der Communauté wieder, weil sie die Frucht seines unaufhörlichen Gesprächs mit allen Brüdern sind. Sie sind also nicht Ausdruck einer privaten Meinung des Priors; eher sind sie der Ausdruck dessen, was alle Brüder – den Prior inbegriffen – bewegt. Trotz dieser großen Wertschätzung der Gedanken des Priors für die Brüder sind seine Worte nie »zeitlos« zu verstehen, so daß sich etwa ein Kanon seiner Schriften zusammenstellen ließe. Eine Reihe seiner Arbeiten, wie »Introduction à la vie communautaire« (Einführung ins gemeinsame Leben) von 1944 oder »Einheit und Zukunft« von 1962 sind sogar durch die historische oder spirituelle Entwicklung als überholt zu betrachten, wie mir frère Charles-Eugène, der Sekretär des Priors, sagte. Stets muß der Leser der Schriften frère Rogers deren historische Bedingtheit im Auge behalten, wenn er nicht den Prior und mit ihm die Communauté auf einem Standpunkt fixieren will, den die Brüder längst verlassen haben. Das heißt nicht, daß jene früheren Ansichten falsch waren. Es bedeutet nur, daß sie heute für die Brüder überholt sind.

Um die »Regel« und die Schriften des Priors scharen sich die individuellen Meinungsäußerungen der Brüder. Sie stellen das jeweils eigene Verständnis der Probleme ihres kommunitären Lebens sowie die verschiedenen Tätigkeiten in der Communauté dar. Sie sind theologisch nicht verbindlich. Viele Arbeiten tragen einen Vermerk, der meines Wissens ohne Parallelen in der literarischen Produktion klösterlicher oder kirchlicher Gemeinschaften ist: »Dieses Buch ist eine Forschungsarbeit, die die Communauté theologisch nicht verpflichtet.« Dieser Vermerk spricht für den Realismus der Brüder. Tatsächlich verhält es sich so, daß keineswegs alle Brüder beispielsweise die theologischen Arbeiten von frère Max Thurian gelesen haben oder überhaupt lesen wollen. Oft sind sie ihnen zu kompliziert. Zudem bestimmen nicht allein die Theologen unter den Brüdern die theologischen Meinungen der Communauté. Es gibt keine Theologie von Taizé, nur einen Pluralismus theologischer Meinungen. Dies zu betonen ist notwendig, weil nur wenige außenstehende Autoren den redaktionellen Vorbehalt bei den Publikationen registrieren. Statt dessen werden immer wieder besonders die Arbeiten von frère Max als Ausdruck einer Theologie Taizés ausgegeben.

Auf den ersten Blick erscheint die Literatur über die Communauté unübersehbar. In der Tat gibt es heute kaum ein Kirchenblatt, theologische Zeitschrift oder Tageszeitung, die nicht irgendwann über die Communauté berichtet hätte. Bei näherer Betrachtung stellt sich jedoch meist heraus, daß der Informationswert der Taizé-Artikel gering ist. Es sind oberflächliche Erlebnisberichte mit sachlichen Fehlern oder Entstellungen. Sie sprechen fast stereotyp von protestantischem Kloster, evangelischen Mönchen, monastischer Bruderschaft, ökumenischem Meditationszentrum. Nur selten stoßen die Verfasser von den vordergründigen persönlichen Eindrücken und Meinungen zu dem eigentlichen Auftrag und den Intentionen der Communauté vor.

Erstaunlicherweise sind kritische Beurteilungen der Communauté selten.[7] Erstaunlich ist dieser Sachverhalt vor allem darum, weil die protestantische Tradition wenig Positives über Kloster und Mönchtum zu sagen weiß. Grob gesagt lautet das protestantische Urteil über das Mönchtum so: Seine praktische Bedeutung für die Mission und die kulturelle und soziale Entwicklung wird anerkannt, seine Evangeliumsgemäßheit und theologische Legitimität werden bestritten. Wie geringfügig noch immer die Korrektur ist, die diese protestantische Tradition erfahren hat, zeigten mir viele Gespräche mit deutschen evangelischen Theologen und Laien. In ihnen offenbarte sich immer wieder ein wenig durchdachtes »antimönchisches Empfinden«. Man warnte vor der »repressiven Sentimentalität der Gottesdienste in Taizé«, vor der »charismatischen Eile« der Brüder, die »den Boden des Protestantismus verlassen« hätten, vor ihrem »Kryptokatholizismus«.[8]

Obwohl Artikel und mündliche Äußerungen Außenstehender über die Communauté keineswegs von den Brüdern ignoriert werden (die oft unbedachten Äußerungen von Christen der eigenen Kirchen haben sie nicht selten verletzt), versuchen die Brüder, jeder Apologetik abzusagen: »Wir verweigern uns jeder Polemik. Es bleibt darum wichtig, daß wir unberührt bleiben von gemeinen Kritiken ebenso wie von Lobsprüchen. Beide sind in gleicher Weise gefährlich und infam.«[9]

7 Auf die wenigen wichtigen Kritiken werde ich später eingehen.

8 Kennzeichnend für den Vorwurf des Kryptokatholizismus sind besonders die Artikel F. C. Schillings im Evangelischen Pressedienst.

9 Roger Schutz in: Le Monde, 20. Mai 1970

II
Die Geschichte der Communauté bis Ostern 1949

Das Gründungsdatum

Das Dilemma: Das Gründungsjahr der Communauté ist unbekannt! Trotz der zur Zeit bei den Brüdern und Berichterstattern üblichen Chronologie, die als Gründungsjahr 1940 nennt, ist das Anfangsdatum der Communauté nicht exakt bestimmbar. Dabei kann es mit Sicherheit nicht *mehr* als 35 Jahre zurückliegen. Diese ungewisse Altersbestimmung der vergleichsweise jungen Communauté ist bezeichnend für das Desinteresse der Brüder an der Vergangenheit ihrer Gemeinschaft.

Mit einigem Recht können wir Ostern 1949 als »Geburtstag« der Communauté bestimmen. Als ihn S. Chabrillan von »Panorama Chrétien« interviewte, kam frère Roger zu der bemerkenswerten Feststellung: »Zu Ostern 1949 legten die ersten sieben Brüder ihre Profeß ab. Das ist das Geburtsdatum der Communauté de Taizé.« (aaO, Juli 1963, S. 21) Man mag sich auf dieses Zitat berufen, das die definitiven Engagements der Brüder als konstitutiv für das Wesen der Communauté betrachtet.

Man könnte sich aber auch jenen anschließen, die den Beginn der Communauté in das Jahr 1940 legen, als Roger Schutz das leerstehende Herrenhaus in Taizé kaufte. Aufgrund dieser Chronologie feierten die Brüder 1965 das 25jährige Jubiläum der Communauté. Da aber 1940 erst ein einziger Bruder – frère Roger – in Taizé wohnte, wird man dieses Jahr schwerlich als Gründungsdatum einer Gemeinschaft von Brüdern ansehen können.

Als ein dritter und letzter möglicher terminus a quo könnte schließlich auch noch das Jahr 1942 gelten. Damals entstand die Urzelle der späteren Communauté, als sich frère Roger die beiden ersten Brüder anschlossen: Max Thurian und Pierre de Souvairan. Eine Zeitlang galt dieses Jahr als offizielles Gründungsdatum der Communauté. So zählte frère Roger noch 1959 in »Das Heute Gottes« (S. 83) nur »siebzehn Jahre, die seit unserer Gründung vergangen sind«. 1968 in der neuesten Auflage desselben Buches zählte er bereits 28 Jahre, so wie es der derzeit üblichen Chronologie entspricht.

Das Gründungsjahr der Communauté wird also aufgrund eines Kriteriums – der Profeß der ersten sieben Brüder zu Ostern 1949 – festgelegt, das nicht unwiderlegbar sein kann. An der heute üblichen Altersbestimmung wird es ohnedies nichts mehr ändern können. Ich hoffe aber, daß in dieser Arbeit deutlich werden wird, wie sehr die definitiven Engagements der Brüder das Leben der Communauté bestimmen, so daß eine Communauté de Taizé ohne diese endgültige Bindung der Brüder nicht vorstellbar ist.

Roger Schutz – Kurzbiographie des Gründers und jetzigen Priors der Communauté bis 1939

Die Entstehung der Communauté de Taizé wird gewöhnlich pauschal mit der Entstehung der übrigen Kommunitäten in den protestantischen Kirchen zusammengesehen. Die unvermutete Entstehung dieser evangelischen Kommunitäten wird in der Regel durch zwei Ursachen motiviert: 1. durch die besondere Situation der Kriegs- und Nachkriegszeit; 2. durch ein Gemeinschaftserlebnis.

Beide Ursachen können die Entstehung und Existenz der Communauté nicht erklären, wiewohl noch immer anderes behauptet wird. Weder hat die Communauté »im Frankreich der Kriegszeit ... ihr Gesicht gefunden«[1], noch ist ihr »Ursprung zu suchen in den Kreisen erweckter Studenten«.[2] Keine der vier Arbeiten, in denen zwischen 1941 und 1944 Roger Schutz die Motive darlegte, die zur Gründung der Communauté führten, gibt einen Hinweis, daß die Erfahrungen des Zweiten Weltkrieges irgendeinen formativen Einfluß auf die entstehende Communauté hatten. Auch ein gemeinsames Urerlebnis hat es nie gegeben. Bis auf den Prior wurde kein Glied aus »den Kreisen erweckter Studenten«, über die noch zu reden sein wird, ein Bruder von Taizé.

Die Ursprünge der Communauté sind längst vor den Ereignissen des Zweiten Weltkriegs in der Person ihres Gründers Roger Schutz zu suchen. Wie alle großen Ordensgründungen in der Geschichte der Kirche verdankt auch die Communauté ihre Entstehung einzig und allein der kühnen Vorstellungskraft und unerschrockenen Beharrlichkeit nur eines Mannes. Man mag darum Roger Schutz ohne zu zögern in die Gemeinschaft eines Benedikt, Franziskus, Ignatius, Charles de Foucauld stellen.

1 G. Heinz-Mohr: Kommunitäten, S. 41
2 E. Schick: Evangelische Orden?, S. 553

1 Prior Roger Schutz

Wenn sich 1940 irgend jemand um die Personalien von Roger Schutz gekümmert hätte, um etwas über die Vergangenheit und Zukunft dieses Mannes zu erfahren, so hätte nichts auf den Gründer der heute weltweit bekannten ökumenischen Gemeinschaft hingewiesen. Die Daten: Geboren am 12. Mai 1915; schweizerische und französische Staatsangehörigkeit; Sohn eines reformierten Pastors; Student der reformierten Theologie in Lausanne. Nichts Außergewöhnliches bieten diese Angaben. Wer hätte damals von einem reformierten Theologiestudenten erwartet, er könnte der Gründer einer – noch dazu evangelischen – Mönchsgemeinschaft werden?

Was hat diesen Mann bewogen, trotzdem diesen unmöglichen Weg zu gehen, für den es damals in den evangelischen Kirchen kein Vorbild, wohl aber die vierhundertjährige, ungebrochene Tradition der grundsätzlichen Verwerfung gab? Üblicherweise redete man jetzt an dieser Stelle von einem »Bekehrungserlebnis«, das einen Menschen entgegen seiner bisherigen Tradition zur Gründung einer monastischen Gemeinschaft treibt. Franziskus, Ignatius, Charles de Foucauld wären hier als bekannte Beispiele »bekehrter« Ordensgründer zu nennen.

Auch bei frère Roger können wir von einem »Bekehrungserlebnis« sprechen, allerdings von einem »Erlebnis« ganz besonderer Art. Es ereignete sich nicht an einem bestimmten Tag zu einer bestimmten Stunde, sondern es setzt sich aus einer Reihe gleicher »Erlebnisse« zusammen, die Roger Schutz mehrere Jahre hindurch immer neu beeindruckten. Die »Erlebnisse« änderten zunächst nichts in seinem Leben. Der Nichtglaubende blieb nichtglaubend. Die »Erlebnisse« führten Roger Schutz anfangs nur zu einer Erkenntnis, die er aufgrund seiner dreijährigen nüchternen Beobachtung einer christlichen Umwelt gewann. Wirksam wurde diese Erkenntnis erst mehrere Jahre später.

Dreißig Jahre nach dieser entscheidenden Zeit seines Lebens schrieb er über den Grund seiner ökumenischen und monastischen Berufung: »Meine ökumenische Berufung verdanke ich der Großzügigkeit (générosité) meiner Eltern. Mein Vater war Pastor in der Schweiz. Auch unter den Vorfahren meiner Mutter finden sich zahlreiche Pfarrer. Sie ist Französin aus Burgund; von daher rührt meine doppelte Staatsangehörigkeit.

Während meiner Schulzeit gaben mich meine Eltern bei einer Witwe in Pension, die mit großen wirtschaftlichen Schwierigkeiten zu kämpfen hatte. Sie hatten erst lange gezögert, mich zu ihr zu geben, denn diese Frau war katholisch. Doch gab schließlich die Großzügigkeit den Ausschlag. So lebte ich von meinem 13. bis 16. Lebensjahr in einer katholischen Familie.«[3]

»Ich lebte in einer Atmosphäre eines lebendigen katholischen Glaubens. Es gab in jenem Haus kein Geld. Man vertraute der Fürsorge Gottes und lebte vor allem in der Gemeinschaft der Heiligen. Ich muß noch hinzufügen, daß diese Familie ihren Glauben nicht in erstarrten Formen praktizierte.

Ich selbst glaubte zu jener Zeit nicht mehr. Darum konnte ich mit einer gewissen Unberührtheit diese katholische und meine eigene Familie beobachten, die gleichfalls sehr gottesfürchtig und weitherzig lebte. Auf beiden Seiten gab es keinerlei Anzeichen für eine antikatholische oder antiprotestantische Einstellung. Trotzdem war ich über den beiderseitigen Mangel an Verständnis beunruhigt. Ständig dachte ich über diesen absurden Zustand beider Seiten nach, wie sie Gott und den Nächsten lieben konnten und dennoch getrennt blieben.

Ich nahm mir vor, sollte ich eines Tages wieder glauben können, auf alles zu verzichten, was mich in dieser Weise am Leben der Christen abgestoßen hatte, um durch mein eigenes Leben die Berufung zur Einheit zu verwirklichen.«[4]

Nachdem Roger Schutz als Zwanzigjähriger zum Glauben zurückgefunden hatte, begann er, in Lausanne reformierte Theologie zu studieren. Ein auffallendes Interesse zeigte er von Anfang an für die Geschichte des Mönchtums und die Einflüsse monastischer Gemeinschaften auf das Leben und die Erneuerung der Kirche. Es ist darum kein Zufall, daß er später sein Studium mit einer Arbeit über das benediktische Mönchtum abschloß.

Im Zusammenhang mit seinen monastischen Studien zeigte sich bei Roger Schutz eine besondere Vorliebe für Port-Royal (Entstehungsort des Jansenismus). Sie hatte ihre Wurzeln in seiner Kindheit, wie Roger Schutz uns versichert: »In meiner Familie war ich der Jüngste nach sieben Schwestern. Meine Eltern ließen ihre Töchter laut lesen und taten es auch selbst mehrere Stunden jeden Tag. Ich war sehr oft bei diesem Vorlesen anwesend, unter anderem auch bei der Lektüre von ›Port-Royal-lès-Champs‹ von Sainte-Beuve. Meine Eltern hatten eine besondere Vorliebe für Port-Royal. Obwohl ich in jener Zeit nicht glaubte, stellte ich folgende Überlegungen an: Echtes, erneuertes monastisches Leben, wie es während einer bestimmten Periode von Port-Royal . . . zu beobachten ist, birgt eine unvergleichliche Kraft für

3 Roger Schutz: Naissance de Taizé, S. 243
4 Roger Schutz, zitiert von Ch. Boyer: Taizé a center, S. 139

die Verwirklichung einer Aufgabe im Leben der Kirche. Obwohl mich damals alles an Port-Royal sehr interessiert hatte, erinnerte ich mich später, als ich meinen Glauben wiedergefunden hatte, vor allem an sein monastisches Element und die ihm innewohnende Kraft.« (aaO, S. 240)

Roger Schutz begnügte sich nicht mit dem theoretischen Studium des Mönchtums. Immer wieder ging er zu Retraiten und Gesprächen mit Mönchen in Klöster. Da unterbrach eine längere Lungenerkrankung seine Studien. Die Einsamkeit, in die ihn die Krankheit zwang, und die Ruhe während seiner langen Rekonvaleszenzzeit mit Spaziergängen auf dem Lande halfen ihm, Klarheit zu gewinnen über seinen künftigen Weg. Je länger, je mehr erkannte er seine Berufung zum gemeinsamen Leben (vocation communautaire).

Die Verbindungen zwischen den Kindheitserlebnissen und dem Entschluß Roger Schutz', eine Mönchsgemeinschaft im Protestantismus neu zu gründen, sind offenkundig. Dennoch dürfen wir uns nicht das Ziel dieses Weges als selbstverständliche Konsequenz einer in der Kindheit vorprogrammierten Existenz vorstellen. Weder die »ökumenische Erkenntnis« durch die Kinderzeit in den beiden konfessionell getrennten Familien noch die »monastische Erkenntnis« durch die Port-Royal-Lektüre in seinem Elternhaus hatten eine direkt auslösende Wirkung. Erst in Verbindung mit seiner Krankheit wurden sie wirksam. Während der erzwungenen Denkpause halfen sie ihm, sich der Motive seiner Entscheidung bewußt zu werden.

Roger Schutz sprach jedenfalls später von dieser Zeit so, als sei er wider seinen Willen erst durch seine Krankheit und die mit ihr verbundene Reflektion in diese Richtung gedrängt worden. 1944 schrieb er in »Introduction à la vie communautaire« von dem Geschick eines ungenannten Studenten, der offenbar mit Roger Schutz identisch ist: »Es bedurfte eines Stoßes durch die Gnade, um die Wege zu begreifen, auf denen Gott uns führte. Hätten wir sie schon vorher gekannt, hätten wir uns vor ihnen gefürchtet, oder sie für undurchführbar gehalten. O Herr, du hattest deine Gründe. Du wußtest, warum du einem jungen Studenten die Krankheit und die Jahre einsamen Nachdenkens auferlegtest. Du kanntest den Grund für die Begegnungen, die Spaziergänge durch die Felder und Wälder meines geliebten Frankreich und der weniger prächtigen Westschweiz.« (aaO, S. 17)

Die Kindheitserfahrungen mit den beiden Familien, die trotz aller Glaubwürdigkeit getrennt nebeneinander lebten, die Mönchtumsstudien, die Krankheit führten den jungen Roger zu einem Punkt seines Lebens, von dem an für ihn alles entschieden war. Kein Tag eines Bekehrungserlebnisses, sondern ein Tag persönlicher Gewißheit, sich endgültig für den richtigen Weg zu entscheiden. Anläßlich der Verleihung des Friedenspreises des deutschen Buchhandels am 13. Oktober 1974 sagte frère Roger: »Meine Jugend lag in einer Zeit, in der es viele Risse und Auseinandersetzungen unter den Menschen quer durch ganz Europa gab. Damals stellte ich mir ständig diese eine Frage: Warum dieses gegenseitige Sichbekämpfen unter den Menschen und selbst unter den Christen? Ich fragte mich: Gibt es auf unserer Erde einen Weg, der so weit führt, alles vom anderen zu verstehen? Es kam ein Tag, den ich datieren kann, an einem Ort, den ich beschreiben könnte, ein Tag, es war gedämpftes Abendlicht, die Dämmerung senkte sich über das weite Land, als ich einen Entschluß faßte. Ich sagte mir danach: Wenn es diesen Weg gibt, beginne bei dir selbst und engagiere dich selbst. Du selbst, um alles von jedem Menschen zu verstehen. An diesem Tag hatte ich die Gewißheit, daß dieser Entschluß endgültig sei und bis zum Tod gelten würde. Danach ging es um nichts Geringeres, als ständig auf diesen Entschluß zurückzugreifen, immer wieder, das ganze Leben hindurch, alles zu verstehen versuchen. Verstehen anstatt verstanden werden zu wollen.«[5]

Die »Grande Communauté«

1939 wurde Roger Schutz die Leitung der Evangelischen Studentenschaft in Lausanne angetragen. Um eine gemeinsame Basis für die künftigen Gespräche mit den Studenten zu schaffen, schlug er ihnen eine Arbeitsgemeinschaft über den Heidelberger Katechismus vor. Durch das gemeinsame Studium ermuntert, beschlossen etwa 20 Studenten, »sich gegenseitig in ihrem spirituellen Leben anzuspornen und zu unterstützen«.[6] Mit dieser Absicht gründeten sie unter der Leitung von Roger Schutz 1940 eine Art »Dritter Orden«, die »Grande Communauté« (Große Gemeinschaft).

Das Programm dieser Gemeinschaft war bereits am Namen erkennbar. Sie behauptete, nichts mehr, aber auch nichts weniger zu sein (und zu werden) als »Communauté«, als Gemeinschaft im umfassendsten Sinn des Wortes. Das Attribut »Grande« sollte

5 In: Frère Roger (Ansprachen)
6 Roger Schutz: Sakrament, S. 209

nur anzeigen, daß man eine offene Gemeinschaft anstrebte. Sie sollten sich aus Studenten, aber auch aus Akademikern, die bereits im Berufsleben standen, zusammensetzen.

Die Bezeichnung »Communauté d'intellectuels protestants«, die sich die Studenten 1942 in einem Zeitungsartikel gaben, wies auf ihre besonderen Pläne hin: Reform des Studiums christlicher Studenten. An die Stelle individuellen Studierens sollte die gemeinsame Arbeit treten. Kollektives Arbeiten war damals zumindest für die Studenten der Geisteswissenschaften, zu denen die meisten Glieder der Grande Communauté zählten, neu. Dabei ging es den Studenten der Communauté nicht einfach um Rationalisierung des Studiums mit dem Ziel größerer Effektivität. Für sie war individuelles Arbeiten christlicher Studenten ein Widerspruch in sich selbst. Individuelles Arbeiten widersprach der Gemeinschaft der Heiligen. Vor allem Roger Schutz mühte sich um eine konsequente Entfaltung dieser Erkenntnis. Immer wieder fragte er sie nach der Bedeutung ihres Studierens. Diente es nur den individuellen Zielen, oder war es ein Teil des Lebens der Kirche?

»Wie sollten wir auf die Frage antworten, die sich mit immer größerer Dringlichkeit stellte: Zwischen verheirateten und ledigen Intellektuellen eine Verbindung herstellen, die eng genug ist, daß ihre Arbeit nicht mehr isoliert geleistet wird, sondern in direkter Beziehung steht mit ihrem Auftrag (vocation) als Christen. In der Kirche und für die Kirche, in Gemeinschaft mit allen Glaubenden, aber auch mit der Welt in ihrer menschlichen Ausprägung im weitesten Sinn. Innerhalb des Protestantismus stellt dieses Problem eine wachsende Sorge dar.«[7]

Die Grande Communauté beschränkte sich darum nicht darauf, christliche Studenten aus ihrer geistigen Isolierung zu befreien. Der Zusammenschluß der Studenten zu Arbeitsgemeinschaften innerhalb der Grande Communauté vollzog sich gleichzeitig mit der spirituellen Integration. So wurde allmählich aus der Verbindung von wissenschaftlicher und spiritueller Gemeinschaft eine wirkliche »Grande« Communauté. Ein Abbild und Organ der »Communauté des Communautés«, der Kirche, die beides, Gott und Menschen zu dienen, in sich vereinigt (aaO, S. 21).

Ausgelöst wurde diese allmähliche Integration durch das gemeinsame Studium des Jansenismus und der Messieurs de Port-Royal. »So erhielt die Communauté durch das Wirken der Gnade

7 Roger Schutz: Vie communautaire, S. 19

eine christlichere Ausrichtung. Mutatis mutandis entsprach ihre Gestalt der Gruppe der Messieurs de Port-Royal.«[8]

So wie sich in Port-Royal um eine Gruppe von »Solitaires« (Einzelne) die »petites écoles« (kleine Schulen) scharten, so bildeten sich in der Grande Communauté um einzelne »Studienleiter« die Arbeitsgemeinschaften der Studenten. 1942 beschrieb Roger Schutz in dem genannten Aufsatz »Une Communauté d'intellectuels protestants« zum ersten Mal öffentlich die Ziele der Grande Communauté:

»Sie will in Gebet und Arbeit alle protestantischen Intellektuellen vereinigen, denen das gemeinsame Leben notwendig und das Ziel ihrer sehnlichen Wünsche ist.

Nach den Ordnungen sollen sich unter der Leitung eines Studienleiters Gruppen bilden. Er regelt, fördert und unterstützt die Arbeiten. Der Geist der Gemeinschaft befruchtet die intellektuelle Arbeit. Der Studienleiter kann auch mehrere Glieder für dieselbe Forschungsaufgabe bestimmen.

Von den Studenten wird lediglich erwartet, daß sie von ihrer Freiheit und ihrer Zeit vollen Gebrauch machen und – wenn möglich – ihre Arbeiten und Dissertationen den intellektuellen Zielen der Communauté entsprechend einrichten. Von den anderen, die bereits einen Beruf ausüben, wird erwartet, daß sie einen Teil ihrer Zeit für die gemeinsame Arbeit zur Verfügung stellen.

Die Grande Communauté versammelt sich alle zwei Monate zu einem Kolloquium, wo das Gebet und die Arbeit ihren Platz haben werden. Für die Referate sorgen die Glieder der Communauté, aber auch andere Intellektuelle, die im Protestantismus ihre geistige Heimat haben.

Die Grande Communauté versammelt sich mitunter zu ausgedehnteren Retraiten.«

Was ist eine Retraite? Einen ersten Hinweis gibt uns die Übersetzung: Rückzug, Rücktritt, Zurückgezogenheit, Ruhestand, Pensionierung. Retraite im theologischen Sinn ist ein Zeitabschnitt der äußeren und inneren Stille, der sich Christen allein oder in Gruppen aussetzen, um »wenig mit den Geschöpfen und viel mit Gott (zu) reden«.[9] Wichtige Bestandteile einer Retraite sind darum: Meditation bestimmter biblischer Texte, Erforschung des Gewissens, »révision de vie« und die Beichte. Damit ein Christ in der Stille der Retraite nicht der Unklarheit seiner

8 Roger Schutz: Communauté d'intellectuels protestants
9 Communauté de Taizé: Einführung in die Retraite, S. 21

eigenen Gedanken ausgesetzt bleibt, steht ihm jeweils ein anderer Christ zur Seite. Er hilft ihm durch Gespräche, sein Nachdenken auf das für ihn entscheidende Ziel zu lenken.

Das »Haus von Cluny«

1940 beschloß die Grande Communauté, für ihre Versammlungen und Retraiten ein Haus zu kaufen. Die Studenten wollten sich aber nicht in ein Ghetto von Versammlungen und Retraiten zurückziehen und die Hilfe für jene Menschen außer acht lassen, die unter den Folgen des Krieges zu leiden hatten. Deshalb entschieden sie sich dafür, im unbesetzten Frankreich nach einem solchen Haus zu suchen. (Nach der Niederlage der französischen Armee im Juni 1940 wurde Frankreich in eine nördliche besetzte und eine südliche, zunächst noch unbesetzte Zone geteilt.)

Im August 1940 fuhr Roger Schutz aus der Schweiz nach Burgund, in die Gegend von Cluny, die ihm durch die Familiengeschichte seiner Mutter vertraut war. Ein Notar in Cluny wies ihn auf das leerstehende kleine Schloß in Taizé hin. Taizé, eben südlich der Demarkationslinie gelegen, war ein Dorf, das durch die Landflucht seiner Bewohner zum Aussterben verurteilt schien, so wie andere Dörfer in der Nachbarschaft auch.

Obwohl außer Taizé noch andere Möglichkeiten zur Wahl standen, entschied sich Roger Schutz spontan, das Schloß und den zugehörigen Gutsbesitz in Taizé zu kaufen. Der Grund: »1940 gleich in der ersten Stunde, die ich in Taizé zubrachte, als ich unser späteres Haus noch gar nicht betreten hatte, traf ich dort eine alte Bäuerin am verschlossenen Tor. Sie lud mich in ihre Familie zum Essen ein und glaubte, mir damals sagen zu müssen: ›Bleiben Sie hier, wir sind so allein und einsam.‹ Ich meinerseits meinte, Christus zu gehorchen, wenn ich auf den Ruf einer bescheidenen und armen Frau hörte.«[10]

Nach den notwendigen Aufräumungsarbeiten im Schloß konnte sich bereits im Dezember 1940 die Grande Communauté zu ihrem ersten Kolloquium in Taizé versammeln. Im gleichen Monat fand in Lyon die denkwürdige erste Begegnung zwischen Roger Schutz und Abbé Paul Couturier statt. Sie sollte der Beginn einer Freundschaft sein zwischen diesen beiden Männern des Ökumenismus, obwohl sie der Unterschied von Konfession und Generation hätte trennen müssen. Roger Schutz berichtete dem etwas erstaunten Abbé von seinen Plänen, eine zönobitische

10 Roger Schutz: Naissance de Taizé, S. 244

(gemeinsam lebende) Gemeinschaft zu gründen. Wenige Monate später lud er den Abbé zu sich nach Taizé ein. Er bat ihn, in der romanischen Dorfkirche von Taizé eine Messe zu zelebrieren. Taizé selbst hatte in jenen Jahren keinen eigenen Priester, und so konnten dort nur wenige Male im Jahr Gottesdienste gefeiert werden. Abbé Paul Couturier ersuchte den Bischof von Autun, Lebrun, um die Erlaubnis, in Taizé eine Messe lesen zu dürfen. Sie wurde ihm ohne weiteres erteilt. So kamen am 4. Juli 1941 Abbé Paul Couturier und M. Villain als die ersten beiden ökumenischen Gäste von Roger Schutz nach Taizé.

Sonst ereignete sich in den Jahren von 1940–1942 nichts in Taizé, was für jene Zeit außergewöhnlich gewesen wäre. Roger Schutz lebte allein im Herrenhaus von Taizé und gab in ihm politisch und rassisch Verfolgten den ersten Unterschlupf, nachdem diese über die Demarkationslinie in den unbesetzten Teil Frankreichs geflohen waren.

Daneben arbeitete Roger Schutz an der ersten Regel für die »Communauté de Cluny«. Er hatte inzwischen das Schloß und Retraitantenhaus »Haus von Cluny« genannt, und die Grande Communauté sollte den gleichen Namen erhalten. Dieser neue Name war im übrigen rein geographisch gemeint, wie Roger Schutz stets betonte.[11] Keinesfals wollte er »bewußt die Tradition von Cluny fortsetzen«, wie manche behaupteten.[12]

Am 1. Oktober 1941 hatte Roger Schutz die Vorarbeiten zur ersten Regel abgeschlossen. Das Ergebnis war eine kleine Broschüre von 18 Seiten Umfang. Er ließ sie noch im gleichen Jahr in Lyon drucken und verteilte sie an seine Freunde. Der Titel: »Communauté de Cluny«.

Zum ersten Mal wurden hier geistliche Weisungen für die Communauté de Cluny schriftlich fixiert. Sie enthielten die »Maxime« der Gemeinschaft: »Ora et labora ut regnet (sc. Christus)« und ihre drei geistlichen Regeln:

»Laß in deinem Tag Arbeit und Ruhe von Gottes Wort ihr Leben empfangen.«

»Wahre in allem die innere Stille, um in Christus zu bleiben.«

»Laß dich durchdringen vom Geist der Seligpreisungen: Freude, Barmherzigkeit, Einfalt.«

11 Zum Beispiel in: Vie communitaire, S. 21, Anm. 2

12 Zum Beispiel F. Wulf: Die Stellung des Protestantismus, S. 21, Anm. 2

Diesen Sätzen folgte jeweils ein knapper Kommentar, in dem der 26jährige (!) die geistlichen Weisungen auf die besondere Situation seiner Kommilitonen bezog. In sechs weiteren Abschnitten erläuterte Roger Schutz kurz die Geschichte der Grande Communauté, das Amt ihres »Directeur spirituel«, die Retraite, die Organisation der Arbeiten und der Kolloquien, die Aufnahme neuer Glieder, die Ämterverteilung der Gemeinschaft, und die Funktion des Retraitenhauses in Taizé. Die zahlreichen Verweise in der Broschüre auf Besoigne und Saint-Cyran veranlaßten M. Villain zu einer Bemerkung, die den Charakter der kleinen Schrift treffend umreißt: »Sie duftet nach Port-Royal« (Il s'en dégage un parfum de Port-Royal).[13]

Unerwartet folgenreich wurde eine Fußnote auf der vorletzten Seite der Broschüre: »Man stellt uns oft die Frage: Werden Sie in diesem Haus eine Gemeinschaft von Dauer gründen? Diese Frage ist heute noch zu heikel, um auf sie eine genaue Antwort geben zu können« (aaO, S. 17).

Ende 1941 hielt sich der Theologiestudent Max Thurian zu einer Retraite in der Communauté de Grandchamp auf. Als er dort zufällig auf die Broschüre aus Taizé stieß, war es vor allem diese Fußnote, die sein Interesse für Roger Schutz' Pläne weckte. Sie deckten sich mit seinen eigenen Ideen. Anfang Januar trafen sich die beiden zum ersten Mal. Max Thurian war von der Jugend des Mannes, der ihm bei der ersten Begegnung in Genf gegenübertrat, einigermaßen überrascht. Er hatte aufgrund der reichen spirituellen Erfahrungen, die die kleine Broschüre widerspiegelte, einen älteren Menschen erwartet. Gleichwohl: »Vom ersten Augenblick an herrschte zwischen ihnen ein voller Gleichklang.«[14]

Wenig später kehrte Roger Schutz allein nach Taizé zurück und blieb dort bis zum Frühjahr 1942. Bei seinem nächsten Genfer Besuch wurde ihm Pierre Souvairan vorgestellt, ein Student des Züricher Polytechnikums. Auch Pierre Souvairan war durch die kleine Broschüre auf das Experiment von Taizé aufmerksam geworden. Zusammen mit Max Thurian erklärte er sich bereit, sich an diesem Experiment zu beteiligen. Damit war die erste Zelle der späteren Communauté de Taizé entstanden.

Einstweilen lebten die Brüder noch getrennt und setzten jeder für sich ihre Studien fort. Erst im September 1942 konnten die drei Studenten ein gemeinsames Leben in Taizé beginnen. Es

13 M. Villain: Couturier, S. 179
14 J. M. Paupert: Taizé, S. 68

dauerte allerdings nur 14 Tage. Nach einer ökumenischen Arbeitstagung im französischen Trappistenkloster Dombes, an der frère Roger und frère Max teilnahmen, kehrten die Brüder nach Genf zurück. Aus dem befristet geplanten Genfer Aufenthalt wurde ein beinahe zweijähriges Exil. Am 11. November hatte die Deutsche Wehrmacht auch die südliche Zone Frankreichs besetzt. Die Grenzen zur Schweiz wurden geschlossen. Nachdem die Gestapo bereits zwei Hausdurchsuchungen in Taizé vorgenommen hatte, war eine Rückkehr nach Taizé ausgeschlossen.

Die Communauté in Genf 1942–1944

Die drei Brüder, zu denen sich bald als vierter Daniel de Montmollin gesellte, mieteten in der Nähe der Genfer Kathedrale eine gemeinsame Wohnung. Morgens und abends versammelten sie sich in einer Seitenkapelle von St. Pierre zum gemeinsamen Gebet, an dem sich auch andere Glieder der Grande Communauté beteiligten.

Ausgelöst durch die Lektüre der Franziskusregel und verstärkt durch die neue Erfahrung gemeinsamen Lebens der vier Brüder, vollzog sich ein allmählicher Wandel in den Strukturen der Grande Communauté. Er begünstigte die eigenständige Entwicklung und innere Festigung der kleinen Brüdergemeinschaft und führte schließlich zu ihrer Loslösung von der Grande Communauté.

Zwei konzentrische Kreise bildeten sich in der Grande Communauté. Ein äußerer Kreis, die Communauté en général, und ein innerer, die Communauté résidente. Zu ihr zählten sich die vier Brüder. Sie unterschieden sich von den übrigen Gliedern der Grande Communauté durch eine gewisse »stabilitas loci« (Ortsansässigkeit), wie es das Attribut »residente« anzeigte. Erkennbar wurde diese Stabilitas an der totalen Gütergemeinschaft der Brüder und an ihrem – damals noch zeitlich befristeten – Zölibat. So verschob sich langsam die ursprüngliche Orientierung an den »Messieurs de Port-Royal« hin zu einer Gemeinschaft, »die sich nach der franziskanischen Konzeption des gemeinsamen Lebens ausrichtete«.[15]

Während der Genfer Exiljahre setzten Roger Schutz und Max Thurian ihre theologischen Studien fort. Max Thurian beschäftigte sich vor allem mit Fragen der Liturgiegeschichte und der liturgischen Erneuerung der reformierten Kirchen. Die Ergebnis-

15 Max Thurian: Communauté de Cluny, S. 113

se seiner Untersuchungen legte er 1945 in der Dissertation »La vie liturgique de l'Eglise« vor.

Roger Schutz beendete seine Studien bereits 1943 mit einer wissenschaftlichen Arbeit zur Erlangung des theologischen Lizentiatengrades. Hinter dem selbstgewählten Thema »Das Mönchsideal bis Benedikt und seine Übereinstimmung mit dem Evangelium« verbarg sich sein theologisches Programm. In drei großen Abschnitten beschrieb Schutz erstens »Das Mönchsideal bis Benedikt« und zweitens »Die Anwendung des Mönchsideals und das Evangelium«. Über den dritten – entscheidenden – Teil seiner Arbeit, in dem er die konkreten Folgerungen seiner Studien zog, stellte er als Überschrift die provozierende Frage: »Läßt sich eine evangelische Ordensgemeinschaft verwirklichen?« (aaO, S. 155). Roger Schutz beantwortete diese Frage mit Ja und begründete seine Antwort mit den spirituellen Grundlagen und Erfahrungen der Communauté résidente.

Am 30. April 1943 verteidigte er seine ungewöhnliche Konzeption in 18 Thesen vor der theologischen Fakultät der Evangelischen Freikirche in Genf. Die Prüfungskommission, für die Roger Schutz nach seinem Artikel »Une Communauté d'intellectuels protestants« in einer Genfer Kirchenzeitung (6. 11. 1942) kein unbeschriebenes Blatt mehr war, erhob aus begreiflichen Gründen Einwände. Die Thesen schienen unvereinbar mit den Grundlagen und Traditionen der Reformierten Kirche. Besonders die Thesen XIII bis XV über die doppelte Berufung der Christen zur Ehe und Ehelosigkeit (XIII), über die evangeliumsgemäße Armut (XIV) und über das Engagement zum Zölibat und zur Armut (XV) erregten Aufsehen und Widerspruch. Roger Schutz verteidigte jedoch seine Thesen mit Erfolg und wurde noch im gleichen Jahr ordiniert.

Soweit ihnen das Studium Zeit ließ, empfingen die Brüder in ihrer Wohnung zahlreiche Gäste zu gemeinsamen Mahlzeiten und Gesprächen: Glieder der Grande Communauté, andere Studenten und Akademiker, Genfer Pastoren, deren Vorurteile gegenüber der Communauté résidente zu manchen Mißverständnissen geführt hatten, und vor allem Arbeiter und Gewerkschaftler. Hier begann die sozialpolitische Bedeutung der Gütergemeinschaft der Brüder ihre ersten Früchte zu tragen.

Angelockt von dem für sie zunächst etwas befremdlichen gemeinsamen Leben der Communauté résidente, fanden Arbeiter und Gewerkschaftler bald zu regelmäßigen Kontakten mit den Brüdern. In vielen Gesprächen erörterten sie mit den Brüdern Fragen des Eigentumsrechts, der Gütergemeinschaft und der Sozialisierung der Produktionsmittel. Allmählich wurden auch Gespräche möglich über Fragen des christlichen Glaubens. Das Ergebnis dieser Glaubensinformationen war ein kleiner – unveröffentlichter – Catéchisme populaire, den die Brüder für die Arbeiter auf deren ausdrücklichen Wunsch verfaßten.[16]

Eine Gruppe von Metallarbeitern schrieb sogar ein Vorwort zu Roger Schutz' erstem Buch »Introduction à la vie communautaire«. Dieses Vorwort bestätigt, wie sehr sich die Brüder von Taizé von Anfang an um die sozialen Fragen der Welt bemüht haben: »Unsere Opposition und auch unsre Gleichgültigkeit gegenüber einer verbürgerlichten Kirche ließen uns die Kontakte zu Christen fürchten. Auch unsre ersten Begegnungen mit der Communauté de Cluny waren erfüllt von Neugier und Skepsis. Im Verlauf der gemeinsamen Mahlzeiten und Gespräche, zu denen wir uns regelmäßig versammelten, entdeckten wir jedoch, daß es Christen gab, die alles miteinander teilen wollten. Dieses ließ uns unsre Skepsis aufgeben. Hinzu kam das Bewußtsein beider Seiten von der Dringlichkeit tiefgreifender sozialer und ökonomischer Reformen, das uns einander näher brachte. Erst sehr viel später baten wir, über die Wahrheiten des Glaubens informiert zu werden, und wir verstanden, daß dies auch etwas für uns war.« (aaO, S. 10)

Die Communauté in Taizé 1944–1949

Gleich nach der Befreiung von der deutschen Besatzung fuhren die vier Brüder im Sommer 1944 nach Taizé, kehrten aber noch einmal nach Genf zurück. Erst 1945 ließen sie sich endgültig in Taizé nieder, nachdem das Schloß wieder bewohnbar gemacht worden war. »Frierende Ausländer hatten Mobiliar und Bibliothek verheizt.«[17]

Die drei Grundzüge des gemeinsamen Lebens setzten die Brüder trotz der anderen Verhältnisse in Taizé unverändert fort: Regelmäßiges gemeinsames Gebet, Arbeit und Gastfreundschaft.

Weil ihnen im Dorf keine reformierte Kirche zur Verfügung stand, richteten die Brüder einen Raum im Schloß als Kapelle ein. Hier versammelten sie sich dreimal täglich zum gemeinsamen Gebet und feierten jeden Sonntag ihre eucharistische Liturgie.

An Arbeit war in jener Zeit kein Mangel in Taizé. Zunächst mußte die große Landwirtschaft, die zum Schloß gehörte, wieder

16 Vgl. Max Thurian, aaO, S. 113
17 Jungenwacht: Die Communauté de Taizé, S. 128

in Gang gebracht werden. Hier gelang es dem Sachverstand des Agronomen frère Pierre und den beharrlichen Anstrengungen der übrigen Brüder, gleichsam aus dem Nichts ein blühendes Unternehmen zu schaffen. Bereits 1947 stellte ein Besucher der Communauté von dieser Landwirtschaft fest, daß sie die Brüder »ziemlich autark« machte.[18]

Hinzu kam in den ersten Jahren die soziale Tätigkeit der Brüder für deutsche Kriegsgefangene, die in einem nahegelegenen Lager Waldarbeiten zu verrichten hatten. Zuweilen gestatteten die Aufseher den Gefangenen, die Brüder in Taizé zu besuchen. Einer dieser Gefangenen berichtete später, die Brüder »hätten sie bewirtet und sich ihrer überhaupt in rührender Weise angenommen; besonders auf die Nichtchristen habe das großen Eindruck gemacht«.

Im »Manoir«, einem am Dorfrand Taizés gelegenen Gehöft, richteten die Brüder gleich nach ihrer Ankunft 1945 ein Heim für Kinder ein. Sie nahmen 20 Kriegswaisen auf, die sich bei ihnen nach und nach eingefunden hatten. Die Brüder sorgten für ihren Unterhalt, zu dem der französische Staat einen Zuschuß gab. Die Kinder lebten in zwei »Familien«. So wurden sie vor dem Eindruck eines Waisenhauses bewahrt und bekamen wenigstens einen Ersatz für ihre verlorenen Familien. Eine der beiden Familienmütter war Geneviève, eine Schwester von Roger Schutz. Marcel Corre sorgte als Lehrer und Erzieher der Kinder für den Unterricht. Später finanzierten die Brüder die Berufsausbildung oder das Studium der Kinder. 1961 schloß die Communauté das Haus, als die Kinder erwachsen genug waren, sich allein weiterzuhelfen.

Neben Gebet und Arbeit wurde das tägliche Leben der Communauté durch die zahlreichen Gäste bestimmt, die die Brüder in Taizé besuchten. Manche von ihnen kamen zu Retraiten, andere – unter ihnen waren viele Priester und Mönche – zu theologischen Gesprächen mit den Brüdern, andere kamen einfach aus Neugierde oder Interesse an der protestantischen Gemeinschaft.

Einen entscheidenden Einfluß vor allem auf die Gespräche der Brüder mit Katholiken hatten die sich positiv entwickelnden Beziehungen zwischen der Communauté und Lebrun, dem Bischof von Autun. Obwohl Lebrun bereits im Sommer 1941 Abbé Paul Couturier gestattet hatte, in Taizé eine Messe zu lesen, blieb sein Verhältnis zu den Brüdern nach 1944 sehr zurückhaltend. Als M. Villain ihm am 5. April 1945 schrieb und ihn um Erlaubnis bat

18 S. Wend: Ein Brief über Taizé, S. 218

für eine offizielle Versammlung von Mönchen und Priestern in Taizé, konsultierte er vorsichtshalber den zuständigen Erzbischof von Lyon, Gerlier, und den apostolischen Nuntius in Paris, Roncalli. Die Antwort Gerliers fiel ungünstig aus, obwohl er bald ein enger Freund der Communauté werden sollte und bereits 1949 den Brüdern die Türen des Vatikan öffnete. Er schrieb Lebrun, man müsse »äußerst vorsichtig« sein und »sich hüten vor allzu freimütigen Äußerungen«.[19] Auch die Antwort des apostolischen Nuntius Roncalli – als Papst Johannes XXIII. sollte auch er ein Freund der Communauté werden – riet zur Vorsicht. Am 25. Mai 1945 schrieb er Lebrun: »Offen gesagt fühle ich mich nicht autorisiert, zu solchen Versammlungen, von denen mir Eure Excellenz berichten, im Prinzip zu ermutigen. Ich meine, daß private Beziehungen angebrachter wären als eine Versammlung mit so vielen Teilnehmern« (aaO, S. 8).

Daraufhin verweigerte Lebrun M. Villain die Zustimmung zur interkonfessionellen Versammlung in Taizé. Gleichwohl darf man hinter der Vorsicht Lebruns keine generelle Ablehnung der Communauté vermuten. Als Lebrun am 18. November 1946 von Papst Pius XII. in Privataudienz empfangen wurde, berichtete er ihm neben anderen Angelegenheiten aus seiner Diözese auch von Taizé und bat den Papst um Direktiven, wie er sich der Communauté gegenüber zu verhalten habe. Die diplomatische Antwort des Papstes: Lebrun solle es stets so machen, wie er (Pius XII.) es halte: »Mit Wohlwollen die empfangen, die darum bitten; freimütig das gewähren, was man gewähren könne; jedoch stets mit der Sorge, alle Unbesonnenheit zu vermeiden, die ein Hindernis für die ökumenische Arbeit werden könne« (aaO, S. 9).

Anfang 1948 baten die Brüder Lebrun, die – katholische – Dorfkirche Taizés in ein Simultaneum umzuwandeln. Sie wollten auch die Renovierung der reparaturbedürftigen Kirche übernehmen. Seit die Zahl der nichtkatholischen Besucher der Communauté stark anwuchs, wurde die provisorische Kapelle im Schloß zu klein. Die Brüder stellten den Bischof vor die Alternative: Einrichtung eines Simultaneums oder Neubau einer protestantischen Kirche in Taizé. »Es wäre überaus bedauerlich«, schrieben sie Lebrun, »in diesem winzigen Dorf neben der katholischen Kirche eine protestantische zu bauen. Dies bedeutete eine Demütigung und einen harten Schlag. Es hätte den Anschein, als leugneten wir den tiefen Sinn unseres Lebens: die allmähliche Annäherung der Christen« (aaO, S. 11 f).

19 Lebrun: Les humbles débuts de Taizé, S. 7 f

2 Tischgemeinschaft

Zu ihrer großen Freude entschied sich Lebrun für das Simultaneum, nachdem er den Rat seiner Kanonisten eingeholt hatte. In einem Rapport vom 22. Mai 1948 an das Sanctum Officium begründete er seine Entscheidung: »Taizé hat heute 73 Einwohner. Es ist ein sterbendes und entchristlichtes Dorf. Während der letzten zehn Jahre wurde dort niemand getauft, niemand getraut, aber zehn Menschen beerdigt. Obwohl Taizé keine Parochie ist, besitzt es eine alte Kirche, wo sehr selten Gottesdienst gefeiert wird. Die Messe wird nur zwei oder drei Mal im Jahr gelesen. Die Brüder baten um Erlaubnis, die Kirche restaurieren und dort ihre Gottesdienste feiern zu dürfen. Die Kirche sollte darum ein Simultaneum werden, wie es solche bereits in konfessionell gemischten Gebieten gibt. Die Communauté zählt heute zehn Erwachsene und zwanzig Waisen. Der Bischof glaubte, diese Erlaubnis unter den üblichen Bedingungen geben zu sollen, um die Errichtung eines protestantischen Gottesdienstraumes zu vermeiden.« (aaO, S. 13)

So durften die Brüder seit Pfingsten 1948 ihre Gottesdienste in der Dorfkirche von Taizé feiern. Diese ökumenische Lösung genügte bis 1961, als der Bau der Versöhnungskirche geplant und ausgeführt werden mußte. Die Dorfkirche war für die Gottesdienste der Communauté zu klein geworden.

III
Die Berufung zur Gemeinschaft

Nachdem die ersten vier Brüder von Genf nach Taizé zurückgekehrt waren, gewann die Communauté résidente an Eigenleben und innerer Festigkeit. Dieser für die Umwelt kaum wahrnehmbare Konsolidierungsprozeß war einerseits bedingt durch die räumliche Trennung der Brüder von der Grande Communauté sowie durch die verschiedenen Arbeiten, die sie an Taizé banden. Andererseits war für ihre innere Festigung das Hören auf das Evangelium, den besonderen Auftrag Gottes an sie, entscheidend. In diesen Jahren einer gewissen äußeren Isolation entwickelte sich die Communauté zu dem, was sie heute ist: eine Gemeinschaft von Männern, die durch Gottes Wort zu ihr gerufen und durch die drei Engagements Zölibat, Gütergemeinschaft und Anerkennung einer Autorität aneinander gebunden wurden.

1942 hieß es noch: »Keine endgültigen Gelübde! Jeder bleibt frei, die Communauté wieder zu verlassen, wenn Gott es fordert ... Die Engagements werden jedes Jahr von der Communauté erneuert. So hat jeder die Möglichkeit, seine Berufung von neuem zu prüfen.«[1] Nach sieben Jahren Erfahrung erkannten die Brüder, sie konnten ihre Entscheidung, in einer totalen Gemeinschaft zu leben, nicht immer wieder in Frage stellen. Institutionalisierte Dauerreflektion hielte die Communauté auf und führte allmählich zu einer Erstarrung aller ihrer Kräfte und Initiativen.

Die große Überraschung der Brüder: Gütergemeinschaft, Zölibat und Anerkennung einer Autorität sind unumgängliche Voraussetzungen ihrer Gemeinschaft. Anscheinend bedeutet diese Erkenntnis die Rückkehr zu den drei traditionellen Mönchsgelübden: Armut, Ehelosigkeit und Gehorsam. Zu keiner Zeit jedoch, betonen die Brüder, wollten sie restaurativ das Mönchtum in die Kirchen der Reformation wieder einführen, um dort eine Marktlücke christlicher Lebensweise auszufüllen. Im Gegenteil! »Wir haben ehrlich versucht, uns nicht von den Erfahrungen der

1 Roger Schutz: Communauté d'intellectuels protestants

Vergangenheit beeindrucken zu lassen. Wir wollten ›tabula rasa‹ machen, um alles von neuem zu leben. Trotzdem entdeckten wir uns eines Tages vor der offenkundigen Tatsache: Wir konnten nicht unserer Berufung treu bleiben, ohne uns total zur Gütergemeinschaft, zur Anerkennung einer Autorität und zum Zölibat zu verpflichten.«[2]

Eine paradoxe Situation: Unbeabsichtigt fanden sich die Brüder in einer Mönchsgemeinschaft vor, obwohl sie diese nie gewollt hatten, ihr vielmehr stets ausgewichen waren. Sie hatten ja gerade nicht im voraus über die theologische Legitimität einer evangelischen Mönchsgemeinschaft nachgedacht, sondern pragmatisch ihr Gemeinschaftsleben begonnen. Gewissermaßen »post festum« hatte sich dann herausgestellt, daß eine solche Gemeinschaft nicht nur nicht dem Evangelium und seiner Freiheit widersprach, sondern daß die Communauté dieses Evangelium in einer legitimen Gestalt lebte.

In den letzten Jahren vor 1949 hatte sich die Frage nach der Evangeliumsgemäßheit allerdings für die Brüder verschärft. Jetzt hieß es nicht bloß: Dürfen wir auf Widerruf im Zölibat und in Gütergemeinschaft leben?, sondern: Dürfen wir uns endgültig zu diesem Leben bekennen und verpflichten? Gewiß, es wäre praktisch gewesen, die Entscheidung für die Communauté nicht mehr alljährlich in Frage zu stellen. Ohne diese Verunsicherung hätten sie ungehindert ihre Arbeit tun können. Diese menschliche Rechtfertigung, künftig einfach von dem fait accompli ihrer Gemeinschaft auszugehen, genügte den Brüdern nicht. Die Frage blieb: Dürfen wir so leben, endgültig und definitiv? Hebt ein solches Engagement nicht Gottes Freiheit auf, uns eines Tages einen neuen Weg zu zeigen? Bedeutet es nicht ein Sichverschließen, wo man als Christ offen bleiben muß, um auf die Stimme Gottes hören zu können?

Ostern 1949 beantworteten die sieben ersten Brüder diese Fragen mit ihrer Profeß. Sie verpflichteten sich definitiv zu dieser Gemeinschaft, sie versprachen ihre endgültigen Engagements: Zölibat, Gütergemeinschaft und Anerkennung einer Autorität. Diese definitiven Engagements sind die Grundlage, ohne die ein kontinuierliches Leben in der Communauté de Taizé nicht möglich ist. Ostern 1949 ist darum das »Geburtsdatum« der Communauté. Der status nascendi war beendet. Die Communauté, wie sie sich heute zeigt, begann mit diesem Tag.

2 Roger Schutz: Naissance de communautés, S. 20

Bis zu diesem Datum war noch alles offen, nichts festgelegt, der Auftrag, dem die Brüder folgten, noch nicht bis zu seiner letzten Konsequenz befolgt. Das Wesen der Communauté vor diesem Tag gleicht der noch unfertigen Existenz eines »Neuen Bruders«, der in die Communauté eingetreten ist, ihr aber noch nicht endgültig durch seine Profeß angehört. Er lebt zwar wie alle anderen Brüder auch im Zölibat und in der Gütergemeinschaft, er anerkennt auch die Autorität der Gemeinschaft, die sich durch den Prior ausdrückt. Trotzdem gilt er vor seiner Profeß nicht als vollgültiger Bruder.

Der Grund, das heißt die alleinige Ursache und einzige Basis der endgültigen Entscheidung der Brüder in der Profeß, ist die Berufung, der Auftrag Gottes (vocation de Dieu), auf die sich die Communauté beruft. Nun ist es nicht ganz einfach, Wesen und Inhalt der »vocation«, wie sie die Communauté versteht, zu definieren. Die Brüder haben nie versucht, systematisch-theologisch die Bedeutung dieses fundamentalen Begriffs darzustellen. Im folgenden Abschnitt möchte ich darum nur dem Verständnis dieses Wortes in der Communauté nachgehen. Ich stelle dazu die wenigen Andeutungen über »vocation« in der »Regel von Taizé« und in »Einmütig im Pluralismus« zusammen und ergänze diese durch Gedanken aus verschiedenen Aufsätzen der Brüder. Wollte ich statt dessen die von den Brüdern unterlassene Definition für die Communauté nachholen, bedeutete dies eine Vergewaltigung ihrer disparaten Bemerkungen über »vocation«. Einer systematischen Begriffsbestimmung gehen die Brüder offenbar mit Absicht aus dem Wege.

Die Berufung durch Gottes Wort

Nicht die Erkenntnis von der größeren Effektivität einer studentischen Arbeitsgemeinschaft gegenüber individuell konzipierter und praktizierter Arbeit, auch nicht der legitime und menschlich verständliche Wunsch nach einem konsequenten, kontinuierlichen Gemeinschaftsleben konstituiert die Communauté de Taizé. Verhielte es sich so, wäre die Communauté ein Zusammenschluß von Christen mit gleichen Interessen und Absichten. Die Brüder müßten dann, wie jede andere kirchliche Interessengruppe, Mitglieder werben, Adepten erziehen, Programme entwerfen, Resolutionen verfassen und als kirchliche Lobby auftreten. So betrachtet bliebe die Communauté wenig mehr als ein kurioses Phänomen protestantischer Kirchensoziologie und als solches ein dankbares Objekt kirchlicher Journalistik.

Wenn sich die Brüder aber nun gerade nicht »um die Führung der gläubigen Jugend bemühen«,[3] wenn sie es ausdrücklich ablehnen, »Anhänger zu gewinnen«,[4] sich an Resolutionen zu beteiligen,[5] und sogar verbieten, daß bestimmte kirchliche Gruppen die Liturgie von Taizé übernehmen,[6] was begründet dann die Communauté? »Wer sind wir eigentlich? Wir sind eine Begegnung von Menschen, die einander nicht gewählt haben und nun den Versuch unternehmen, etwas vom Leben der christlichen Urgemeinde neu zu leben.«[7]

»Unsere Berufung besitzt gewissermaßen einen inneren Kern, Christus, den Auferstandenen.«[8]

Ihm gilt es zu gehorchen, »ohne vor dem Letzten zurückzuschrecken, ohne leichtfertige Anpassung«.[9]

Die Communauté hat nie versucht, eine biblizistische Begründung und Legitimation ihrer Existenz zu geben. »Wir versuchen nicht, in der Bibel explizite Begründungen für den christlichen Zönobitismus oder die Gemeinschaften zu suchen, die, nach einer Regel lebend, heute in der Kirche existieren. Das wäre genauso, sinnlos, unmöglich und unsachlich, als wollte man aus dem Neuen Testament die Verfassung unserer presbyterianischen oder synodalen Kirchen herauslesen ... Die einzige Grundlage ist und bleibt Jesus Christus und sein Wort ... Wir werden also die Grundlagen der zönobitischen Gemeinschaft nicht im Neuen Testament suchen. Die Bibel gibt uns keine Prinzipien, die wir zu verwirklichen hätten. Es gilt, allein auf Jesus Christus und seine geisterfüllten Apostel zu hören, sich von ihnen die Grundfragen stellen zu lassen, und auf sie aus unserer Zeit heraus im Gehorsam zu antworten.« (aaO, S. 15)

Läßt sich also eine Anweisung zum gemeinsamen Leben aus dem Neuen Testament nicht herauslesen, so gilt es nach Meinung der Brüder, gleichwohl auf jene Abschnitte des Neuen Testaments zu achten, deren Intentionen zönobitisches Leben anre-

3 Herderkorrespondenz XXIV, 1970, S. 306

4 Roger Schutz: Einmütig im Pluralismus, S. 59

5 Roger Schutz: Gewalt der Friedfertigen, S. 106 f

6 »It has been decided to forbid any spiritual familiy to identify itself with Taizé, for instance by adopting the Taizé liturgy.« Dieses Zitat stammt aus dem unveröffentlichten Protokoll einer Konferenz von Vertretern der Communauté und des Ökumenischen Rates der Kirchen am 9. Januar 1967.

7 Roger Schutz: Gewalt der Friedfertigen, S. 46 f

8 Roger Schutz: Einmütig im Pluralismus, S. 66

9 Roger Schutz: Naissance de communautés, S. 15

gen können. Vor allem zwei Kreise neutestamentlicher Texte scheinen die Communauté zu ihrem Weg angeregt zu haben.[10] Sie dokumentieren zwei Typen urchristlicher Gemeindebildung:

a) Der Typ der paulinischen Parochialgemeinde.

Die Vorformen dieser Gemeindeform bildeten jene Gruppen von Menschen, die Jesu Ruf zur Umkehr und zum Glauben folgten, die sich aber nicht aus ihrem sozialen Kontakt lösen wollten. Zu dieser Gruppe gehört zum Beispiel die Familie des Lazarus mit seinen Schwestern Maria und Martha, in deren Haus Jesus oft verkehrte. Auch lebten in Jesu Umgebung einige Frauen, die ihn mit ihrem Vermögen unterstützten, ohne darauf grundsätzlich zu verzichten (Lukas 8, 1–3).

In fester und ausgeprägter Gestalt erschien der paulinische Gemeindetyp als Parochialgemeinde, deren Glieder ihre bisherige soziale Stellung nicht verließen (1. Korinther 7, 20). Die Glieder dieser Gemeinden benutzten vielmehr ihren sozialen Platz, um »in der Welt zu bleiben« (aaO, S. 110) und so zur Ausbreitung und Verwurzelung des Evangeliums in nichtchristlicher Umwelt beizutragen.

b) Die zönobitische (gemeinsam lebende) Gemeinschaft in der Jerusalemer Gemeinde. Anders als die Menschen, die ihre bisherige soziale Position nicht aufgaben, lebten jene, die alles verlassen hatten, um Jesus nachzufolgen; das 12-Jünger-Kollegium und andere, wie zum Beispiel der Zöllner Zachäus. Das Wesen dieser Gemeinschaft ist, wie frère Max meint, zönobitisch: »Sie haben alles verlassen und sind ihm gefolgt . . . sie haben alles, was sie besaßen, zusammengelegt (= Gütergemeinschaft), sie haben auf die Ehe verzichtet (= Zölibat) und auf ihre Unabhängigkeit (= Anerkennung einer Autorität).«

Nach Ostern und Pfingsten wurde diese Jüngergemeinschaft fortgesetzt. Die erste christliche Gemeinde, die sich nach Pfingsten in Jerusalem konstituierte, hatte einen inneren Kern, eine Art zönobitische Gemeinschaft, um den herum die übrige Gemeinde lebte, die mehr parochiale Wesensmerkmale trug. Dieser innere Kern, geformt nach dem Modell des Jüngerkollegiums, lebte in Gütergemeinschaft und verwirklichte gemeinsames geistliches Leben durch dreimaliges tägliches Beten im Tempel und durch die Tischgemeinschaft. Niemand aus der Urgemeinde war zu dieser besonderen Gemeinschaft verpflichtet. Jeder war frei in seiner Entscheidung. Er konnte seinen Besitz der Gemeinschaft

10 Max Thurian: Communauté de Cluny, S. 110 ff

zur Verfügung stellen, um im Innern der großen Gemeinde Glied der engeren Gemeinschaft zu werden. Er konnte aber auch als Glied der großen Gemeinde leben wie vorher.

Der Sinn und Auftrag der kommunitären Gemeinschaft in Jerusalem war es, in extremer Weise das Geheimnis Gottes darzustellen, »mit der materiellen und spirituellen Gütergemeinschaft, durch regelmäßiges und tiefes Gebet, mit der ungeteilten brüderlichen Liebe und mit uneingeschränkter Verfügbarkeit. Das alles sind lebendige Zeichen, daß das Reich Gottes uns nahegekommen ist und daß es kommt.«

Die Folgerungen, die die Brüder von Taizé aus diesen Beobachtungen ziehen, sind konsequent. Wenn es die Aufgabe der Kirche ist, Kommunikation des Evangeliums zu leisten, geschieht dies auf doppelte Weise:

1. Die Aufgabe der *parochialen* Gemeinschaft bleibt es, durch Predigt mit Worten und Taten Christus der Welt zu kommunizieren.
2. Die *kommunitär* lebende Gemeinschaft predigt nicht in erster Linie mit Worten und Taten, sondern ist durch ihre bloße Existenz schon Predigt, prophetisches Zeichen, Gleichnis und Bild des Reiches Gottes.

Beide Gemeinschaftsformen haben ihren Sinn, sie ergänzen und korrigieren einander. Die parochiale Gemeinschaft trägt zur Ausbreitung des Leibes Christi bei. Ihre Glieder, die ihren bisherigen sozialen Kontext auch als Christen nicht verlassen, versuchen, christliches Leben und Evangelium in Gesellschaft und Familie präsent zu machen. Für diese Gemeinschaft besteht allerdings die ständige Gefahr, daß sie bei ihrem Versuch, Evangelium in die Welt zu integrieren, sich selbst der Welt so sehr anpaßt, daß sie sich schließlich in die Welt hinein auflöst. Evangelium könnte dann nicht mehr mitgeteilt werden. Darum ist als ihr permanentes Korrektiv eine kommunitär lebende Gemeinschaft notwendig. Diese weist wie ein »dramatisches Zeichen« des Reiches Gottes die parochiale Gemeinschaft auf ihren Ursprung und ihre eschatologische Ausrichtung von neuem hin.

In der Gewißheit, sich mit seinen Brüdern auf dem richtigen Weg zu befinden, schreibt frère Max 1948 über die Funktion ihrer Gemeinschaft innerhalb der Kirche: »Es müssen sich im Innern der Kirche lebendige Gemeinschaften bilden, prophetischen Zeichen vergleichbar, die Gleichnis dessen sind, was die ganze Kirche sein soll. Man darf darum nicht meinen, die Entstehung von Gemeinschaften dieses besonderen Typs sei ein zufälliges Ereignis in der Kirche. Das gemeinsame Leben im strengen Sinn, das wir intendieren, ist ein Teil des Lebens der universalen Kirche, ist ein notwendiger Aspekt des Leibes Christi.«

Die Konsequenz aus diesen Erwägungen lautet: »Unser wesentlicher Auftrag ist es, eine lebendige Gemeinschaft, ein Zeichen brüderlicher Liebe zu sein, die die Glieder des Leibes Christi vereint. Unsre vornehmliche Aufgabe ist es, das Gleichnis der brüderlichen Gemeinschaft und der menschlichen Einheit darzustellen, die allein in Christus möglich sind.« (aaO, S. 111)

Das Wesen der Berufung: Gemeinschaft

Drei Gedanken dieses Zitats charakterisieren Wesen und Inhalt der Vocation:

1. Ihr Gegenüber – die Gemeinschaft

Nicht nur ein Einzelner hat eine Vocation, einen Auftrag. Die Vocation gilt auch einer Gemeinschaft. Traditionellem protestantischem Denken, das Vocatio gern individualistisch versteht, mag das befremdlich erscheinen.[11] Im Protestantismus ist Vocatio gemeinhin entweder die erste Stufe des sogenannten »ordo salutis« (Heilsweg) als »Berufung« eines Einzelnen. Dies gilt besonders für die in pietistischer Tradition stehenden Gruppen. Oder Vocatio ist ein Kapitel der christlichen Sozialethik – lutherischer Tradition folgend – als »Beruf« jedes Christen. Stets meint Vocatio den einzelnen Menschen.

Das Gegenüber der Vocation, ihr »Objekt«, kann nach Meinung der Brüder auch eine Gemeinschaft sein: »Unser Auftrag« (notre vocation, nicht: nos vocations). Diese Gemeinschaft manifestiert sich also nicht als Summe ihrer Glieder, sondern ist selbst so etwas wie ein lebendiges Wesen, dessen einzelne Glieder ohne den übrigen Körper funktionsunfähig werden und sterben müssen. Dies wird besonders im gemeinsamen Gebet der Brüder und im Bruderrat der Communauté offenbar. Hier wird jeder Bruder seiner Subjektivität und seinen persönlichen Begrenzungen entrissen, wenn er sich zusammen mit seinen Brüdern als Communauté dem Willen Gottes aussetzt.

11 Vgl. zum Beispiel den Artikel »Berufung« von W. Joest in: Religion in Geschichte und Gegenwart I³, Sp. 1088 f

2. Ihr Inhalt – die Gemeinschaft

Außer diesem kollektiven Gegenüber der Vocation ist auch ihr kollektiver Inhalt auffällig. »Unser wesentlicher Auftrag ist es, ... Gemeinschaft ... zu sein«. Die Communauté erweist ihren Gehorsam gegenüber ihrer Vocation nicht dadurch, daß sie sich lediglich als besonders effektives Kommunikationszentrum der Brüder oder als »Mutterhaus« versteht, von dem die verschiedenen Aktionen der Brüder ausgehen.

Erster Dienst der Communauté ist das »gemeinsame Zeugnis« (témoignage communautaire) (aaO, S. 114). Alles andere ist dem untergeordnet. Inhalt dieses Zeugnisses ist alles, was Einheit, Ökumene, Katholizität, Gemeinschaft anregt und darstellt. Entsprechend lauten die Synonyme von Vocation communautaire: »Berufung zur Universalität, zur Ökumene, zur Katholizität«,[12] »ökumenische Berufung«.[13] »Die wir das gemeinsame Leben führen, was wollen wir anderes, als Menschen zusammenbringen, die in der Nachfolge Christi stehen, um ein existentielles Zeichen der Einheit der Kirche zu sein? Wo ein paar Menschen, einzeln genommen, nicht viel vermöchten, können dieselben Menschen, zum gemeinsamen Leben vereint, fest in einem Glauben bestehen, der Berge versetzt: Ihnen ist der kirchliche Wert zugewachsen, wie er jeder Gemeinschaft eignet, die im Blick auf die Authentizität ihrer Berufung lebt.« (aaO, S. 59)

3. Ihre Realisierung – die Gemeinschaft als zeichenhafte Existenz

Das Dritte, was traditionellem protestantischem Denken auffallen wird, ist der Auftrag der Communauté zum *Sein*. Nicht Aktion ist ihre Aufgabe, sondern Präsenz. »Das Wesen einer Communauté können wir als ›Zeichen‹ bestimmen. Es ist nicht in erster Linie ihre Aufgabe, zu predigen oder Werke zu tun. Sie muß vor allem als Zeichen in der Kirche und in der Welt leben.«[14] Das Ziel der Communauté besteht also nicht in ihrer Existenz um ihrer selbst willen, wie die Vocation communautaire leicht mißverstanden werden könnte. Die Vocation communautaire bildet vielmehr eine unauflösliche Einheit mit dem Auftrag zur Mission, zur Kommunikation des Evangeliums, der allen Christen gilt.

12 Roger Schutz: Einheit und Zukunft, S. 20
13 Roger Schutz: Einmütig im Pluralismus, S. 61
14 Max Thurian: Communautés régulières, S. 474

Die besondere Art, wie sich dieser Auftrag zur Mission in der Communauté de Taizé realisiert, ist das prophetische Zeichen ihres gemeinsamen Lebens. Es weist auf die Gestalt des Reiches Gottes hin. Die Brüder verstehen diese zeichenhafte Existenz der Communauté als ein prophetisches Gleichnis, wie etwa die Ehe Hoseas mit einer Hure (Hosea 1, 2 ff) ein prophetisches Gleichnis war, das auf die Liebe Gottes hinwies. »Wir fühlen uns gerufen, ein solches prophetisches Zeichen der Gemeinschaft zu sein. Man kann uns darum nicht imitieren, oder Lösungen unseres gemeinsamen Lebens auf eine parochiale Gemeinschaft übertragen. Ganz gewiß sind wir ein extremes Zeichen dessen, was Zugehörigkeit zum Leib Christi bedeuten kann. Auf eine Weise spielen wir das Gleichnis der Gemeinschaft. Man imitiert nicht ein Gleichnis; man meditiert es und läßt sich von ihm inspirieren.«[15]

Mit diesen Sätzen bezeichnet frère Max das Zentrum der Vocation der Communauté. Was zum Wesen der Communauté gehört, wird in diesem Kern ihrer Vocation zusammengefaßt: »Da ist unser *unum unicum, unum necessarium*, unsere Predigt des Reiches Gottes. Alles übrige wird hinzugegeben werden.« (aaO, S. 114)

Die Endgültigkeit der Engagements

Durch die Endgültigkeit der Engagements zur Communauté bekommt diese »Predigt« vom Reich Gottes den Charakter unaufhebbarer Kontinuität und unverhüllter Offenheit.

Die radikale Infragestellung der Strukturen dieser Welt durch den definitiv gelebten Zölibat, der auf das Leben der »Neuen Welt« hinweist, die nicht mehr durch Heirat, Ehe und Fruchtbarkeit garantiert wird, ist immer offenbar, immer anstößig. Auch wenn kein Bruder ausdrücklich vom Zölibat und dessen Relativierung der Welt sprechen wollte, der Anstoß eines faktisch gelebten Zölibats bleibt nicht verborgen. Er wird auch unausgesprochen manifest. Ähnlich verhält es sich mit der Anstößigkeit der beiden anderen Engagements der Communauté.

Die bloße Existenz der Communauté de Taizé mit ihren drei Engagements und dem dreimaligen täglichen Gebet der Brüder ist beredt genug.

Damit stehen wir wieder bei der Ausgangsfrage dieses Kapitels: »Dürfen wir (sc. Brüder) uns endgültig zu diesem Leben …

15 Max Thurian: Communauté de Cluny, S. 111

verpflichten?« Ihre – noch allgemein formulierte – Antwort hatte gelautet: »Die einzige Grundlage ist und bleibt Jesus Christus und sein Wort.« Es gilt nun, konkreter nach der christologischen Voraussetzung für die Existenz der Communauté de Taizé zu fragen. Welches Wort Jesu erlaubt Christen, sich auf den besonderen Auftrag zur Gemeinschaft hin (wie ich ihn in groben Zügen andeutete) endgültig festzulegen und definitiv zu binden?

a) Der Ruf von außen (extra nos)
Es ist Jesu Ruf zur Nachfolge, der jedem Engagement der Brüder vorausgeht: »Wenn jemand mir nachfolgen will, der nehme sein Kreuz auf sich und folge mir nach.« (Markus 8,34)

b) Das Versprechen (promission)
Der Ruf Jesu zur Nachfolge ist eng verbunden mit seinem Versprechen: »Denn wer sein Leben retten will, der wird's verlieren; wer aber meinetwillen sein Leben verliert, der wird es retten.« (Markus 8,35) »Es ist nicht unsre, sondern seine Sache, unser Leben zu retten. Es ist darum eine Freude, diesen Akt des Glaubens zu tun, um in dieses ungewöhnliche geistliche Abenteuer der Gemeinschaft einzusteigen.«

Die Antwort des Bruders

Wer dem Ruf Jesu zur Nachfolge gehorcht, begibt sich in die Hand dessen, der dieses Wort spricht. Er verläßt sich auf IHN, das heißt er verläßt sich selbst, er läßt seine Skrupel, Bedenken, Zweifel, Ungewißheiten hinter sich und verläßt sich auf den, der ihm das Hundertfache dessen verspricht, was er verläßt.

Das menschlich unbegründbare Versprechen Jesu ist wirklich die einzige, aber wesentliche Grundlage des definitiven Engagements der Brüder. Darum sagen sie: Nicht wir binden uns aufgrund unserer Einsichten, unserer Vorsätze oder unseres guten Willens. Wir berufen uns auf das Versprechen und die Treue Gottes und nur auf diese. Weil ER treu ist, seine Versprechen hält, sind wir ihm treu. Es ist seine Sache, nicht unsre, das wahr zu machen, was er verspricht. Darum spricht jeder Bruder in seiner Profeß sein Ja auf das vorausgehende Versprechen Gottes, dem er folgt. Dieses Ja ist sein »Amen« auf das, was ihm versprochen und aufgetragen wird.

Das definitive Engagement als Ausdruck solchen bedingungungslosen und rückhaltlosen Gottvertrauens offenbart sich der

Öffentlichkeit, wenn sie die Vermahnung (exhortation) hört, die der Prior bei der Profeß eines Bruders verliest:

> Bruder, der du auf die Barmherzigkeit Gottes vertraust, denke daran, daß der Herr Christus deinem schwachen Glauben zu Hilfe kommt und, indem er sich mit dir engagiert, für dich die Verheißung erfüllt: »Wahrlich, ich sage euch: Es ist niemand, der Haus, Brüder, Schwestern, Mutter, Vater, Weib, Kinder oder Äcker verläßt um meinetwillen und um des Evangeliums willen, der nicht hundertfältig empfange jetzt in dieser Zeit Häuser und Brüder und Schwestern und Mütter und Kinder und Äcker mitten unter Verfolgungen und in der zukünftigen Welt das ewige Leben.«
>
> Dies ist ein Weg entgegen aller menschlichen Vernunft; aber wie Abraham kannst du nur vorwärtsschreiten im Glauben und nicht im Schauen, allezeit gewiß, daß, wer sein Leben verliert um Christi willen, es finden wird.
>
> Zieh von nun an auf den Spuren Christi. Mach dir keine Sorge um den morgigen Tag. Trachte am ersten nach dem Reich Gottes und nach seiner Gerechtigkeit. Gib dich ganz hin, verschenk dich; und es wird ein gutes, vollgedrücktes, gerütteltes, überfließendes Maß in deinen Schoß gegeben werden; denn man wird dich mit eben dem Maß messen, mit dem du mißt...
>
> Der Herr Christus – in seinem Erbarmen und in seiner Liebe zu dir – hat dich dazu berufen, in der Kirche ein Zeichen brüderlicher Liebe zu sein. Er will, daß du mit deinen Brüdern das Gleichnis des gemeinsamen Lebens Wirklichkeit werden läßt.
>
> So gib es fortan auf, zurückzuschauen, und, fröhlich in unendlicher Dankbarkeit, scheue dich nie, der Morgenröte vorauszueilen,
>
> um zu loben und zu preisen und zu rühmen
>
> CHRISTUS, DEINEN HERRN.[16]

Mit diesen Sätzen, so meinen die Brüder, ist auch der mögliche Einwand beantwortet, die Endgültigkeit ihrer Engagements beeinträchtige die Freiheit Gottes, einem Bruder einen neuen Weg zu zeigen. »Was auf Erden gebunden ist, wird es auch im Himmel sein. Christus nimmt unser Engagement entgegen. Der Heilige Geist ist mächtig genug, das Ja bis zu unserm letzten Atemzug mit neuem Leben zu erfüllen.«[17]

16 Regel, S. 42 ff
17 Roger Schutz: Einmütig im Pluralismus, S. 107

Solange nur ein zeitlich begrenztes Engagement möglich ist, solange ist damit das hoffnungslose Bekenntnis impliziert, Gott handle nur jetzt und hier. »Das führt dazu, daß man die gleichen Schritte aufs neue tut, seine Stellungen wieder ansieht, seine Verpflichtungen in beständigem Infragestellen wieder überprüft.«[18] Wäre dies die einzig legitime Existenzweise für Christen, wäre die Kirche kein hoffendes Gottesvolk mehr, stünde Israel noch vor seinen ägyptischen Haustüren, läse Abraham noch immer seine Reisekarte in Ur.

»Wenn ein Mensch, der sich für das ganze Leben engagiert hat, eine Zeit der Spannungen durchmacht, ist er zu fragen versucht, ob es ihm nicht am Tage seines endgültigen Engagements an Klarsicht gefehlt habe. Wer verfügt jemals über die volle Klarheit, die notwendig erscheint, um sich zu entscheiden? Der Mensch kommt während seines ganzen Daseins zu einer Folge von Einsichten. Wollte er eine allumfassende Klarheit abwarten, ehe er seine Wahl fürs Leben trifft, würde sein Leben nicht dazu ausreichen. Dann gäbe es keinen Akt des Glaubens mehr. Christus allein verklärt, was zu Beginn dunkel und unvollendet war.«[19]

Darum legen die Brüder in ihren definitiven Engagements Gott auf Gott fest. Sie berufen sich vor IHM auf IHN, weil er treu ist und sich selbst nicht verleugnen kann.

»Ein als endgültig verstandenes Engagement gestattet es, Gott allein die Sorge für seine Vocation zu überlassen. Das Engagement, in Gottes Hand gelegt durch die Vermittlung einer Gemeinschaft, kann nur von Gott widerrufen werden, der sich durch die Gemeinschaft ausdrückt. Zu einer solchen Konzeption des Engagements gehört eine notwendige Absage des individuellen Willens. Die Freiheit Gottes bleibt auf diese Weise vollkommen gewahrt, so daß sich die Objektivität seines Auftrages nicht durch das individuelle Gewissen ausdrückt, das oft in dem geschlossenen Kreis der Subjektivität eingesperrt ist, sondern durch den gewisseren Weg einer betenden Gemeinschaft. Diese Konzeption des Engagements behauptet, daß die Wahrheit eher durch eine Gemeinschaft als durch ein Individuum erkannt werden kann und daß sich die Freiheit Gottes klarer manifestiert, wenn wir unserer eigenen Freiheit absagen und uns durch eine Entscheidung des Gehorsams und der Liebe an Christus binden.«[20]

18 Charles-Eugène Paguin: Berufung zur Kommunität, S. 40
19 Roger Schutz: aaO, S. 107
20 Max Thurian: aaO, S. 116

Sind also die definitiven Engagements der Communauté in dieser Weise durch den Willen Gottes, durch Jesu Ruf zur Nachfolge begründet und gegebenenfalls auch begrenzt,[21] so ist nach Überzeugung der Brüder der Freiheit Gottes keine Grenze gesetzt, hängt vielmehr alles von dieser ab. Diese Bestimmung der Engagements macht auch verständlich, warum die Brüder diesen Terminus dem traditionellen Begriff »Gelübde« vorzogen. Die Begründung des Priors: Wir bevorzugen »den Ausdruck ›Engagement‹, weil er nicht den Beiklang der Verdienstlichkeit hat wie vielleicht das Wort ›Gelübde‹, und weil er die wesentliche Wahrheit der totalen Hingabe an Christus in einer dynamischen Vorwärtsbewegung besser aussagt.«[22]

In dieser Intention beantworten die Brüder in der Profeß – nach der Verlesung der Exhortation – die Fragen des Priors:

Willst du um der Liebe Christi willen dich ihm hingeben mit allem, was du bist? – Ich will es.

Willst du von nun an den Dienst für Gott tun in unserer Communauté, in der Gemeinschaft mit deinen Brüdern? – Ich will es.

Willst du unter Verzicht auf alles Eigentum mit deinen Brüdern leben nicht nur in der Gemeinschaft der materiellen Güter, sondern auch in der der geistigen und geistlichen Gaben, indem du dich mühst um die Offenheit des Herzens? – Ich will es.

Willst du um besser verfügbar zu sein für den Dienst mit deinen Brüdern und, um dich ungeteilt der Liebe Christi zu schenken, im Zölibat verbleiben? – Ich will es.

Willst du, damit wir einmütigen Sinnes seien und damit unsre Einheit im Dienst sich vollauf verwirkliche, die Entscheidungen annehmen, die in der Communauté getroffen und durch den Prior zum Ausdruck gebracht werden? – Ich will es.

Willst du stets Christus in deinen Brüdern wiedererkennen und und so über sie wachen in guten und schlechten Tagen, in Zeiten des Überflusses und der Armut, im Leiden und in der Freude? – Ich will es.[23]

21 Bisher haben drei Brüder nach ihrer Profeß die Communauté wieder verlassen. Einen Grund für ihren Weggang konnte ich in Taizé nicht erfahren.

22 Roger Schutz: Naissance de communautés, S. 20

23 Regel von Taizé, S. 45 f

IV
Das Engagement zur Gütergemeinschaft

Eine der drei Grundlagen traditionellen Mönchtums ist das Armutsgelübde. Die Communauté de Taizé zieht es dagegen vor, vom »Engagement zur Gütergemeinschaft« zu sprechen. »Ohne Furcht vor möglicher Armut.«[1] Hinter dieser Entscheidung verbirgt sich keine Kritik oder gar Ablehnung des Armutsideals anderer Orden. »Träfe dies zu, dann würde unsere Lebensweise ein Urteil miteinschließen, unausgesprochen zwar, aber deswegen nicht weniger streng. Damit würden wir aber unserer Berufung geradezu widersprechen, der Berufung zur Einheit. Wir würden eine Protesthaltung einnehmen und uns gerade dadurch in Dünkelhaftigkeit isolieren.«[2]

Der Grund für die Bevorzugung von »Gütergemeinschaft« gegenüber »Armut« ist die Nähe der Gütergemeinschaft zur Vocation communautaire: »Armut, dieses Wort macht die Lippen wund. Als ich die Regel von Taizé schrieb, wagte ich kaum, es zu gebrauchen; es brachte die Feder ins Stocken. Ich habe es vorgezogen, von dem Engagement zur Gütergemeinschaft zu sprechen, das ›bis zu möglicher Armut‹ führen kann. Mir schien, daß der Geist der Armut sich vor allem dort zeigt, wo freien Herzens und in Schlichtheit miteinander geteilt wird.« (aaO, S. 51)

Aktualisierung der ersten Seligpreisung – der »Geist der Armut«

Der »Geist der Armut«, der dieses Engagement kennzeichnet, wird durch die erste Seligpreisung bestimmt: »Selig die Armen im Geist, denn ihrer ist das Himmelreich.« Diese Seligsprechung der Armen durch Jesus ermöglicht und erhält das Engagement zur Gütergemeinschaft.

Wer sind die Armen, die Jesus seligspricht? »Im Gottesvolk Israel gab es die Gemeinschaft der Armen Jahwes. Aller Habe entledigt, harrte sie aus vor dem Angesicht Gottes, und in einer

1 Roger Schutz: Regel, S. 34
2 Roger Schutz: Dynamik des Vorläufigen, S. 102

völligen Ausrichtung auf die unmittelbar bevorstehende Erfüllung der Verheißung wartete sie auf das Kommen des Messias. Das Ansammeln von Reichtümern hätte ihre Hoffnung Lügen gestraft.« (aaO, S. 57) Aktualisierung der ersten Seligpreisung zielt darum auf uneingeschränktes Vertrauen in Gottes Zukunft, Verzicht auf Eigentum, Leben in Gütergemeinschaft.

1. Uneingeschränktes Vertrauen in Gottes Zukunft

Für das Wesen der Gütergemeinschaft, wie sie die Brüder verstehen, ist die »Hoffnungsstruktur« der christlichen Existenz entscheidend. »Der Christ lebt in der Zeit des Wartens, des Wartens auf Gott, auf seine Gerechtigkeit, auf das Ereignis, das von ihm kommt. Wer nicht mehr wartet, wer sich, auf seinen Privilegien und seinem guten Recht beharrend, im Gehege seines Selbst einrichtet, dem engt sich eine ganze Dimension des Glaubens ein.«[3] Diese Haltung der Offenheit (ouverture) gegenüber der Zukunft Gottes ist charakteristisch für die Spiritualität der Brüder. Erwartung ohne Vorurteile, schutzlose Offenheit gegenüber Gott und Menschen ermöglicht Kommunikation.

»Geist der Armut« meint darum totale Abhängigkeit von Gott. »Die Haltung des Glaubenden im materiellen Bereich muß also frei sein von jedem Geist des Besitzens. Das kann nur spirituelle Armut bedeuten, also Hingabe an Gott, Vertrauen, daß er sorgen wird von einem Tag bis zum nächsten für alle seine Bedürfnisse, Annahme der (sc. materiellen) Armut, wenn es von ihm verlangt wird.«[4] »Arm an Künsten, arm an Mitteln: doch er ist da, Er, der uns reich macht. Auf diese oder jene Weise sich sichern heißt unser Vertrauen Lügen strafen. Darauf verzichten heißt Gott suchen und außer ihm keinen festen Halt zu haben.«[5] »Allein der Glaube bringt dieses getroste Vertrauen hervor, diese fröhliche und feste Überzeugung, daß, wenn du um dein täglich Brot gebeten hast, du dich nicht mehr um das Maß beunruhigen mußt, mit dem dir zugeteilt wird. Durch den Glauben beherrschst du deinen alten, so sehr besorgten Menschen und meisterst du die bedrängende Sorge, durch den Glauben gibst du dir die innere Ruhe, durch den Glauben gibst du heute mit leichter Hand, durch den Glauben bist du von dem tief eingewurzelten Vorurteil befreit, von der Furcht vor Armut.«[6]

3 Roger Schutz: Einmütig im Pluralismus, S. 81
4 Roger Schutz: L'idéal monacal, S. 196
5 Roger Schutz: Dynamik des Vorläufigen, S. 59 f
6 Roger Schutz: Vie communautaire, S. 51 f

Die Armut, die einen Reichtum an Glauben vorauszusetzen scheint, ist Ergebnis von Verzicht, nicht von Leistung. Auch nicht von Glaubensleistung. Prototyp dessen ist Maria, die Mutter Jesu. »An der Schwelle des neuen Äons der Erlösung ist Maria in ihrer Armut die formelle Negierung jeglicher Wirksamkeit menschlichen Könnens ... In ihrer Armut ist Maria das Zeichen der Kraft, der Gnade und Liebe Gottes ... So ist Maria eine lebendige Predigt vom Geheimnis der göttlichen Gnade.«[7] Kennzeichen der geistlichen und materiellen Armut Marias ist ihr »mir geschehe, wie du gesagt hast« (Lukas 1, 38). Darum gilt es, daß »die Mutter Jesu niemals in eine Situation gestellt wird, die der eines verborgenen Lebens unter den Armen widerspricht.«[8]

Die »Armut Marias« ist kennzeichnend für die Spiritualität der Communauté. Sie sieht Maria als Glied der Gemeinschaft der armen Heiligen. Die Brüder verweigern sich darum jeder glorifizierenden Mariologie, die die Armut Marias in Reichtum verkehrte. Der Prior spricht von Maria stets im Zusammenhang mit ihrer Armut, Bedürftigkeit, ihrem in Gott verborgenen Leben.[9]

Wer wie Maria in Hoffnung lebt, erlebt die Erfüllung der ersten Seligpreisung. Die Erfüllung der übrigen steht noch aus, die der ersten ist schon heute Realität. »Selig die Armen, denn euer *ist* das Himmelreich! Jesus spricht hier im Präsens, das ist in den folgenden Seligpreisungen anders. Jedem, der Armut annimmt, gehört das Himmelreich schon heute.«[10]

Mit großer Beharrlichkeit und Nachdruck spricht darum der Prior davon, »das Heute Gottes zu leben« (vivre l'aujourd'hui de Dieu). Bezeichnenderweise fehlt in der deutschen Übersetzung des französischen Titels das Verb »leben«, auf das es im Buch so sehr ankommt. »Das Heute des Evangeliums. Wenn der Mensch auf morgen und übermorgen schaut, verpfändet er das Heute. Vergangenheit und Zukunft entreißen ihn der Gegenwart. Er ist ein Mensch mit gelähmten Gliedern. Wir brauchen viel Mut, wenn wir unsern Weg auf Christus hin aufrecht und nicht gebückt gehen wollen. Um neuen Elan zu gewinnen, das Heute des Evangeliums leben und in der Frische eines jeden Morgens den anbrechenden Tag wie eine Blume pflücken. Das Gefühl der Hoffnungslosigkeit kommt nur in dem Menschen auf, der der Einsamkeit mit sich selbst ausgeliefert ist ... Der Geist der Ar-

7 Max Thurian: Maria, S. 67

8 Roger Schutz: Gewalt der Friedfertigen, S. 81

9 Vgl. zum Beispiel: Heute Gottes, S. 78 f; Dynamik des Vorläufigen, S. 57 f

10 Roger Schutz: Vie communautaire, S. 54 f

mut, der Sinn für das Provisorium, das Heute des Evangeliums, all das ist unentbehrlich für die Institution (sc. der Kirche), damit uns niemand der lebendigen Frische des Evangeliums entreiße.«[11]

Wenn es gilt, etwas vom Evangelium, etwas vom Reich Gottes in dieser Welt offenbar zu machen, dann gilt es also, den »Geist der Armut« der ersten Seligpreisung, das »Heute Gottes« zu *leben*. Das allein kann der konkrete Beweis dafür sein, daß Christen Gott glauben, ihren Halt nur an ihm haben – sola fide (allein aus Glauben) –, und daß Jesu Versprechen: Das Reich Gottes ist mitten unter euch, wahr ist. Diesen Beweis versucht die Communauté anzutreten mit ihrem Engagement der Gütergemeinschaft im »Geist der Armut«, der stets bedürftig bleibt, sich nicht sichern will, der zum Teilen und zur brüderlichen Gemeinschaft anregt.

So antwortet die Communauté auf die Frage der Welt von Heute nach der Glaubwürdigkeit der Christen: »Was ist das Besondere, was uns diese neue Generation zuruft? ›Gebt uns den existentiellen Beweis dafür, daß ihr an Gott glaubt, daß ihr euren Halt wirklich in ihm habt. Überzeugt uns davon, daß ihr das Evangelium in seiner ursprünglichen Frische lebt, im Geist der Armut, in Solidarität mit allen, nicht nur mit eurer konfessionellen Familie.‹ Das Evangelium in seiner Frische? Es ist Warten auf Gott. Es ist Leben aus der Dynamik des Heute. Es ist ständige Rückkehr zu den Quellen. Es ist Versöhnung.«[12]

Empfängt so die Armut der Communauté und jedes Bruders Maß und Gestalt von der Seligpreisung, dann sind drei mögliche Mißverständnisse der Armut vermieden:

1. Keineswegs spricht Jesus nach Meinung der Brüder den sozialen Stand *jedes* Armen dieser Welt selig. Die in der ersten Seligpreisung angesprochenen Armen sind jene Menschen, die dieser Verheißung uneingeschränkt Glauben schenken. »Wie könnte man das Mißtrauen der Arbeiter übersehen, die diese Sprache des Evangeliums schwer ertragen? Sie glauben, daß die Christen, indem sie die Armut idealisieren, nur die Arbeiterklasse in einem Zustand der Minderwertigkeit erhalten wollen, in dem es dem Reichen leichter ist, die Herrschaft über sie auszuüben.« (aaO, S. 51 f)
2. Armut im Sinn der ersten Seligpreisung meint nicht traurige Ärmlichkeit. »Wenn der Geist der Armut gleichbedeutend wird

11 Roger Schutz: Einmütig im Pluralismus, S. 84 ff
12 Roger Schutz: Dynamik des Vorläufigen, S. 34 f

mit Trübsinn und Kargheit, entspricht das dann wirklich der ersten Seligpreisung? Der Geist der Armut besteht in der Freude des Menschen, dessen Sicherheit in Gott ist. Er verschafft sich deshalb Ausdruck in äußeren Zeichen der Freude.« (aaO, S. 51) Oder in der Regel von Taizé: »Der Geist der Armut besteht nicht darin, sich armselig zu geben, sondern darin, alles so zu halten, wie es der schlichten Schönheit der Schöpfung entspricht. Der Geist der Armut ist Leben in der hellen Freude am Heute.« (aaO, S. 34)

3. Der »Geist der Armut« nach der ersten Seligpreisung ist kein zu verabsolutierendes Ideal einiger Menschen oder einer Gruppe, das einer Überflußgesellschaft mahnend vorgehalten werden darf. Die Communauté würde sich durch eine solche Forderung andere Menschen unterwerfen und sich ihrer Gewissen bemächtigen, die dem Konflikt, in den sie die Communauté stellt, nicht standhalten könnten. »Selbst das Engagement zur Armut verliert seine Kraft, sobald es sich mit vorwurfsvollen Forderungen verbindet; ja es wirkt sogar zersetzend durch die Bitterkeit, die ihm anhaftet. Vergesse, wer das Engagement der Armut eingegangen ist, nicht den Familienvater und die Mutter, die für ihre Kinder Sorge zu tragen haben. Was wir von uns verlangen, muß nicht auch für sie gelten. Für sie kann es eine Last bedeuten und ihnen das Verständnis für unsere Berufung erschweren. Fanatiker der Armut wirken beängstigend.
Es ist wichtig, daß sich der Geist der Armut nicht verhärtet und nichr zur Verurteilung anderer führt. Wenn man eine Seligpreisung hervorhebt, sollte man es nicht auf Kosten der anderen tun. Der Arme ist sanftmütig. Er bleibt immer der Arme Jahwes, allein auf Gott im Heute angewiesen.

In diesem Bereich ein großes Gleichmaß zu bewahren, ist unerläßlich. Ohne die Liebe ist der Geist der Armut nichts, ein Schatten ohne Licht. Wer im Namen der Armut selbstgerecht den Nächsten verurteilt, kann sicher sein, daß er im Unrecht ist.«[13]

13 Roger Schutz: Dynamik des Vorläufigen, S. 54

2. Der Verzicht auf Besitz

Wenn der »Geist der Armut« der ersten Seligpreisung darin besteht, allein von Gott und seiner Verheißung zu leben, dann ist der Verzicht auf Eigentum keine Vorleistung, sondern Konsequenz eines Glaubens, der sich von der Sorge um die Zukunft befreit weiß. Es geht also, um im Bild der Wüstenwanderung zu sprechen, um »Marscherleichterung«, um Aufgabe aller vermeintlich lebensnotwendigen, in Wirklichkeit aber nur unnötig belastenden Reserven. »Männer und Frauen weihen sich der fröhlichen Armut. Sie haben verstanden, daß der Geist der Armut eine der Bedingungen des christlichen Lebens selbst ist. Viele befreien sich von Lasten, die für sie nicht mehr tragbar sind; sie wollen nicht mehr Geld ausgeben für Brot, das nicht nährt.«[14]

Die Vaterunser-Bitte um das tägliche Brot, das Geschick der Witwe von Sarepta (1. Könige 17), das Gespräch des Reichen Jünglings (Markus 10), das Gleichnis vom Reichen Bauern (Lukas 12) helfen den Brüdern, ihr Engagement zu begründen. Bewegen sie sich hier noch auf oft genutzten Wegen der Auslegung, so geben sie der traditionellen Begründung, sich mit dem Brot für heute zu begnügen, einen neuen Akzent durch ihren Hinweis auf das Geschick Israels in der Wüste. Es ist hier nicht jene Begebenheit gemeint, die berichtet, daß den Israeliten das »tägliche Manna« durch Horten schlecht wird (2. Mose 16), sondern ihre Fortsetzung (4. Mose 11). Die Israeliten murren über ihr tägliches Manna. Die unheimlich aktuelle Strafe Gottes: Die Israeliten werden mit Reichtum geschlagen! »Diese erste Erfahrung (tägliches Manna) genügte nicht. Sie fielen in ihren Unglauben zurück. Nun rief Mose ergrimmt: ›Gott wird euch Fleisch geben, und ihr werdet davon essen ... bis es euch zum Hals heraushängt und euch zum Ekel wird ... Da ließ der Ewige vom Meer einen Wind wehen, der Wachteln herbeiführte ... und es gab von ihnen auf der Erde zwei Ellen hoch.‹ Nun konnten sie sich also Reserven anlegen!«[15] Die warnende Tendenz dieser Strafe durch Reichtum ist deutlich: Nicht Mahnruf zu unbegreiflichen Verzichtleistungen, sondern Lockruf zum Leben im Heute Gottes.

Als Konsequenz dieses Lockrufes deutet die Regel von Taizé an: »Wenn du ... wie Israel das Brot, das vom Himmel gekommen ist, für morgen zurücklegst, wenn du Zukunftspläne ausarbeitest, dann bist du in der Gefahr, die Brüder unnütz zu über-

14 Roger Schutz: Vie communautaire, S. 53
15 Roger Schutz: Vie communautaire, S. 50

fordern, deren Berufung es doch ist, im jetzigen Augenblick zu leben ... Der Arme nach dem Evangelium lernt es, zu leben ohne Sicherung für den morgigen Tag, in dem fröhlichen Vertrauen, daß für alles gesorgt sein wird.« (aaO, S. 34)

Schon an dieser Stelle muß aber gesagt werden, daß der Verzicht auf Vorsorge und Sicherung seines Lebens nicht ausschließt, daß die Brüder Pläne machen für andere Menschen, die unfreiwillig in Armut leben müssen. »Wenn dieses Morgen dennoch bedacht werden soll, dann nur, um des Nächsten willen. Wir selbst müssen im Heute Gottes leben; seinem Nächsten aber gilt es zu helfen, sein Morgen zu verstehen und in das einzudringen, was bald sein Heute sein wird.«[16]

3. Leben in Gütergemeinschaft

Evangelische Armut ist Gütergemeinschaft. So realisiert sich entsprechend dem neutestamentlichen Vorbild der Jerusalemer Gemeinde auch für die Brüder von Taizé die Armut der ersten Seligpreisung als Gütergemeinschaft (Apostelgeschichte 2, 42 ff und 4, 32 ff). »Der Geist der Armut zeigt sich vor allem dort, wo freien Herzens und in Schlichtheit miteinander geteilt wird.«[17]

Ebenso wie in der Urgemeinde wird auch in der Communauté die Gütergemeinschaft allein durch die Predigt vom Auferstandenen (Apostelgeschichte 4, 33) und durch seine Gegenwart in der Gemeinde ermöglicht. Die brüderliche Gemeinschaft »war bereits das Auffallende an der Urkirche. Sie verharrten, sie nahmen einander auf, sie nahmen gemeinsam die Mahlzeiten ein, und der Geist der Festesfreude schäumte unwiderstehlich über. In Arbeit und Mühen hatten sie alles gemeinsam. Niemand zwang einen anderen in eine und dieselbe Form; ihre Einmütigkeit zeigt sich in einem Pluralismus. Sie waren nicht irgendeine Gemeinschaft, sondern eine Begegnung von Menschen, bei der Er, der Auferstandene, gegenwärtig war.«[18]

Der auferstandene Christus ist der »innere Kern« (pivot central)[19] für die Vocation communautaire der Brüder, die ihre sichtbare Gestalt vor allem in der Gütergemeinschaft der Communauté erhält. Der Auferstandene konstituiert christliche Gemeinschaft dadurch, daß er echten Geist der Armut ermöglicht. Menschen können seinetwegen verzichten auf die Durchsetzung ihres

16 Roger Schutz: Einheit und Zukunft, S. 13 f
17 Roger Schutz: Dynamik des Vorläufigen, S. 51
18 Roger Schutz: Gewalt der Friedfertigen, S. 122
19 Roger Schutz: Einmütig im Pluralismus, S. 66

– vermeintlich – guten Rechtes und auf ihre Privilegien, die vorher wahre Gemeinschaft verhinderten. Der Auferstandene ist das Licht der Welt, das Gemeinschaft schafft, indem es die dunklen Schatten der Schuld »verklärt« (transfigure), die Menschen voneinander trennt. »Indem wir einander die Freude aus der Vergebung aufzeigen, bringen wir uns dazu, die Gabe des gestorbenen und auferstandenen Christus in unserem Leben zu aktualisieren. ... Wo er auch sein mag, überall wiederholt der Christ, jeden Tag und mit allen, die Begegnung mit dem Auferstandenen. Als alle Türen verschlossen waren, trat Christus unerkannt in die Mitte der Seinen. Er verkündet den Frieden: Friede sei mit euch. Und er gibt ihnen das Mittel, diesen Frieden zu leben: welchen ihr die Sünden erlaßt, denen sind sie erlassen, welchen ihr sie behaltet, denen sind sie behalten.« (aaO, S. 98 f)

Dieser Friede, den der Auferstandene seinen Jüngern ankündigt, ist das Fundament der Gütergemeinschaft. Er offenbart sich, wie wir noch sehen werden, in dem, was die Brüder »Transparenz« nennen. Der Friede Christi, der dem Einzelnen gilt, öffnet eigne Verschlossenheit und ermöglicht menschliche Gemeinschaft. Dieser »Frieden ist weder innere Passivität noch Flucht vor dem Nächsten. Auch ist er nicht jene schale Geruhsamkeit, bei der sich der Horizont verengt und schließlich der, welcher sich ihr überläßt, ganz eingesperrt ist. Es gibt keinen Frieden, wo der Nächste vergessen ist. Alle Tage hallen wider von derselben Frage: was hast du mit deinem Bruder getan? Ein Friede, bei dem keine Kommunikation, keine brüderliche Einheit entsteht, ist eine Illusion. Hat der Mensch den Frieden gefunden, ist er zu seinem Nächsten geführt.« (aaO, S. 99 f)

Der Frieden Christi, der solche Gemeinschaft unter Menschen weckt, wird für Christen erkennbar und erfahrbar in der Eucharistie. Für die Brüder hat darum das Abendmahl im Blick auf ihre Gemeinschaft eine unvergleichliche Qualität als »Sakrament und die Dynamik der Einheit« (aaO, S. 101), für das es unter Christen keinen Ersatz gibt. Die Gabe der Eucharistie beschränkt sich indessen nicht auf die Vergebung. Darüber hinaus führt die Eucharistie zum Miteinander-teilen der materiellen Güter. Durch die eucharistische Hoffnung werden die Christen zu einem ungesicherten, allein auf Gottes Zukunft vertrauenden Leben befähigt. »Wir feiern Christus, den Auferstandenen, in der Eucharistie. In ihr teilen wir das Leben des auferstandenen Christus untereinander und haben Anteil am Ostergeheimnis ... Wir sind auf einem Marsch durch die Wüste, auf eine Kirche zu, die mit allen teilt. Die Eucharistie gibt uns den Mut, das Manna nicht anzuhäufen, keine materiellen Reserven anzusammeln und nicht nur das Brot des Lebens, sondern auch die Güter der Erde zu teilen.«[20]

Die Wirklichkeit der Gütergemeinschaft

Die Gemeinschaft der materiellen und spirituellen Güter

»Willst du unter Verzicht auf alles Eigentum mit deinen Brüdern leben, nicht nur in der Gemeinschaft der materiellen Güter, sondern auch in der der geistigen und geistlichen Gaben, indem du dich mühst um die Offenheit des Herzens? – Ich will es.«[21]

Die konkreten Konsequenzen dieses Engagements, wie es jeder Bruder bei seiner Profeß verspricht, nennt der knappe, apodiktisch formulierte Satz, der in der Regel von Taizé das Kapitel »Gütergemeinschaft« eröffnet: »Die Gütergemeinschaft ist total.« (aaO, S. 34)[22]

Keiner der Brüder verfügt darum über irgendwelches private Eigentum, weder innerhalb noch außerhalb der Communauté. Alles, was ein Bruder je besaß, gibt er weg, bevor er sich durch seine Profeß endgültig bindet. Alles, was ein Bruder durch seine Arbeit in der Communauté erwirbt, gehört der Communauté. Sie will für das Leben der Brüder sorgen und »über sie wachen in guten und schlechten Tagen, in Zeiten des Überflusses und der Armut, in Leiden und in der Freude.«[23]

Dieser Verzicht auf individuelles Eigentum bildet ein wichtiges »principe unificateur«[24] für die Communauté. Wenn allen alles gehört, erhebt sich nicht mehr der trennende Streit um Mein und Dein. Das leidige »Bewußtsein einer Überlegenheit bzw. Unterlegenheit, das der Besitz bzw. Mangel an finanziellen Mitteln hervorruft« (aaO), scheint damit die Communauté für sich überwunden zu haben.

20 Aus: Suchen, warten, wagen. Auf dem Weg zum Konzil der Jugend, S. 47 f

21 Regel von Taizé, S. 34

22 H.-E. Bahr zitiert einen Zusatz: »Glaube nicht, wenn du ein sehr persönliches Geschenk erhältst, daß du davon entbunden bist, es abzugeben. Die Loslösung von den kleinen Dingen bleibt schwer bis ans Ende.« (in: Christ und Welt, 17. 11. 1961) Frère Rudolf schrieb mir auf meine Frage, wo diese Sätze in Publikationen der Communauté veröffentlicht seien: »Diese Sätze stammen bestimmt nicht aus Taizé!« (5. 8. 1970)

23 Regel von Taizé, S. 46

24 Roger Schutz: L'idéal monacal, S. 189

Angesichts des Verzichts auf Privateigentum scheint die Gefahr einer totalen Uniformität im Lebensstil der Brüder unausweichlich. Das Gegenteil trifft zu. Die Communauté gewährt jedem Bruder die Möglichkeit, seinen eigenen Lebensstil im Rahmen der Communauté zu finden und zu leben. Eine besondere Regelung für das Ausmaß der finanziellen Bedürfnisse jedes Bruders hat die Communauté nie festgelegt. Die Brüder erhalten darum auch kein festgesetztes Taschengeld, sondern jeder nimmt sich nach Rücksprache mit dem Ökonom aus der gemeinsamen Kasse, was er braucht, zum Beispiel Geld für Kleidung, Arbeitsmittel, Tabak, Reisen zu den Eltern usw. Die persönliche Besitzlosigkeit schließt auch nicht aus, daß die Communauté im Rahmen ihrer finanziellen Möglichkeiten den in Not geratenen Verwandten eines Bruders hilft.

So bleibt es dem einzelnen Bruder überlassen, »um den Erfordernissen des Dienstes gerecht zu werden und zugleich einen Lebensstil zu gewährleisten, der niemals Ärgernis hervorrufen kann ... ein Gleichmaß zu finden, in allen Dingen das rechte Maß zu halten. Einem solchen Gleichgewicht entspräche es nicht, sich eine körperliche Askese aufzuerlegen, die der Gesundheit schaden und den Dienst beeinträchtigen würde. Unser Maß ist, nichts zu besitzen außer den Hilfsmitteln für die Arbeit. Dazu gehört auch das Arbeitszimmer. Es kann für einen bequemer sein, für den andern asketischer, wenn es nur eine Hilfe für die Arbeit ist.«[25]

Die Gütergemeinschaft beschränkt sich nicht auf den materiellen Besitz. »Die Gütergemeinschaft gilt auch für die Früchte der geistigen Arbeit und des künstlerischen Schaffens.« (aaO, S. 83) Aber auch das meint noch nicht die totale Gütergemeinschaft. »Verstünde man die Gütergemeinschaft rein materiell, so wäre sie begrenzt. Sie muß uns zur Gemeinschaft der spirituellen Güter führen, zum Teilen, zur wechselseitigen Transparenz (transparence réciproque).«[26]

Was heißt »Gemeinschaft der spirituellen Güter«, was bedeutet »Transparenz«? Transparenz ist eines der Schlüsselwörter der Communauté und wie die meisten von ihnen kaum ins Deutsche übersetzbar. Darum läßt auch die Communauté diesen Begriff in ihren Übersetzungen als Fremdwort stehen. »Eine der wesentlichen Bedingungen dieser Entfaltung des Bruders und der Communauté in der brüderlichen Liebe ist das, was wir ›Trans-

25 Geistliche Weisungen, S. 82
26 Roger Schutz: Naissance de communautés, S. 21

parenz‹ nennen. Der Bruder muß für seine Brüder transparent werden, er muß lernen, sich zu kommunizieren, sich auszuliefern, sich zu öffnen ... Er muß die Einfachheit (simplicité) und die Reinheit des Herzens so sehr verwirklichen, daß ihn jeder Bruder bis ins Innerste kennenlernen kann, damit er nie allein ist.«[27]

Die Transparenz hat ihre Voraussetzung im furchtlosen Verzicht jedes Bruders auf den trennenden Schutzwall einer Verschlossenheit der Person, eines »stummen Schweigens« (silence muet).[28] Menschen errichten es um sich, damit ihr Ich vor dem Zugriff eines andern Menschen bewahrt bleibe. Sie fürchten, ein anderer könnte sich ihrer in ihrer Offenheit bemächtigen. Innerhalb der Communauté bedarf der Bruder dieser schützenden Verschlossenheit nicht mehr. Weil in der Communauté jeder von der grundsätzlichen Bereitschaft des andern weiß, kann er sich ihm furchtlos öffnen, kann er ungeschützt zu ihm von sich sprechen, ohne Angst zu haben, man könne die Kenntnis gegen ihn ausnützen.

»Eine solche Haltung der Transparenz wird dann leichter sein, wenn man gelernt hat, sich seinem Bruder vollkommen zu öffnen. Nichts Vergangenes, nichts Gegenwärtiges soll zurückgehalten werden. Jede Regung, über die man nicht schweigen kann, jeder innere Zweifel soll genannt werden. Diese Hingabe, diese vollständige Entlastung hat tiefgreifende Konsequenzen im psychologischen Bereich. Sie bietet dem eine Lösung, der noch nicht soweit gekommen ist, sich im Blick auf alle Aspekte seines Lebens zu öffnen; der sich darum noch über anderes ausläßt als über das, was er eigentlich wissen lassen sollte ... Diese totale Öffnung einem anderen Bruder gegenüber ist nicht leicht. Es gilt eine große Beherrschung zu erlangen für diese Gemeinschaft der spirituellen Güter.«[29]

Weil es den Brüdern offenbar schwer fällt, eine exakte Definition dessen zu geben, was die Transparenz ist, versucht der Prior, via negationis zu beschreiben, was Transparenz *nicht* ist. Auf vier Mißverständnisse macht er den Leser von »Einmütig im Pluralismus« und »Gewalt der Friedfertigen« aufmerksam:

1. »Transparenz von Mensch zu Mensch bedeutet nicht ein Sichausschütten, sondern die Lauterkeit der ganzen Person.«[30] Jedes übertriebene Mitteilungsbedürfnis wäre schamlos, be-

27 Max Thurian: Communauté de Cluny, S. 117
28 Regel von Taizé, S. 25
29 Roger Schutz: Vie communautaire, S. 46 f
30 Roger Schutz: Einmütig im Pluralismus, S. 109

drängte den anhörenden Bruder und schüfe keine wahre Kommunikation. Mit feiner Ironie bemerkt die Regel von Taizé: »Zurückhaltung in Wort und Gebärde hat noch nie menschlichen Kontakt verhindert.« (aaO, S. 25)

2. Transparenz ist kein Vollkommenheitszustand, den eines Tages ein Bruder wie ein Ziel erreichen und festhalten könnte. »Wer könnte von sich selber sagen: In mir ist nichts, was nicht ausgesprochen wäre, sei es in der Beichte, sei es einem zuverlässigen Menschen gegenüber? Wer kann sagen: alles ist aufgedeckt; mir ist diese Eigenschaft der Transparenz bekannt? Nur sehr wenige. Hier kommt es darauf an, daß man in die Schule Christi geht, und lange Jahre sind notwendig, um zu dieser Klarheit zu kommen.«[31] Gleichwohl bleibt die Transparenz nie durch konstatierbare Merkmale und menschliche Erfahrungen nachzuweisen. »Hier wie auch sonst gilt es, die Eindrücke zu verscheuchen und insbesondere das Gefühl, daß nichts geschähe. Über eine Kontinuität von langer Dauer wird die Transparenz selbstverständlicher, vollzieht sich etwas im Innersten unseres Wesens.«[32]

3. Transparenz ist nicht nur die Offenheit dessen, der spricht, sondern auch dessen, der zuhören kann. »Im Bereich der Seelsorge bedeutet die bloße Tatsache, daß man angehört wird, schon viel ... Das seelsorgerliche Gespräch macht es vor allem möglich, daß der, der sich ausspricht, sich selbst entdeckt. Derjenige, der zuhört und jenes Fortschreiten fördert, verliert die Fähigkeit dazu, wenn er nicht seinerseits durch einen anderen angehört wird, damit er sich selbst entdecken kann« (aaO). Die Transparenz ist wechselseitig; »transparence mutuelle«, »transparence réciproque«.[33]

4. »Die Offenheit gegenüber einem Bruder ist nicht mit der Beichte zu verwechseln. Diese wird gegenüber dem Herrn des Himmels und der Erde in Gegenwart eines Menschen abgelegt, der dazu beauftragt ist.«[34] Gleichwohl kann auch die Transparenz gewisse Elemente der Beichte in sich einschließen. So heißt es zum Beispiel in der Regel von Taizé: »In der Transparenz der brüderlichen Liebe gestehe schlicht deine Fehler ein; nimm sie aber nicht zum Vorwand, um die der andern herauszufinden« (S. 28). Zu den beichtähnlichen Merk-

31 Roger Schutz: Gewalt der Friedfertigen, S. 90 f
32 Roger Schutz: Einmütig im Pluralismus, S. 109 f
33 Roger Schutz: Naissance de communautés, S. 16, 21
34 Roger Schutz: Einmütig im Pluralismus, S. 109

malen gehört ferner die brüderliche Mahnung, die für ein gemeinsames Leben unerläßlich ist. Sie »geschieht unter vier Augen und mit unendlicher Liebe. Wer das vergißt, wendet das zerstörerische Mittel der Demütigung an.«[35]

Die Arbeit

Die totale Hingabe der Brüder an die Zukunft Gottes befreit sie nicht von der Sorge um das tägliche Brot. Die Communauté lebt ausschließlich durch die Arbeit der Brüder. »Es hat sich für uns als etwas Feststehendes ergeben, Gaben für uns selbst zurückzuweisen und allein vom Ertrag unserer Arbeit zu leben.« (aaO, S. 70)

Innerhalb und außerhalb Taizés arbeiten die Brüder in einer Vielzahl von Berufen. Einige Brüder sind im Verlag »Les Presses de Taizé« beschäftigt, in dem die meisten Bücher der Brüder und die verschiedenen Zeitschriften, die die Communauté herausgibt, verlegt werden. Andere Brüder arbeiten in der Setzerei und Druckerei. In den »ateliers d'art« stellen Brüder selbstentworfene Beton- und Bleiglasfenster für Kirchen her, Graphiken, moderne Ikonen und Buchillustrationen, Bildhauerarbeiten und Töpferwaren. Einige Brüder sind auch als Programmierer, Sozialarbeiter, Soziologen, Psychologen, als Agronome, als Ärzte, Theologen und Pastoren tätig.

Seinen besonderen Akzent erhält das Arbeitsverständnis der Brüder durch die folgenschwere Feststellung des Priors: »Wollte man von den Brüdern verlangen, nur soviel Geld zu verdienen, daß es den eigenen Lebensunterhalt gewährleistet, entstünde sehr rasch ein Egozentrismus im Blick auf die Finanzen. Das hätte schwerwiegende Folgen. Wir dürfen darum nicht nur für uns selbst Geld verdienen, sondern auch für jene Menschen, denen wir helfen müssen.«[36]

So verstanden wird das Maß der Arbeit nicht durch die eigene Existenzsicherung, sondern durch die Bedürftigkeit anderer festgelegt. »Verrichten wir deshalb diese Arbeit mit großem Ernst. Unsere Arbeitsstunden gehören nicht uns selbst, und wir haben wie Lohnempfänger zu arbeiten; dabei akzeptieren wir, daß einer auf den anderen achtgibt, was dazu beiträgt, dem ständig drohenden Dilettantismus Einhalt zu gebieten. Mit unendlicher

35 Roger Schutz, aaO, S. 110
36 Roger Schutz im Fêtes-et-Saisons-Interview, Juli 1965, S.13

Geduld wollen wir uns regelmäßige und geordnete Arbeit angewöhnen.«[37]

Ein Besucher in Taizé wird die Brüder kaum bei einer Arbeit beobachten können, die dem Lebensunterhalt der Communauté dient; aus gutem Grund. Nähme der mittlerweile uferlose Besucherstrom seinen Weg auch zu den Arbeitsstätten, käme jede kontinuierliche und effektive Arbeit bald zum Erliegen. Das kleine Schild »privé« auf manchen Haustüren in Taizé soll also keinen Klosterbezirk wie eine Klausur aus der Welt ausgrenzen, sondern nur die notwendige Ruhe für die intellektuelle und praktische Arbeit der Brüder garantieren.

Hinter diesen Türen wird hart gearbeitet. Ebenso wie die Besucher den Gang der Arbeit nicht unterbrechen sollen, gilt auch für die Brüder selbst: »Trachte nach stetiger Arbeit zu den festgesetzten Stunden; achte auf den Zeitplan der Brüder und nimm dir nicht das Recht, sie durch deine Besuche zu stören.«[38]

In ihrer Arbeitsdisziplin unterscheidet sich die Communauté also in nichts von Menschen, die hart für ihr Auskommen arbeiten müssen. Der stets drohende Dilettantismus kann nur durch strikte Arbeitsteilung vermieden werden. So wurde es zum Beispiel in den Jahren nach 1960, als der Besucherstrom alle Erwartungen übertraf, notwendig, mehrere Brüder zu delegieren, die nur noch für den Kontakt und die Arbeit mit den Gästen zuständig sein sollten. »Bestimmte Brüder sind dazu ausersehen, die Gäste zu betreuen; sie unterziehen sich dieser Aufgabe, während die anderen Brüder ihre Arbeit verrichten. Das geschieht, um jeden Dilettantismus zu vermeiden, der weder den Gästen noch den Brüdern guttut.« (aaO, S. 40)

In den Jahren seit der Ankündigung des Konzils der Jugend hat die Zahl der Brüder, die in den Betrieben der Communauté arbeiten, stark abgenommen. So arbeiten in der Töpferei zur Zeit nur noch drei Brüder regelmäßig. Ein großer Teil der Einnahmen der Communauté stammt daher nicht mehr direkt aus der Arbeit, sondern aus dem Verkauf von Postkarten, Schallplatten und Büchern. Neues wird kaum noch in Taizé produziert, weil heute sehr viele Brüder für Gespräche mit Jugendlichen und Erwachsenen zur Verfügung stehen oder bei der Organisation der Jugendtreffen mitarbeiten. Diese Benachteiligung der handwerklichen Tätigkeit gegenüber der Arbeit mit den Besuchern schafft starke Spannungen unter den Brüdern, die, wie ich weiß, bis zu

37 Roger Schutz: Einmütig im Pluralismus, S. 70
38 Regel von Taizé, S. 23

scharfen Kritiken an den bestehenden Verhältnissen der Communauté führen.

Gearbeitet wird indessen in beiden Bereichen mit gleichem Eifer und Sachverstand in steter Sorge um den drohenden Dilettantismus. Anders als das säkulare Arbeitsverständnis behauptet die Communauté, Dilettantismus in der Arbeit gefährde nicht nur die Effektivität der Arbeit, er bedrohe auch die Athentizität ihres Gebets. »Damit dein Gebet wahrhaftig sei, mußt du in harter Arbeit stehen. Begnügtest du dich mit dilettantischer Lässigkeit, so wärest du unfähig, wirklich Fürbitte zu tun. Dein Gebet findet zur Ganzheit, wenn es eins ist mit deiner Arbeit.« (aaO, S. 23)

Nicht das Gebet bedroht also die Effektivität der Arbeit, wie man vielleicht vermuten könnte; sondern der Dilettantismus der Arbeit bedroht die Effektivität des Gebets. Diese Erfahrung der Communauté unterstreicht auf eindrückliche Weise der Wortgebrauch von »effizient« in der Regel von Taizé. Es erscheint überhaupt nur einmal im Kontext mit dem Gebet der Brüder. »Der Lobpreis Christi, wie er in der Liturgie zum Ausdruck kommt, ist in dem Maße wirksam (efficace), als er sich auch in den bescheidensten Arbeiten fortsetzt.« (aaO, S. 17)

Sind also Authentizität des Gebets und Qualität der Arbeit eng verknüpft, erscheint eine Forderung des Priors weniger mißverständlich, als man zunächst vermutete. »Die Zeiten des gemeinsamen Gebets, zu denen wir uns vor Gott verpflichtet haben, sind große Stunden. Dies Gebet gehört uns nicht. Sollte eine Arbeit es in seiner Regelmäßigkeit beeinträchtigen, wäre es besser, diese aufzugeben oder einzuschränken.«[39]

Diese Forderung zielt nicht auf eine Vorordnung des Gebets vor die Arbeit, sondern beides bildet eine untrennbare Einheit. Weder darf die Regelmäßigkeit des gemeinsamen Gebets den Arbeitsrhythmus beeinträchtigen, noch darf auf Kosten der Arbeitsintensität das gemeinsame Gebet verlängert werden. »Der Mensch von heute würde eine Verlängerung der Gebetszeiten nur schwer ertragen. Die Intensivierung des Gebetslebens – nicht so sehr an Dauer als an Qualität – macht das Zeichen einer Gemeinschaft glaubwürdiger, die gemeinsam im Warten auf Christus verharrt« (aaO). Gebet und Arbeit durchdringen und bestimmen sich wechselseitig im Leben der Communauté. Beide sind Manifestationen des »Geistes der Armut«, der alles von Gott erwartet: Das Gebet insofern, als es die Brüder dem Willen Gottes öffnet; die Arbeit insofern, als sie erkennen läßt, daß die Com-

39 Roger Schutz: Einmütig im Pluralismus, S. 90

munauté sich nicht nur um das eigne Brot für heute, sondern auch um das Brot der andern für morgen sorgen will. Solange jeder Bruder Gebet und Arbeit so eng aneinander bindet, solange wird er die Spannungen seiner Arbeit ertragen können. »Als Folge des gemeinsamen Lebens haben manchmal die einen mehr Mühe und Arbeit als die anderen, während wir alle der Spannung, die in der Natur der Arbeit liegt, ausgesetzt sind. Anstatt diese Spannung zu fliehen, haben wir uns ihr in einer unausweichlichen Solidarität mit allen Menschen auszusetzen.« (aaO, S. 70)

Die ökonomische Solidarität der Communauté

Zwei Risiken der Gütergemeinschaft bedrohen die Communauté: Selbstgenügsamkeit und Überfluß. Beides verkehrte die ökumenische Berufung der Communauté, »Ferment der Einheit« in der Welt zu sein, ins Gegenteil. Isolation von der übrigen Welt wäre die Folge.

1. Ökonomisch in sich abgeschlossen, von niemandem als nur der eigenen Kraft und Arbeit abhängig, könnte sich die Communauté rasch zu einer Gemeinschaft entwickeln, in der das Arbeitsmaß allein durch die Bedürfnisse eines einfachen Lebens bestimmt wäre. Autarkie würde so zu einem Faktor der Trennung. Die Notwendigkeit würde geleugnet, über die eigenen Bedürfnisse hinaus auch für die materielle Not anderer Sorge zu tragen. »Einzig in einem geschlossenen Kreis zu leben, nur für unsere eigenen Bedürfnisse sorgen zu wollen, wäre verhängnisvoll. Wir sind alle jung. Wir arbeiten viel. Wenn wir nicht ans Geben dächten, müßten wir entweder weniger arbeiten, oder wir würden uns Reichtümer sammeln.«[40]
2. Das Potential, das die Arbeitskraft und das Fachwissen der über 70 Brüder darstellen, vereint mit geschickter Sparsamkeit und ökonomisch planvoller Arbeitsteilung, könnte die Communauté rasch zu einem Leben in Überfluß führen. Ein Widerspruch zum »Geist der Armut«. »Sollte die Gütergemeinschaft uns zu einem Leben im Überfluß führen, wäre früher oder später unsere Berufung in ihrem Wesen angetastet.«[41] Es wäre dann das Fatale und wahrhaft Perverse eingetreten, daß sich Gruppenreichtum an die Stelle des abgelegten individuellen Wohlstandes gesetzt hätte.

40 Roger Schutz im Panorama-Chrétien-Interview, S. 21
41 Roger Schutz: Einmütig im Pluralismus, S. 110

Darüber hinaus würde die Communauté reich an Mitteln und Einflußmöglichkeiten. Sie könnte es sich gestatten, Pläne zu machen und diese Pläne mit Hilfe ihrer großen Mittel durchsetzen. Sie könnte also eigenmächtig über die Zukunft anderer bestimmen und so »insgeheim ein Streben hegen, ein Machtbedürfnis, ein Verlangen nach Herrschaft über den Nächsten«. (aaO, S. 111 f) Aus der Gütergemeinschaft im »Geist der Armut« wäre die verhüllte Machtausübung über andere geworden; aus einer Gemeinschaft der »wirklich Armen«[42] eine Gemeinschaft (einfluß-)reicher Armer.

Für die Communauté hat diese Gefahr offenbar bestanden. Nur vor diesem Hintergrund sind folgende programmatische Sätze des Priors zu verstehen: »Die Welt reagiert empfindlich auf äußere Zeichen der Macht. Mag ihr Urteil oft unangemessen scharf sein, wir können im Blick auf sie nicht gleichgültig bleiben.

Um uns ganz offen zu zeigen, wollen wir keine Reserven anlegen, wollen wir einen einfachen Lebensstil bewahren und abwerfen, was von einer Fassade des Erfolgs übrigbleiben könnte. Streben wir nach einer ruhigen und fortgesetzten Überprüfung unserer Arbeits- und Existenzmittel mit dem Ziel, alles, was uns zur Belastung oder Absicherung werden könnte, im gleichen Maße auszuscheiden. Jede Art von Reserve bildet nach und nach ein bleiernes Gehäuse.

Abgesehen von den Gebäuden, die uns Unterkunft gewähren, haben wir auf alles Eigentum verzichtet, auch auf den Besitz am Landgut. Diese Geste erinnert uns an unseren Vorsatz, uns keinerlei Kapital zu sichern, ohne Furcht vor möglicher Armut.«[43]

Der Verzicht auf den ertragreichen landwirtschaftlichen Musterbetrieb ist bemerkenswert. Er zeigt, daß die Communauté seit 1948 ein neues Verständnis von »Überfluß« gewonnen hat. 1948 hatte Max Thurian noch geschrieben: Die individuelle Besitzlosigkeit »schließt einen gewissen Überfluß der Communauté (abondance communautaire) gleichwohl nicht aus, wenn dieser ein Geschenk Gottes ist, und wenn er eine wirksamere Ausstrahlung (sc. der Communauté) gestattet.«[44]

Im Lauf der Jahre hatten die Brüder an den Reaktionen der umwohnenden Bauern entdeckt, daß ihre florierende Landwirtschaft in den Augen dieser Nachbarn nicht nur eine Möglichkeit

42 Vgl. dazu den Aufsatz von Gerhartz: Wirklich arm sein. Die Armut in der Communauté de Taizé, S. 317, 330

43 Roger Schutz: aaO, S. 110 f

44 Max Thurian: Communauté de Cluny, S. 116

zur Existenzsicherung war. Dieses Mittel entfaltete vielmehr ein Eigenleben, das Anstoß erregte. Es bestätigte das tiefverwurzelte Vorurteil der Bauern, die großen Mittel der Kirche und insbesondere die der Mönche seien ungleich wirkungskräftiger als die eines einzelnen Bauern. Eine jahrhundertelange Erfahrung hatte die Bauern gelehrt, sie würden im Wettstreit um wirtschaftlichen Erfolg stets den Mönchen unterliegen. Die Entchristlichung des Clunisois ist nachweislich eine direkte Folge des unaufhörlichen wirtschaftlichen Drucks der Abtei von Cluny.

Die Lösung, die die Brüder fanden, um das alte antikirchliche Vorurteil der Bauern nicht länger zu bestätigen: Verzicht auf allen landwirtschaftlichen Besitz. Wichtig ist allerdings die Form des Verzichts. Nicht Verkauf oder Verschenken brachte den Verzicht. Für die Brüder realisiert sich jeder Verzicht auf Eigentumsrechte als Miteinander-Teilen (partage), als Zusammenarbeit (coopération). Im Miteinander-Teilen erweitert sich die Gütergemeinschaft unter den Brüdern zur Gütergemeinschaft mit der Welt. »Wir haben uns deswegen zur Zusammenarbeit entschlossen, weil wir der Überzeugung sind, daß Gütergemeinschaft nicht nur für die gilt, die in gemeinsamem klösterlichen Leben die vita communis zu verwirklichen trachten, sondern daß sie auch für Laien gilt.«[45] So verwirklicht sich in der ökonomischen Solidarität der Brüder ein Teil ihrer ökumenischen Berufung. »Durch das gemeinsame Leben sind wir der Sorge um das tägliche Brot nicht enthoben, da uns aufgetragen ist, nicht nur selbst vom Ertrag unserer Arbeit zu leben, sondern auch andere Menschen zu unterstützen, um so ohne spiritualisierendes Mißverständnis konkret an der ›Oikumene‹, das heißt an der Gemeinschaft der Menschen auf der ganzen Erde, teilzuhaben.«[46]

Drei Beispiele für die ökonomische Solidarität der Brüder:

1. Die Molkereigenossenschaft »Grosne-et-Guye«

Der Beitrag, den die Communauté seit 1954 zu dieser Genossenschaft beisteuert, ist kein Geld oder anderer materieller Besitz, sondern das ökonomisch nicht weniger effektive Fachwissen und die Arbeitskraft eines Bruders – frère Alain. Er ist studierter Agronom. Ein »Verzicht« ist dieser Beitrag der Communauté insofern, als sie die Zeit und Kraft, die dieser Bruder an die Molkereigenossenschaft wendet, zunächst auch in ihrem ei-

45 Roger Schutz in: KNA-Sonderdienst zum Zweiten Vatikanischen Konzil, 21/65, S. 6

46 Roger Schutz: Einmütig im Pluralismus, S. 71

genen landwirtschaftlichen Betrieb hätte nutzen können, bevor sie ihren Hof 1964 endgültig aufgab.

Die Molkereigenossenschaft »Grosne-et-Guye« existiert noch heute als ertragreiches Unternehmen. Sie entstand 1954. Der Industrielle, der damals die Milch aufkaufte und weiterverarbeitete, teilte den Bauern mit, er zöge sich aus seinen Geschäften zurück, sie lohnten sich nicht mehr. Von den Bauern dazu ermuntert, gründete darum frère Alain eine Molkereigenossenschaft, die nun von den Bauern selbst verwaltet wurde. Bereits 1963 gehörten zur »Union laitière Grosne-et-Guye« rund 1200 Bauernhöfe. In Cluny wurde eine Milchpulverfabrik gebaut. Zusätzlich wurden in allen Dörfern Kühlräume erstellt, die eine bessere Qualität der Milch gewährleisten und das Einsammeln der Milch rationalisieren sollten. Auf diese Weise konnte den Bauern ein höherer Milchpreis als vorher gezahlt werden. Heute ist der Erzeugerpreis der Molkereigenossenschaft einer der höchsten im ganzen Departement Saône et Loire.

2. Die COPEX

Die Landwirtschaftliche Produktionsgenossenschaft »COPEX« (= Co-opérative expérimentale) ist das zweite Beispiel ökonomischer Solidarität in der Nachbarschaft der Communauté. Die Beteiligung an der COPEX, die die geringe Produktivität der benachbarten bäuerlichen Betriebe verbessern hilft, ist mehr als eine Hilfe zur Selbsthilfe, die lediglich zum ökonomischen Fortschritt der Beteiligten beiträgt. Die COPEX fördert menschliche Gemeinschaft und Zusammenarbeit zwischen den beteiligten Bauern und den Brüdern, die vorher nebeneinander in Isolation lebten. Insofern ist die COPEX ein im wörtlichen Sinn »soziales« Unternehmen.

Davon berichtet der Prior in einem Interview: »Wir verwirklichen heute diese Gütergemeinschaft (sc. von Apostelgeschichte 4, 32) mit christlichen Laien einer anderen Konfession. Gemeinsam sehen wir uns mit den materiellen Realitäten und finanziellen Problemen konfrontiert. Das bedeutet während des Sommers die Anwesenheit von verschiedenen jungen Bauern aus der Nachbarschaft an unserem Tisch, wo sie brüderliche Aufnahme finden. Welchen Reichtum empfangen wir aus diesem Dialog, diesem Austausch, aus dieser Prüfung des Lebens (révision de vie) zwischen den Familienvätern und uns, die wir uns zum zönobitischen Leben entschlossen haben. Gewiß muß die Communauté für sich selbst die Fülle ihrer Berufung festhalten; ich kann aber heute nach mehreren Jahren eng verbundenen Lebens mit diesen jungen Bauern sagen, daß wir eine ganz neue Dimension des brüderlichen Lebens entdeckt haben. Es gibt keinen Gegensatz zwischen dem zönobitischen Leben und der auf dem finanziellen Gebiet schwierigen Beziehung mit Familienvätern.«[47]

Zur Entstehungsgeschichte der COPEX schreibt die Communauté in einem undatierten hektographierten Papier:[48] »Seit mehreren Jahren war die Communauté de Taizé in Sorge wegen des sichtbaren Zeichens von Reichtum, den ihr Hof und die ausgesucht guten Milchkühe in den Augen derer bildeten, die keine Christen waren. ... Sie schlug darum im Sommer 1961 fünf jungen Bauernfamilien eine gemeinsame Nutzung der Betriebe vor, deren Erträge zu gleichen Teilen jede Familie erhalten sollte, unabhängig davon, wieviel jede Familie zu Beginn eingebracht hätte. Die Communauté sollte als eine Familie gelten. Die Antwort von seiten der fünf Familien, die alle aus der Katholischen Aktion hervorgegangen waren, war positiv (im Umkreis von 30 km um Taizé gibt es keine protestantischen Bauernfamilien). Daraufhin konnten die verschiedenen Arbeiten beginnen und das, was auch jetzt noch eine Erfahrung des Glaubens bleiben sollte, kam im September 1962 in Gang. Neben dem Interesse, das ein solches Experiment für die Landbevölkerung bot, hatte die Communauté eine gute Gelegenheit, ihren landwirtschaftlichen Betrieb aufzugeben, auf ein Zeichen des Reichtums zu verzichten, das Anstoß erregen konnte ... Während der Gebetswoche für die Einheit der Christen 1964 unternahm die Communauté einen weiteren Schritt in diesem Sinn: Sie verzichtete auf alle Eigentumsrechte, die sie in der COPEX hatte, insbesondere auf ihr Vieh, auf die landwirtschaftlichen Maschinen, die sie eingebracht hatte, bis auf einen symbolischen Rest von 1000 NF, der das Minimum ist, um Mitglied in der COPEX zu bleiben. Das bedeutete, daß (sc. die Communauté de) Taizé kein Kapital mehr in der COPEX hatte, trotzdem aber ganz verpflichtet blieb.«

Technische und ökonomische Effektivität der COPEX sind offenkundig. Der gesamte Boden wird gemeinsam genutzt, die privaten Maschinen werden entweder gemietet oder gekauft. Die Zusammenlegung der Felder ermöglicht eine ökonomischere Bearbeitung des Bodens und intensivere Ausnutzung aller Maschinen. Zudem kann sich jedes Mitglied der COPEX spezialisieren für ein bestimmtes Fachgebiet: Viehzucht, Maisanbau, ua. Diese Spezialisierung ist notwendig, um der Gefahr der Gleichgültig-

47 Roger Schutz in Fêtes-et-Saisons 1965, S. 12
48 Vollständiger Wortlaut in meiner Dissertation, S. 552 ff

keit zu begegnen, wie sie in einem genossenschaftlichen Betrieb leicht entsteht. Auch die menschlichen und sozialen Fortschritte blieben nicht aus. Im Wechsel sind nun freie Wochenenden möglich. Die Frauen bleiben von aller Feldarbeit befreit. Ein regelmäßiger Jahresurlaub wird gewährleistet.

3. Die »Operation Hoffnung«

Die Gründung der COPEX im Herbst 1962 fand ihre Fortsetzung in einer Initiative, die die Communauté 1962/63 zugunsten lateinamerikanischer Christen ins Leben rief. Diese im besten Sinn »sozialökumenische« Aktion verlief in drei Etappen.

Im Juni 1962 hatte Mgr. Larrain, Bischof von Talca (Chile), den landwirtschaftlichen Besitz seiner Diözese (180 Hektar Land) 18 Bauernfamilien zur Gründung einer Kooperative zur Verfügung gestellt. Trotz aller Kritiken fand Mgr. Larrain bald die Unterstützung der lateinamerikanischen Bischofskonferenz (CELAM). Sie beschloß noch 1962 die Gründung von 10 weiteren Kooperativen. Als die Anlaufphase der Betriebe an wirtschaftlichen Schwierigkeiten zu scheitern drohte, wandten sich einige Bischöfe während des II. Vatikanischen Konzils an den Konzilsbeobachter frère Roger und baten ihn um Hilfe. »Als ich jene Männer anhörte«, schrieb der Prior später, »wiederholte ich mir innerlich: ›Das können wir nicht. Taizé steht am Rand seiner menschlichen Möglichkeiten. Es kommt darum anderen zu, die Not zu begreifen und Menschen und Bischöfe zu unterstützen, die mutige Schritte unternehmen, um zur menschlichen Entwicklung jener Länder beizutragen.‹ Nachdem ich vom Konzil zurückgekehrt war und auch in Taizé lateinamerikanische Bischöfe angehört hatte, habe ich schließlich geglaubt, daß wir es doch tun könnten.«[49] Das Ergebnis seiner Bemühungen: Eine ökumenische Kollekte nach dem apostolischen Vorbild der Kollekte für die verarmte Jerusalemer Gemeinde (Römer 15,25–27). 80 % des Geldes erhielten katholische Bischöfe, je 10 % Protestanten Lateinamerikas und Orthodoxe Griechenlands.

Die Fortsetzung dieser Kollekte »Teile dein Brot« (Partage ton pain) wurde die »Operation Hoffnung« (Opération espérance). Aus einer globalen Nothilfe wurden Aktionen zur Unterstützung bestimmter Projekte Lateinamerikas. »Diese Operation Hoffnung besteht darin, Initiativen, die von Lateinamerikanern ausgingen, zu unterstützen, um Männern und Frauen ohne Hoffnung wieder Hoffnung zu geben. Zu diesem Zweck wurden Orte

49 Roger Schutz: L'opération espérance, S. 909

ausgewählt, die an Knotenpunkten liegen. Sie sollen auf dem südamerikanischen Kontinent gut sichtbare Zeichen der Hoffnung aufrichten.« (aaO) Unterstützt wurde vor allem jede Form von Kooperationsprojekten: Landwirtschaftliche Genossenschaften, Genossenschaftsschulen uä.

Während der ökumenischen Gebetswoche im Januar 1965 gab der Prior die dritte Etappe der Aktion Hoffnung bekannt: 1 000 000 Neue Testamente für Lateinamerika. Ursprung dieser Aktion war der Plan lateinamerikanischer Bischöfe für eine verstärkte Bibelkampagne in ihrer Heimat. Als sie während des Konzils nach Unterstützung suchten, hatte ihnen frère Roger spontan zugesagt.[50] Nach den Richtlinien sollten die Bibeln entsprechend der Zahl der Getauften unter Katholiken und Protestanten verteilt werden. Unerwartete Schwierigkeiten tauchten auf, als man sämtliche spanischen Bibelübersetzungen auf ihren exegetischen Wert und ihre ökumenische Verwendbarkeit prüfte. Eine neue Übersetzung mußte angefertigt werden, die überdies den idiomatischen Besonderheiten des Spanischen in Lateinamerika Rechnung tragen sollte. Als besonders günstig erwies sich eine Übersetzung, an der Übersetzer von Herder/Barcelona schon seit Mai 1963 arbeiteten. Der Verlag erklärte sich zur Zusammenarbeit bereit. Ein Revisionsausschuß aus Katholiken und Protestanten Spaniens und Lateinamerikas begann seine Arbeit. Am 16. November 1965 fand in Rom ein denkwürdiges ökumenisches Ereignis statt. In Anwesenheit von 12 Kardinälen und über 100 Bischöfen sowie den Vertretern aller lateinamerikanischen Länder beim Heiligen Stuhl kündigte der Prior an, die Communauté werde auf Bitten der Bibelkomission der CELAM 1 000 000 Exemplare spanischer Neuer Testamente in Lateinamerika gratis unter Katholiken und Protestanten verteilen lassen. »Wir können nicht ohne die lateinamerikanische Christenheit leben. Wenn diese zusammenbricht, wird die gesamte Christenheit zusammenbrechen. Das ist der Grund für die Wichtigkeit eines ökumenischen Zeichens, das die spirituelle Entwicklung (promotion spirituelle) dieses Kontinents anregt. Während des Konzils haben viele die Gewißheit gewonnen, man müsse das Unmögliche tun, um zu einer Versöhnung zu gelangen.«[51]

Durch zwei Aspekte hebt sich die Operation Hoffnung von ähnlichen Entwicklungshilfeaktionen ab:

50 Vgl. zu diesem Abschnitt: Herderkorrespondenz XX, 1966, 15 f
51 Henri Fesquet in: Le Monde, 18. November 1966

1. Die Empfänger sind nicht nur »konfessionsverwandte« Christen, sondern Christen aller Kirchen. Katholiken ebenso wie Orthodoxe, Lutheraner wie Baptisten, Pfingstler und andere Protestanten arbeiten bei der Operation Hoffnung zusammen.
2. Die Operation Hoffnung rechnet mit einer Rückkopplung besonderer Art. Die Communauté hofft sehr realistisch weniger auf sogenannte ökumenische Partnerschaft, die am Einbahnsystem nichts ändert, als auf die Gaben jener armen Empfänger an die reichen Geber. »Lebt man die ökumenische Berufung, dann entdeckt man, daß alles auf Gegenseitigkeit (réciprocité) basiert: wir sind es im Grunde, die alles zu empfangen haben. Ohne solchen gegenseitigen Austausch würden alle unsere Aktionen paternalistisch sein, das heißt von oben herab geschehen. Diejenigen, mit denen wir geteilt haben, erstatten uns hundertfach zurück, was wir ihnen zu geben versuchten. Sie führen uns zu unserer sichtbaren Einheit, wiedergefunden in gemeinsam vollzogenen Akten der Solidarität.«[52]

Inzwischen hat sich auf überraschende Weise die Richtigkeit dieser These frère Rogers erwiesen. Christen Lateinamerikas kommen heute nach Europa und bringen resignierenden europäischen Christen Leben und Hoffnung. Seit dem Internationalen Jugendtreffen 1969 in Taizé, das von einer tiefen ökumenischen Enttäuschung und Resignation geprägt war, beginnt sich in Taizé ein Umschwung abzuzeichnen. Gerade die, denen einmal durch die Operation Hoffnung aus Europa ökonomische Hoffnung gebracht wurde, bringen nun ökumenische und spirituelle Hoffnung aus Lateinamerika nach Europa. Das Konzil der Jugend ist seit seiner Vorbereitungsphase ein konkreter Beweis dafür.

52 Roger Schutz: Dynamik des Vorläufigen, S. 64 f

V
Das Engagement zum Zölibat

Die außergewöhnliche Berufung zum Zölibat

Am Anfang aller Überlegungen der Brüder über den Zölibat steht eine Erfahrung. Schon in den ersten Jahren der Communauté résidente wird deutlich: Beweglichkeit und Unabhängigkeit der Communauté bleiben nur durch ein zölibatäres Leben ihrer Glieder gewährleistet. »Wenn wir in das Haus (sc. der Communauté) die Familie jedes Bruders aufgenommen hätten, wären wir bald einem unverrückbaren Haus gleich geworden, wie es zwar in einer Ortsgemeinde oft sein muß, wie es aber dieser Gemeinschaft unmöglich gemacht hätte, ihren Auftrag zu leben.«[1]

Durch das Leben von dazugehörenden Familien wäre nicht nur die Communauté in ihrem Auftrag gehemmt worden, diese Belastung hätte sie ertragen können. Unmöglich aber ist die Integration von Zölibatären und Verheirateten in einer Gemeinschaft darum, weil Kinder nicht Opfer der geistlichen und kommunitären Experimente ihrer Eltern werden dürfen. »Die Familiengemeinschaft, ihre Unabhängigkeit und Freiheit, die Unmöglichkeit, die Kinder zum Glaubensabenteuer (sc. ihrer Eltern) zu verpflichten, alles das hindert eine wirklich integrale Gemeinschaft, wie sie nur Kommunitäten bilden können.«[2] Schließlich entstände aus einer Gemeinschaft von Zölibatären und Familien verschiedener Konfessionen eine neue Kirche, wie man am Beispiel der Brüdergemeine sieht. Trotz ihrer ökumenischen Intentionen hat sie faktisch die Vielzahl der Konfessionen nur um eine weitere vermehrt.

Diese erste Erfahrung mit dem Zölibat – die Communauté wird sie später »Verfügbarkeit« (disponibilité) nennen – ermutigt die Brüder, suchend auf dem Weg des Zölibats weiterzugehen. Zunächst noch in aller Vorsicht und Offenheit, nichts vorschnell fixierend, was sich später nicht ohne Schaden würde zurücknehmen lassen, stets bedacht, auf die Stimme Christi und des Evan-

1 Roger Schutz: Vie communautaire, S. 39
2 Roger Schutz und Max Thurian: Communautés régulières, S. 96

geliums zu hören. Ohne die theologische Hilfe ihrer Kirchen und ohne protestantische Vorbilder beginnen die Brüder mit einem »provisorischen Zölibat«.

Wir können uns heute, nach 30 Jahren Communauté, kaum mehr die theologischen Schwierigkeiten vorstellen, vor die die Brüder mit der Frage nach der Lgitimität ihres Zölibats gestellt wurden. Der Druck, den ihre Heimatkirchen lange Zeit wegen des Zölibats ausübten, war für sie fast unerträglich. Die Brüder sprechen wenig darüber. Erst 1968 – also lange nachdem der Communauté der »Durchbruch« auch innerhalb der protestantischen Kirchen gelungen war – schreibt der Prior von diesem Druck. »Ein Pastor fragt uns, worunter wir am meisten zu leiden hatten. Das Härteste war die Unduldsamkeit, vor allem die unserer eigenen Kirchen. Weshalb von Anfang an diese Weigerung, das Ja zu einem Leben, das Antwort auf einen Anruf war, als Berufung gelten zu lassen? Nach einem mehr als vierhundertjährigen Schweigen seit der Reformation wollten wir wieder den Verzicht auf die Ehe leben (vivre le célibat). Doch wie oft bekamen wir zu hören: Ihr könnt die Freiheit des Heiligen Geistes nicht in eine verbindliche Verpflichtung auf Lebenszeit (engagement à vie) einfangen. Während einer ersten Periode haben wir Jahr für Jahr dieses Ja zum Verzicht auf die Ehe erneuert. Dann ging uns auf, daß der Heilige Geist stark genug ist, um Menschen, die um Christi willen für immer in dem Zustand bleiben möchten, in dem sie der Ruf erreicht hat, für ihr ganzes Leben zu binden.«[3]

Das erste, was die Brüder auf Grund der neutestamentlichen Texte über den Zölibat erkennen: Ein Leben in freiwilliger endgültiger Ehelosigkeit ist Christen nur dann erlaubt, wenn diese um des Reiches Gottes willen angenommen wird. Der Zölibat muß Auftrag (vocation, appel) Gottes sein. »Keine andere Erklärung für die Ehelosigkeit ist möglich als allein ein Auftrag von oben. Außerhalb dieser Vorstellung würde die Ehelosigkeit unerträglich. Wenn sie aber im Blick auf das Reich Gottes angenommen wird, durch einen Ruf (vocation), welche Sicherheit . . ., wenn man weiß, daß dieser Status (état) dem Plan des Schöpfers entspricht, der seine Möglichkeiten in der Kirche vermehren will.«[4]

Da der »Ruf des Evangeliums zur Keuschheit« (chasteté)[5] im Neuen Testament unüberhörbar durch Matthäus 19, 12 ff aus-

3 Roger Schutz: Gewalt der Friedfertigen, S. 48
4 Roger Schutz: Vie communautaire, S. 41
5 Roger Schutz: Einmütig im Pluralismus, S. 116

gesprochen wird, hätte als theologische Begründung ein Verweis auf diesen Text sicher genügt, zumal wenn er durch einen Hinweis auf 1. Korinther 7, 32 ergänzt wäre: »Dieser Text aus Matthäus trifft uns durch seinen Realismus ebenso wie durch sein glühendes Zeugnis vom Einbruch des Reiches Gottes in das menschliche Leben. Darum erhält er eine entscheidende Bedeutung besonders für die Christen von heute, wenn sie sich nach dem Sinn des Zölibats fragen. Für uns finden wir auf alle Fälle in diesem Logion die Charta des Zölibats.«[6]

Aber ein biblizistisches Pochen auf »Beweisstellen« allein stellte eine unangemessene Exegese neutestamentlicher Texte und darum eine ungenügende Begründung des Zölibats dar. Auch machte die exklusive Rechtfertigung der Ehelosigkeit durch ein einziges, noch dazu schwer verständliches Jesuswort wie Matthäus 19, 12 ff die Communauté zu einer Gemeinschaft unbegreiflicher Außenseiter in der Kirche. Eine theologische Entdeckung lehrte die Brüder einen anderen Zugang: Sinnvolle Aussagen über den Zölibat lassen sich nur machen, wenn man zugleich auch von der christlichen Ehe spricht. »Ehe und Ehelosigkeit sind beide christliche Absoluten. Um Christi willen werden beide zu Zeichen des Reiches Gottes, das kommt. Beide auferlegen gefährliche Lebensbedingungen, die man nur um Christi und des Evangeliums willen auf sich nehmen kann.«[7]

Damit fallen die theologischen Schranken, die von den reformatorischen Kirchen vor dem Zölibat errichtet worden sind.

Die theologische Unterscheidung zwischen Ehe und Ehelosigkeit braucht Christen nicht mehr zu trennen. Und noch ein Vorteil erleichtert das Gespräch mit den Kritikern des Zölibats. Aus einem rein akademischen Dialog wird ein Wechselgespräch auch über die Ehe, das die verheirateten Gesprächspartner nicht unberührt lassen kann.

Das biblische Verständnis von Ehe und Zölibat war in den protestantischen Kirchen durch konfessionelle Vorurteile und Mißverständnisse erstaunlicherweise in Vergessenheit geraten – trotz des Sola scriptura! Nach Meinung der Brüder konnten es nur Jesu Worte, die Ehe und Ehelosigkeit verbinden, neu lebendig machen. »Mit der Ablehnung des Mönchtums traf die Reformation das Zölibat. Man ist überrascht, zu entdecken, daß die Reformationskirchen jahrhundertelang um die biblischen Texte,

6 Yann Fentener van Vlissingen: Approches psychologiques du célibat, S. 108

7 Roger Schutz: Heute Gottes, S. 89

die von der Ehelosigkeit handeln, eine Mauer des Schweigens errichtet haben. Sie erkennen sie in Ausnahmefällen um einer größeren Verfügbarkeit willen an. Doch hat der Hauptantrieb der Keuschheit, das Warten auf die Wiederkunft Christi, die Ehelosigkeit als Zeichen des kommenden Gottesreiches, im Denken der Reformationskirchen keinen Platz mehr. Daß Luther die monastischen Gelübde gebrochen hat, hatte im Protestantismus nicht nur die Abschaffung des Lebens in Gemeinschaft zur Folge, sondern auch das fast völlige Erlöschen der Berufung und des Engagements zur Keuschheit. Will man einen Standpunkt bekämpfen, neigt man dazu, ihn zu karikieren. Also hat man einzelne Fälle von Unmoral verallgemeinert und damit den Aufruf des Evangeliums (l'appel évangélique) für Jahrhunderte in Mißkredit gebracht.«[8]

Jesu Predigt von Ehe und Ehelosigkeit

Jesu Verständnis von Ehe und Ehelosigkeit bringt gegenüber dem Alten Testament etwas revolutionär Neues.[9] In Israel war die Ehe eine Naturnotwendigkeit (aaO, S. 87). Vor der Ankunft Jesu gab es in Israel keine wirkliche Berufung zur Ehe, weil alle Juden wegen ihres religiösen Gesetzes heiraten mußten (aaO, S. 88). Freiwillige Ehelosigkeit war Widerspruch gegen Gottes Schöpfungsordnung.[10] Wegen der außerordentlichen Leichtigkeit, mit der die Juden die Ehescheidung vollziehen konnten, »wird man sich schnell klar, daß die Monogamie in Israel in Gefahr ist, eine in aufeinanderfolgenden monogamen Ehen bestehende Polygamie zu sein«.[11]

Jesu Predigt von Ehe und Ehelosigkeit (Matthäus 19, 1–12) mußte darum in den Ohren seiner jüdischen Zuhörer als unerhörte Neuigkeit klingen. Er verschärfte nicht einfach das überkommene Eheverständnis, er stellte es vielmehr auf ein neues Fundament. Er nahm Ehe und Ehelosigkeit aus der alten Ordnung heraus und machte sie zum Zeichen des Reiches Gottes. »Ehe und Zölibat sind also Zeichen. Durch sie sollte es möglich werden zu begreifen, daß die Wirklichkeiten Christi einer ande-

8 Roger Schutz: Dynamik des Vorläufigen, S. 115 f
9 Vgl. dazu: Roger Schutz: Heute Gottes, S. 87 ff
10 Max Thurian: Ehe und Ehelosigkeit, S. 37 f
11 Roger Schutz: Heute Gottes, S. 88

ren Ordnung angehören als die Anpassungsformen menschlicher Gesellschaftssysteme.«[12]

Alle Einzeluntersuchungen der Brüder über Jesu Eheverständnis lassen sich in einem Satz zusammenfassen: Die christliche Ehe ist einmalig und unauflöslich. Darum ist sie ein Zeichen des Reiches Gottes.

Weil die christliche Ehe durch die wechselseitige Liebe und das gegenseitige Opfer der Ehepartner ein Gleichnis und Abbild der unauflöslichen Einheit zwischen Christus und der Kirche ist, können sich christliche Ehepartner nicht trennen, ohne dieses Gleichnis Lügen zu strafen. Die christliche Ehe ist deswegen keine natürliche Institution mehr. »Die tatsächlich monogame Ehe, die die Scheidung ausschließt, ist für das Herz der gefallenen Natur nicht natürlicher als das Zölibat.«[13]

»Der Text, den Matthäus überliefert (Matthäus 19, 12), steht ganz am Anfang einer Zölibatstradition. Er ist ein im wörtlichen Sinn ›aufbauendes‹ Wort. Es scheint, als ob Jesus zum ersten Mal den Zölibat im vollen Sinn ermöglichen sollte. Er ist sein Werk, seine Institution.«[14] Keineswegs zufällig schließt Jesus das Wort von den »Eunuchen« um des Reiches Gottes willen« dem Wort von der Ehe an. Noch stärker als die christliche Ehe weist der Zölibat auf das Reich Gottes hin, das Jesus durch seine Predigt und sein Leben darstellen will.

Mit Recht betonen darum frère Roger und frère Max die Bindung von Matthäus 19, 12 an Person und Leben Jesu; denn er ruft andere Menschen nur zu einer Lebensweise, die er bewußt auch für sich selbst gewählt hat. »Christus hat die Ehe, die fleischliche Liebe und die geschlechtliche Vereinigung nicht gekannt. Schon seine Lebensweise ist also eine gültige Grundlage der Berufung zur Ehelosigkeit in der jetzt angebrochenen neuen Zeit.«[15] Die enge Verbindung zwischen dem ehelosen Leben Jesu und der Ehelosigkeit der Brüder hat meines Wissen J. Heijke als einziger von allen Autoren, die über die Communauté schreiben, bemerkt.[16]

12 Roger Schutz: Einmütig im Pluralismus, S. 116
13 Roger Schutz: Heute Gottes, S. 88
14 Yann Fentener: aaO, S. 119
15 Max Thurian: Ehe und Ehelosigkeit, S. 41 f
16 Vgl. J. Heijke: Taizé, S. 73

Eheloses Leben um Christi willen ist in dieser *Welt* ein Zeichen. Ein unaufhörlich anstößiges Zeichen. Es »ist das, was die Berufung zum Zölibat ausmacht, viel mehr in dem Zeichen des Anstoßes (signe extrême de contradiction) zu sehen, das dieses Zölibat in einer verhärteten Welt darstellt, die nicht hören kann und sichtbare Zeichen nötig hat. Im sexualisierten Klima der westlichen Welt stellt ein in einer glaubwürdigen Reinheit im Namen Christi gelebtes Leben eine Frage von großer Tragweite.«[17]

Auch in der *Kirche* ist der Zölibat ein Zeichen, das anstoßen soll. Es mahnt die Kirchen der Reformation, nicht in ein alttestamentliches Eheverständnis zurückzufallen. »In einer Kirche wie der unsrigen, die so oft eine Berufung zum Zölibat als unmöglich betrachtet, geht die Bedeutung der Ehe als Berufung verloren. Das ist sehr frappierend und sehr logisch: Weil der Zölibat im Grunde als Anomalie oder als Ergebnis eines niederen Egoismus angesehen wird, weil man sich nicht mehr vorstellen kann, daß er tatsächlich einen besonderen göttlichen Auftrag darstellt, wird die Ehe bestenfalls zu einer natürlichen Sache. Jeder normale Mensch muß heiraten. So wird die Ehe, weil sie eine so natürliche und universale Sache unter den Menschen und den Christen ist, nicht mehr als eine Berufung Gottes angesehen.«[18]

Der freiwillige Zölibat kann also nach Meinung der Brüder der christlichen Ehe ihren Sinn als Berufung zurückgeben. »Soll es sich tatsächlich um eine Berufung handeln, dann muß eine Wahl zwischen mindestens zwei Wegen möglich sein. Damit die christliche Ehe als heilige Berufung betrachtet werden kann und nicht nur als Größe natürlicher Ordnung, die man gesegnet oder geheiligt haben möchte, muß der Ruf zur Ehelosigkeit aus inneren Gründen im Blick auf das Reich Gottes einen Widerhall finden.«[19]

Dieser Sinn der Ehelosigkeit geht weit hinaus über ihre Notwendigkeit für das gemeinsame Leben der Brüder innerhalb der Communauté und für ihre Verfügbarkeit nach außen. Der von den Brüdern unternommene Ansatz zu einem neuen Verständnis von Ehe und freiwilligem Zölibat innerhalb der protestantischen Theologie blieb allerdings ohne Fortsetzung. Auch optimistische

17 Roger Schutz: Heute Gottes, S. 89 f
18 Max Thurian: Communauté de Cluny, S. 117
19 Max Thurian: Ehe und Ehelosigkeit, S. 36

Behauptungen wie zum Beispiel die, der Protestantismus wisse heute vom Berufungscharakter der christlichen Ehe,[20] sind unzutreffend. Vom Berufungscharakter der christlichen Ehe wird man in Trauungsagenden und anderen offiziellen Deklarationen der protestantischen Kirchen ebensowenig lesen können, wie man von ihnen positive Verlautbarungen über den definitiven Zölibat um des Reiches Gottes willen erwarten darf.

Die Berufung des Bruders zum Zölibat

Die Brüder von Taizé nennen vier Kriterien, die nach menschlichem Ermessen gestatten, den Ruf Gottes zur Ehelosigkeit auf sich selbst zu beziehen. Sie können zur Gewißheit führen, »den Willen Gottes nicht anders erfüllen zu können als in dieser Gemeinschaft ehelos lebender Brüder.«[21]

1. Der Ruf Gottes zum Zölibat ergeht nicht für sich allein. Er ist verknüpft mit der umfassenderen Vocation communautaire jedes Bruders. »Die Ehelosigkeit (ist) nur eine Lebensform, ein Stand, eine Situation, die gefordert wird durch einen viel weitergehenden und umfassenderen Ruf Gottes: ein besonderer Auftrag, ... der ein Familienleben unmöglich und eine vollkommene Dienstbereitschaft notwendig macht ... Die Ehelosigkeit kann also nicht als eine Berufung um ihrer selbst willen verstanden, sondern nur im Zusammenhang mit einem besonderen Dienst für Gott erwogen werden.«[22] Erst von der Vocation communautaire her stellt sich den Brüdern die Frage nach dem Zölibat, nicht umgekehrt. Auch für den Ehelosen gilt ja das Wort: »Es ist nicht gut, daß der Mensch allein sei.« (1. Mose 2, 18) Das gemeinsame Leben der Brüder bewahrt den Ehelosen vor einer menschlichen Vereinzelung. Es verhindert, daß der ehelose Bruder in seiner Isolierung zur lächerlichen und anstößigen Existenz eines zölibatären Hagestolzes, »ein absonderliches Wesen, ein Original in der Kirche«[23] wird.
2. Bestimmte Lebensumstände können Zeichen der Berufung Gottes zum Zölibat sein. »Der Herr, der in seiner Vorsehung alle Dinge lenkt, kann einem Menschen seinen Plan im Ablauf seiner Lebensgeschichte kundtun – den Plan, daß er ihn zur

20 J. Chr. Hampe: Abschied der Zölibatäre, in: Radius 1970/71, 4 f
21 Frère Rudolf, 8. 4. 1969, mündlich
22 Max Thurian: aaO, S. 84
23 Roger Schutz: L'idéal monacal, S. 181

Ehelosigkeit berufen will.«[24] Das mag in seltenen Fällen ein »inneres Erlebnis« sein,[25] in anderen Fällen ist es nur ein grundsätzliches Vertrauen in die Institution des Zölibats. Damit der Bruder hier eine möglichst große Klarheit erreichen kann, muß er sich, wenn er in die Communauté eintreten will, nicht nur die Frage nach dem Zölibat, sondern in gleicher Intensität die Frage nach der Ehe stellen. Nur wenn er in beiden eine Alternative erkennt, kann er seine primären und sekundären Gründe für den Zölibat unterscheiden. Enttäuschte Liebe, Angst, Geringschätzung der Ehe waren noch nie ein tragendes Fundament für die Ehelosigkeit um des Reiches Gottes willen, so wenig der bloße Wunsch eines Menschen, nicht länger unverheiratet leben zu müssen, ein hinreichendes Motiv zur Ehe sein kann.

3. Der Ruf zur Ehelosigkeit ist nicht vernehmbar ohne die Hilfe der Gemeinschaft. Keiner der »neuen Brüder«[26] muß allein versuchen, für sich den Ruf Gottes in seinen extremen Konsequenzen zu verstehen. Stets kann der »neue Bruder« mit dem Beistand, dem Rat und der Erfahrung der anderen Brüder der Gemeinschaft rechnen, die ihm zur Klarheit seiner Berufung helfen wollen. Nur »so kann er der Gefahr einer allzu persönlich bestimmten Wahl entgehen. Der Rat seiner Brüder im Glauben wird seinem Gelöbnis (engagement) den Charakter der Objektivität geben, die ihn in Augenblicken des Zweifels mit neuer Gewißheit erfüllt.«[27]

4. Schließlich offenbart sich Gottes Auftrag zum Zölibat durch das – von anderen Menschen nicht mehr kontrollierbare – »innere Zeugnis des Heiligen Geistes. Er weckt bei der Betrachtung und der Wahl einer solchen Berufung mehr Freude und Frieden als bei irgendeiner anderen. Dafür gibt es keinen Maßstab der Vernunft, sondern es handelt sich einfach um eine Gewißheit des Glaubens.« (aaO, S. 83 f)

24 Max Thurian: aaO, S. 84

25 »Von den siebzig Brüdern gibt es einen einzigen, der von sich sagen kann, daß er – ich weiß nicht, wie – ein Erlebnis hatte, das ihm klarmachte, er könne nur in dieser Weise leben. In diesem Sinn kann sich nur einer auf ein Erlebnis berufen. Bei allen andern ist die Entscheidung zum Zölibat eine ziemlich gewagte Sache«. (Frère Rudolf, 3. 4. 1969, mündlich)

26 Vgl. dazu in der Regel von Taizé »Die neuen Brüder«, S. 39

27 Max Thurian: aaO, S. 85

Letzte und absolute Gewißheit vermag keines dieser vier Kriterien dem Bruder zu geben. Stets wird der Entschluß zum definitiven Zölibat »eine ziemlich gewagte Sache« (s. o.) bleiben. Warum genügt nicht ein faktisch gelebter Zölibat? Wozu die ausdrückliche Erklärung in der Profeß, die Ehelosigkeit solle lebenslang gelten? Auf diese Fragen konzentrieren sich alle Einwände der Protestanten gegen den Zölibat. Weniger die gelebte Ehelosigkeit als ihre Endgültigkeit bereitet theologische Qualen. Heißt es nicht doch die Freiheit des Heiligen Geistes beschneiden, wenn man den definitiven Zölibat verspricht? 1943 hatten die ersten Brüder noch ähnlich gesagt: »Keinesfalls dürfen Zölibat und Armut zu einem lebenslangen Engagement werden. Keine kirchliche Autorität hat das Recht, den Heiligen Geist durch ein ewiges Gelübde zu binden.«[28]

Die Brüder versuchen heute, eine dreifache Antwort zu geben.

1. Nicht das Versprechen des Bruders, nicht der gut gemeinte Wille, dieses Engagement zu halten, machen die Ehelosigkeit endgültig. Wenn Ehelosigkeit Gabe Gottes ist, dann gilt für sie dasselbe wie für alle Gaben: Sie ist endgültig und nicht nur für eine bestimmte Zeit verliehen. Für den Zölibat zeigt das Wort »Eunuch« (vgl. Matthäus 19, 12) den definitiven Charakter der Gabe Gottes. Hätte Jesus nur von einem zeitlich begrenzten Zölibat sprechen wollen, hätte der gebräuchlichere Ausdruck »agamos« (= unverheiratet) genügt (vgl. 1. Korinther 7, 8 und 32). Der Eunuch unterscheidet sich durch sein prinzipiell unumkehrbares Geschick von jedem anderen unverheirateten Menschen. Ein Unverheirateter wartet noch auf die Ehe, ein Eunuch wird seinen gegenwärtigen Zustand nicht ändern können.
2. Wer sich »um des Reiches Gottes willen« zur Ehelosigkeit verpflichtet, blickt auf die Wiederkunft Christi. Die »Wiederkunft Christi und das Laufen diesem Ziel, dem Reich Gottes, entgegen erklären den tiefen Sinn, der in dem endgültigen Charakter des Gelöbnisses zur Ehelosigkeit liegt. Das Gelöbnis zur christlichen Ehe und ihrem Treueverhältnis hat denselben Sinn. Jeder soll in dem Stand bleiben, in dem ihn der Herr durch den Heiligen Geist gefunden hat. Denn Christus kommt bald; darum darf man nicht zurückweichen, sondern soll ihm

28 Roger Schutz: L'idéal monacal, These XV

entgegenlaufen, ohne die Zeit zu berechnen, die uns noch von seiner Wiederkunft trennt, die Zeit unseres endgültigen Gelöbnisses zu seinem Dienst in dem einen oder anderen durch den Herrn angezeigten Stand: in der Ehe oder der Ehelosigkeit.«[29]

3. Die dritte Antwort ist eine Gegenfrage der Brüder: »Im Blick aufs Zölibat werden wir gefragt, mit welchem Recht wir uns fürs Leben binden: heißt das nicht dem Heiligen Geist die Freiheit nehmen? Aber denken wir damit nicht über die Freiheit Gottes nach, nur um uns seinem Ruf zu entziehen? Als ob Gott nicht frei und mächtig genug wäre, diesen seinen Ruf deutlich zu machen!«[30]

Mit dieser Frage weist Roger Schutz noch einmal auf die Treue Gottes als das einzige Fundament des definitiven Zölibats hin. Der Einwand, jede Endgültigkeit beeinträchtige Gottes Freiheit, ist theologisch nicht konsequent. Es besteht sogar die Gefahr, Gottes Freiheit mit menschlicher Freiheit und Willkür zu verwechseln. »Wenn man jedoch glaubt, Gott könne kein endgültiges Wort an den Menschen richten, so handelt es sich wiederum um ein Mißverständnis der Freiheit Gottes. Man verneint damit letzten Endes, daß uns in Christus greifbare und in Erfüllung gehende Verheißungen gegeben sind« (Max Thurian: aaO, S. 97). Noch immer verkennen viele protestantische Kritiker der Communauté diese Basis des endgültigen Engagements. Es geht zum Beispiel gar nicht darum, daß »dem Kloster um seines Seelenheiles willen fernbleiben« soll, wer meint, »auf keinem anderen Weg selig werden zu können, als dadurch, daß er Mönch wird«.[31] Seines Seelenheiles ist jeder Bruder durch die Gnade Christi gewiß (vgl. Regel, S. 14). Es ist aber etwas anderes, dem Ruf Gottes zum gemeinsamen Leben und Zölibat zu folgen, wenn man Gottes Treue vertraut. Oder ein Einwand K.-M. Beckmanns: »Ehelosigkeit ist keine Schande und ist wohl ein eigener Stand, der seine eigenen Aufgaben hat, aber es ist kaum der Ruf Jesu an junge Menschen, von sich aus diesen Stand grundsätzlich zu wählen.«[32] Tatsächlich ist der Zölibat ein Ruf Jesu, wie Matthäus 19, 12 zeigt. Das Ja in der Profeß auf die Frage des Priors, ob sich der Bruder seiner besseren Verfügbarkeit wegen Christus

29 Max Thurian: aaO, S. 102 f

30 Roger Schutz: Heute Gottes, S. 92

31 B. Lohse: Luthers Kritik am Mönchtum, in: Evangelische Theologie, 20/1960, S. 431

32 In: Monastische Ideale?, Kirche in der Zeit, 19/1964, S. 445

ungeteilt überlassen wolle,[33] ist also nichts anderes als ein *Bekenntnis* – darum auch »profession« genannt –, das Gottes vorhergehenden, endgültigen Ruf anerkennt und bestätigt. Diesen Bekenntnischarakter können wir kaum genug betonen, wenn wir das unselige Mißverständnis vermeiden wollen, das Engagement sei eine Leistung des Bruders, der vorwitzig in Gottes Freiheit eingreife. »Für uns war die einzige Antwort die, daß wir uns allein um der Verheißung Christi willen verpflichten konnten: ›Wer verläßt Vater oder Mutter oder Weib oder Kinder . . ., wird's hundertfältig nehmen und das ewige Leben ererben.‹ Wenn wir uns mit Christus engagieren, dann engagiert er sich auch sofort mit uns. Darin steckt eine Erfahrungswahrheit, die uns einen Ruf bestätigte, den vielleicht nur der voll und ganz verstehen wird, dem es gegeben ist.«[34]

Das Leben im Zölibat

Die konstitutive Einsamkeit des Menschen und ihre Bedeutung für die Ehelosigkeit

»Einen großen Teil seiner Energie kostet den Menschen der Versuch, die Fülle seiner Gemütskräfte auszuleben. Der Mensch ist voll glühenden Eifers auf der Suche nach Intimität mit anderen Wesen. Und sein Suchen läßt in ihm die Sehnsucht nach menschlichen Beziehungen ohne alle Schranken aufkommen, nach Kommunikation ohne Diskretion. Die Intimität wird erstrebenswert in einem Maße, daß es ohne sie auf Erden kein Glück zu geben scheint, und ihr Bild ist von einem Glorienschein umgeben wie kein anderes. Jedes Hinabsteigen in unser Selbst führt uns zur Feststellung, daß alle innige Beziehung, auch die des engstverbundenen Ehepaares, die Anerkennung einer Grenze voraussetzt. Dahinter ist menschliche Einsamkeit (solitude). Wer sich diesem Naturgesetz widersetzt, gerät, als Folge seines Widerstandes, in den Zustand der Revolte.«[35]

33 Die »ungeteilte Liebe« ist eine mißverständliche Formulierung. Der Bruder muß seine Liebe zu Christus mit der Liebe zu seinen Brüdern ebenso vereinen und darstellen, wie ein verheirateter Christ die Liebe zu Christus in der Liebe zu seinem Ehepartner darstellt.

34 Roger Schutz: aaO, S. 92

35 Roger Schutz: Einmütig im Pluralismus, S. 119 – »Einsamkeit« ist eine unzureichende Übersetzung für »solitude«. »Solitude« meint eher das »Allein-Sein«, das »Für-sich-Sein«. »Einsamkeit« hat mehr den Sinn von »Verlassenheit«, »Getrennt-Sein«.

Diese nüchterne Beobachtung des Priors ist von entscheidender Bedeutung für das ehelose Leben. Weil die konstitutive Einsamkeit jedes Menschen, seine Individualität, durch keine menschliche Gemeinschaft endgültig aufgehoben werden kann, muß der ehelose Bruder wissen, daß seine grundsätzliche Einsamkeit auch durch die Gemeinschaft der Brüder nicht aufgehoben wird. Die Communauté kann diese Einsamkeit nur ergänzen und mittragen. So ist der »solitäre« Zölibat jedes Bruders stets auch ein »kommunitärer«, ein gemeinschaftsbezogener und von der Gemeinschaft mitgetragener Zölibat. Der ehelose Bruder soll kein Eremit sein.

Beide Formen des Zölibats, die »solitäre« und die »kommunitäre«, ergänzen einander und geben der Ehelosigkeit ein inneres Gleichgewicht, das diese besondere Lebensweise erträglich und lebenswert macht. Beide Gestalten seines Zölibats muß der Bruder akzeptieren lernen.

Die Ehelosigkeit verwirklicht einen gewöhnlich diskreditierten und unterdrückten Wesenszug menschlicher Existenz: die Ein-samkeit. Der Zölibat ist die »institutionalisation de la singularité«.[36] Daß diese Lebensweise der natürlichen Wesensbestimmung des Menschen nicht widerspricht, hat frère Yann, ein Psychologe, in der sozialpsychologischen Untersuchung »Approches psychologiques du célibat« (Psychologische Zugänge zum Zölibat) überzeugend nachgewiesen.

In diesem Kontext erscheint eine Bemerkung des Priors über den Zölibat weniger mißverständlich als innerhalb ihres ursprünglichen Zusammenhanges, in dem nicht ausdrücklich von der »solitude« jedes Menschen die Rede ist: »Im sexualisierten Klima der westlichen Welt stellt ein in einer glaubwürdigen Reinheit im Namen Christi gelebtes Leben eine Frage von großer Reichweite.«[37]

Wir mißverstünden frère Roger, wenn wir ihm eine Geringschätzung der Sexualität unterstellen wollten. Trotzdem läßt sich ihre Relativierung durch ihn nicht leugnen; Relativierung jedoch in dem Sinn, daß der Geschlechtlichkeit des Menschen der ihr zukommende Platz innerhalb der menschlichen Person zugewiesen wird. Sie muß ja zusammengesehen werden mit der grundsätzlichen »solitude« jedes Menschen. Nur insofern widerspricht ein authentisch gelebter Zölibat dem »sexualisierten Klima der westlichen Welt«. Der fundamentale Irrtum dieser Welt besteht

36 Yann Fentener: Approches psychologiques, S. 130

37 Roger Schutz: Heute Gottes, S. 90

in der Meinung, sinnvolles Leben, Überwindung der Einsamkeit sei prinzipiell nur in der engen Beziehung der beiden Geschlechter zueinander möglich.

Der Versuch, der Einsamkeit durch Flucht in die Intimität der sexuellen Beziehung zu entgehen, muß aber scheitern, weil er die zugleich kommunitäre und solitäre Struktur des Menschen dadurch aufheben will, daß er die »solitude« leugnet und sublimiert und die Sexualität einseitig betont. Der glaubwürdig gelebte Zölibat dagegen erweist, daß die Einsamkeit des Menschen akzeptiert werden kann. Sie muß sogar akzeptiert werden, wenn der Mensch sich nicht auf einen von vornherein hoffnungslosen Kampf einlassen will, der ihn mit Komplexen und selbstverschuldeten Niederlagen belastet.

Der um Christi und des Reiches Gottes willen gelebte Zölibat fügt dieser psychologischen Wertung der menschlichen Einsamkeit ein wichtiges spirituelles Moment hinzu. »Die Einwilligung in diesen grundlegenden Tatbestand der Einsamkeit (solitude fondamentale) eröffnet einen Weg zum Frieden und macht es dem Christen möglich, eine unbekannte Dimension der Beziehung zu Gott zu entdecken. Einwilligung in jenen Aspekt der Einsamkeit, der zu jedem menschlichen Leben gehört, fördert die innige Beziehung zu dem Einen, der uns der niederdrückenden Einsamkeit des sich selbst ausgelieferten Menschen entreißt.«[38]

Die Umwandlung der natürlichen Liebe in die völlige Liebe zum Nächsten

Nur in der engen Bindung des Ehelosen an Christus, nur in der Gemeinschaft mit ihm wird die fundamentale Einsamkeit erträglich. »Das Wort ›ich liebe dich‹, das wir zu Christus sagen, legt uns nahe, unser Wollen mit einer Geste, mit einer Tat deutlich zu machen, sonst bleibt es leerer Buchstabe ... Die Intimität mit ihm wird unsere Einsamkeiten ausfüllen, die von nun an besiedelt sind. Mit ihm wird sie zur Vereinigung (communion) und Stärkung in einem Glauben, der Berge versetzen kann.« (aaO, S. 120) Es mag auf den ersten Blick so aussehen, als sollte die enge Beziehung des ehelosen Bruders zu Christus den menschlichen Partner ersetzen. Ein vordergründiges Urteil. Das besondere Verhältnis des Bruders zu Christus ist keine Ersatzhandlung, wie sie in der Geschichte der Kirche durch die Gedanken-

38 Roger Schutz: Einmütig im Pluralismus, S. 119 f

welt der Mystik ermöglicht wurde. Vorstellungen wie die der Brautmystik zum Beispiel werden wir in den Gedanken der Brüder vergeblich suchen. Stets betonte die Communauté, die enge Gemeinschaft des Bruders mit Christus unterscheide sich prinzipiell nicht von der Bindung jedes Christen an seinen Herrn.[39]

Keine Ersatzhandlung, sondern eine Umformung, Umwandlung der natürlichen Liebe. Dazu schreibt die Regel von Taizé: »Wenn das Zölibat eine größere Verfügbarkeit (disponibilité) dafür schafft, für Gottes Sache zu sorgen, kann man es nur annehmen, um sich noch mehr dem Nächsten hinzugeben mit der Liebe Christi selbst. Unser Zölibat bedeutet weder Unterdrükkung menschlicher Zuneigung (rupture des affections humaines) noch Indifferenz, sondern es beruft uns zur Wandlung unserer natürlichen Liebe (il appelle la transfiguration de nôtre amour naturel). Christus allein bewirkt die Verwandlung der Leidenschaften (conversion des passions) in völlige Liebe zum Nächsten. Wenn der Egoismus der Leidenschaften nicht von einer wachsenden Großmut übertroffen wird, wenn du nicht mehr von der Beichte Gebrauch machst, um dem Bedürfnis zu wehren, dich selbst bestätigt zu finden – wie es in jeder Leidenschaft steckt –, wenn dein Herz nicht dauernd erfüllt ist von einer unermeßlichen Liebe, dann kannst du nicht mehr Christus in dir lieben lassen, und dein Zölibat wird dir zur drückenden Last. Dies Werk Christi in dir verlangt unendlich viel Geduld ... Es gibt keine Freundschaft ohne reinigendes Leiden. Es gibt keine Nächstenliebe ohne das Kreuz. Das Kreuz allein läßt uns erkennen, wie unergründlich tief die Liebe ist.« (aaO, S. 32 f) Was meint die Communauté mit »Wandlung der natürlichen Liebe« und »Verwandlung der Leidenschaften«? Da der Zölibat die Konsequenz einer Entscheidung ist, die der Bruder als Gehorsam gegenüber einem besonderen Auftrag des Evangeliums versteht, erfordert er einen Bruch. »Christus anzugehören verlangt einen Bruch (rupture). Auch eheliche Treue ist Bruch. Sie bekräftigt, daß eine Wahl vollzogen ist. Außerhalb der Zelle, die die Ehe bildet, läßt sie keine anderen innigen Beziehungen gleicher Art mehr zu. Und der Bruch, den das Zölibat bewirkt, ist noch stärker akzentuiert.«[40]

Noch stärker als für christliche Ehepartner zeigt sich der Bruch

39 Vgl. zum Beispiel Roger Schutz: Dynamik des Vorläufigen, S. 118; Einmütig im Pluralismus, S. 116

40 Roger Schutz: Einmütig im Pluralismus, S. 116

für den ehelosen Bruder. Er lebt ja von einer doppelten Voraussetzung, auf die er nicht verzichten kann, will er nicht das innere Gleichgewicht seiner Person und ihre Einheit verlieren. Einerseits verkörpert sich der Zölibat in Menschen, »die Wesen von Fleisch und Blut und manchmal mit einer feurigen Seele begabt sind, Wesen, die oft sehr reich an menschlichen Möglichkeiten und gar nicht empfindungsarm sind«.[41] Andererseits erwartet die Regel von Taizé, daß der Zölibat der Brüder »weder Unterdrückung menschlicher Zuneigung noch Indifferenz« (s. o.) werden darf.

Die scheinbar einfachste Lösung, »Abtötung der Sinne« durch Unterdrückung und Verdrängung der Gefühle, lehnt die Communauté aus theologischen und anthropologischen Gründen ab. »Das Evangelium führt nicht zum Spiritualismus. Er, der uns ruft, in der Totalität unseres Seins, geht auch in unser Fleisch ein. Das Evangelium will in ganzheitlicher Weise gelebt sein, mit dem Leib und nicht, wie man es allzuoft geglaubt hat, mit den Gaben des Geistes und des Verstandes allein. Wir haben achtzugeben auf die Integrität und die Eigengesetzlichkeit des Leibes (l'autonomie du corps).«[42]

Ein derartiges Ernstnehmen des leiblichen Aspektes der menschlichen Existenz, das der Sexualität keinen eingrenzbaren und darum für sich allein beschreibbaren Bereich im Menschen zuweist, macht den Zölibat der Brüder wahrhaft abenteuerlich und risikoreich. Er ist ein Leben ohne den vermeintlichen Schutz leibfeindlicher Barrieren, ein Leben außerhalb nur scheinbar schützender Klostermauern in der Gemeinschaft mit allen Menschen. »Der Ruf des Evangeliums zur Keuschheit leitet uns an, eine radikale Reinheit zu leben, und dies manchmal in exponierten Lebenslagen. Es ist dann nicht übertrieben, von heroischer Keuschheit zu sprechen in einem Kampf, der uns mit Leib und Geist an Christus bindet.« (aaO, S. 116)

Unter diesen Gefahren läßt sich ein Leben im Zölibat einzig auf dem Fundament der Verheißung Jesu verwirklichen: »Selig, die reines Herzens sind; denn sie werden Gott schauen.« »Auf diese Verheißung, daß man Gott schauen wird, ihn sehr bald, ihn schon in diesem irdischen Leben schauen wird, muß man sich stützen. Das allein wird künftig zählen. Ohne die Sehnsucht, Christus zu sehen, darf man nicht hoffen, daß man in der Reinheit des Herzens und des Fleisches festbleiben wird. Ohne die-

41 Roger Schutz: Heute Gottes, S. 90
42 Roger Schutz: Einmütig im Pluralismus, S. 118

se Erwartung, die man in der stillen Kontemplation der Person des Gottessohnes Christus selbst in sich erhält und erneuert, ist keine Reinheit denkbar, weil, wie es scheint, jeder andere endgültige und unaufhebbare Verzicht auf das fleischliche Begehren, sogar das in der Phantasie, zu einer dumpfen Auflehnung führen muß und weil in jedem Menschen das Bedürfnis nach einer völligen Intimität lebt, das danach drängt, durch die körperliche Intimität befriedigt zu werden.«[43]

Kontemplation der Person Christi: Die von jedem Bruder erwartete »Wandlung der natürlichen Liebe« vollzieht sich in der Kontemplation der Person Christi. In der Vorstellung der Communauté sind die »Reinheit des Herzens« und das »Schauen Gottes« so sehr ineinander verschränkt, daß zum Beispiel frère Roger nicht von dem einen sprechen kann, ohne zugleich auch vom anderen zu reden.[44] Offenbar soll das verhängnisvolle Mißverständnis ausgeschlossen bleiben, man könne das eine als Mittel zur Erlangung des anderen gebrauchen. Die Geschenke der Herzensreinheit und des Schauens Gottes gehen verloren, wenn man sie zum Inhalt spiritueller Methodik macht.

Das Schauen Gottes ist fest verbunden mit der Kontemplation Christi, wie es etwa frère Rogers Wortgebrauch zeigt: »Stille Kontemplation der Person des Gottessohnes Christus selbst« (la contemplation silencieuse de la personne même du Christ Dieu).[45] Auch die parallel gebrauchten Begriffe »das Schauen Gottes« (voir Dieu) und das »Schauen Christi« (voir le Christ) weisen auf diesen Zusammenhang hin. Die Kontemplation darf sich nicht »irgendwo zwischen Himmel und Erde, in Ekstase oder Erleuchtung«[46] vollziehen. Sie muß stets biblisch begründet sein und in der Gemeinschaft aller Christen verwirklicht werden. So wird die Kontemplation zu einer Betrachtung der Person Christi, »wie er in den Evangelien lebt, und ... wie er im Gebet der Kirche verherrlicht wird.«[47] Sie erneuert sich »in Gebet, Meditation und der Teilhabe an Leib und Blut Christi in der Kommunion« (aaO, S. 52). So entsteht allmählich eine besondere Beziehung zu Christus, »jene Verfassung, in der das ganze Sein von der Wirklichkeit der Liebe Gottes ergriffen ist. Wenn

43 Roger Schutz: Heute Gottes, S. 94
44 Vgl. zum Beispiel aaO, S. 56, 95
45 Die deutsche Übersetzung ist an dieser Stelle ungenau.
46 Roger Schutz: Dynamik des Vorläufigen, S. 120
47 Roger Schutz: Heute Gottes, S. 94

wir mit dem Verstand eine Wahrheit der natürlichen Ordnung erfassen, kommt es manchmal zu einer Ergriffenheit in uns, die jedoch nur partieller Art ist. Im Gegensatz dazu können wir ganz und gar, bis in unsere Empfindungen, von der übernatürlichen Wahrheit, der Liebe Christi ergriffen sein.«[48]

Für ein traditionelles Verständnis der Christusbeziehung mögen diese Sätze befremdlich scheinen, zeigt sich doch die Beziehung zu Christus nicht ausschließlich im Bereich des Verstandes angesiedelt. Weil sich dem geistlichen Leben der abendländischen Christenheit eine gewisse »Kopf-Lastigkeit« nicht absprechen läßt, ist es nicht verwunderlich, wenn frère Roger gegenüber dieser partiellen Spiritualität der eher ganzheitlichen Spiritualität des christlichen Ostens den Vorzug gibt.[49] Der Weg zur Reinheit des Herzens, oder, was für die Brüder dasselbe ist, zur christlichen Askese, ist nicht mit neuplatonischer oder puritanischer Leibfeindlichkeit zu verwechseln.[50]

Askese: »Die Sexualität ... erfüllt die menschliche Person, sie bleibt als Unterströmung in ihr und ist bestimmend für eine Vielzahl von Verhaltensweisen. Für die Ehe wie für die Ehelosigkeit ergeben sich daraus zahlreiche Folgerungen. Ein volles Menschsein setzt voraus, daß man sich aller Gegebenheiten des menschlichen Wesens bewußt wird. Von vorrangiger Bedeutung ist ein solches Wissen um sein Menschsein für jeden, der es Tag um Tag in einem immer neuen Opfer zum Geschenk geben will. Das heißt alle vorhandenen Reserven verfügbar machen, alle inneren Kräfte, das Gefühlsleben, die unerforschten Tiefen, aus denen ungeahnte und vielfältige Lebensimpulse hervorquellen: über dies alles verfügen für Christus im vollen Bewußtsein dessen, was man als Opfer hingibt.

Und im Verzicht auf die Ehe findet sich der Mensch bereit, sich durch ein Opfer, das in den innersten Bezirken seines Wesens dargebracht wird, in seinen Wesenstiefen anrühren zu lassen. Er sucht eine Begegnung: die Begegnung mit dem Auferstandenen – um dann zur Begegnung mit jedem Menschen zu schreiten. Ergriffen von dieser Forderung, verwirklicht er sie sein ganzes Leben lang, bei Tag und in den wachen Stunden der Nacht, in der Einsamkeit und im Grau des Alltags.«[51]

48 Roger Schutz: Einmütig im Pluralismus, S. 102
49 Vgl. Roger Schutz: Heute Gottes, S. 52 ff
50 So zum Beispiel K.-A. Odin: Evangelische Mönche
51 Roger Schutz: Gewalt der Friedfertigen, S. 54

Vielleicht überrascht an dieser Zusammenfassung dessen, was die Askese des Ehelosen betrifft, daß sie sich in erster Linie in »positiven« Handlungen des Bruders verwirklicht und sich nicht, wie ein populäres Vorurteil will, vor allem durch körperliche Kasteiungen, Verzichte oder Enthaltungen auszeichnet. Statt leibfeindlicher Praktiken ein »Sich-ganz-zur-Verfügung-Stellen« des Bruders. Keinen Bereich seiner Person soll er ausklammern, sondern sein ganzes Wesen von der Wirklichkeit Gottes durchdringen lassen. »Geist und Leib sind eins. Sie für das Handeln Gottes offenhalten ist die Grundlage der inneren Disziplin.«[52]

Obwohl also die Askese nicht primär die Abtötung der Sinne betreibt, »zeigt die Forderung, man solle sich die Hand abhauen, sobald sie Anlaß zum Ärgernis gibt, daß die Askese in gewissen Fällen, wenn alle anderen Mittel erschöpft sind, radikale Maßnahmen nötig macht; ebenso amputiert ein Arzt ein Glied erst, wenn alle anderen Verfahren erfolglos geblieben sind.« (aaO, S. 47)

Doch selbst extreme Maßnahmen haben ihre theologische Berechtigung nur in dem »um Christi willen.« »Außer Christi und des Evangeliums wegen kann man keine derartige Zucht auf sich nehmen. Gewiß muß man kämpfen wie ein guter Sportler in der Arena, wenn man den Preis erringen will; das Auge von sich werfen mit dem Ziel, neue Gewohnheiten zu schaffen und einen ganzen inneren Mechanismus zu beherrschen, der es fertigbringt, in der oder jener Lage das ganze Gefolge der Phantasiebilder in Gang zu bringen. Und am Ende des Weges mit Christus die Ruhe unseres fleischlichen Lebens in Gott finden. Aber man darf niemals vergessen, daß kein Versuch, zur Reinheit zu kommen und dadurch Gott zu schauen, ohne die Kontemplation gelingen kann. Ohne diese wendet sich die Askese gegen sich selbst; sie sucht eine unerreichbare Reinheit zu verwirklichen, kommt dahin, daß sie diese um ihrer selbst willen liebt, und hascht also nach sich selbst.« (aaO, S. 95)

Kontemplation und Veränderung: Zur Kontemplation bedarf es keiner komplizierten Techniken. Es genügt, wenn der Bruder die wesentlichen Wahrheiten des christlichen Glaubens, die er bislang in sich aufnehmen konnte, entfaltet und über sie nachdenkt. Das kann zum Beispiel einfach so geschehen: »Mitten bei der Arbeit oder in der Einsamkeit darum zurückgreifen auf die kurze und häufige Anrufung des Namens Jesu, auf Psalmen, die

52 Roger Schutz: Heute Gottes, S. 46

man auswendig weiß oder singt, auf die einfache Gebärde des Kreuzeszeichens.«[53]

In der Kontemplation verzichtet der Bruder auf die Beobachtung der eigenen Veränderungen. »Auf dem Weg zur Selbstbeherrschung ist es wesentlich, seine Blicke nicht so sehr auf die Einzelheiten, Fortschritte oder Rückschläge, zu heften als auf das Ziel: Jesus Christus. Sonst nehmen wir die Mittel für das Ziel, denken schließlich mehr über den Menschen als über Gott nach und lassen uns von unserer Sünde bedrücken, statt daß Gottes Vergebung uns ununterbrochen mit Verwunderung erfüllte.«[54]

Um sich in der Kontemplation nicht zu verlieren, bedarf es der inneren Stille, einer Haltung, die besonders dem Intellektuellen schwerfällt, wie frère Roger schon 1941 in der kleinen Broschüre über die Communauté de Cluny schrieb (S. 9). »Die innere Stille erfordert . . ., daß man sich von sich selbst losgesagt hat, um die wirren Stimmen zu beruhigen und des Druckes der Sorgen Herr zu werden – in dem steten Neuanfang eines Menschen, der niemals entmutigt ist, weil ihm immer vergeben wird.«[55] Gerade in der Beichte öffnet der Bruder sein in sich verschlossenes Leben und liefert sich Gott ganz aus. Im Kapitel über den Zölibat wiederholt frère Roger den Gedanken vom »steten Neuanfang eines Menschen«. Er spricht von den Wirkungen der Beichte für die Reinheit des Herzens. Zugleich warnt er den Bruder davor, allzu rasch eine sichtbare Veränderung von Beichte und Absolution zu erwarten: »Die Unreinheit, auch die der Gedanken, hinterläßt psychische Spuren, die nicht immer gleich von Beichte und Absolution getilgt werden. Es geht also darum, in einem steten Neubeginn zu leben – wie eben der Christ, der niemals mutlos wird, weil er immer Vergebung findet.« (aaO, S. 33)

Wichtigster Wesenszug der Kontemplation ist das *Warten* des Bruders auf Zukunft und Veränderung Gottes, ähnlich wie wir es schon im Kapitel über die spirituellen Grundlagen der Gütergemeinschaft gesehen haben. Es ist ein Warten darauf, daß Gott wandle und umgestalte, was vom ehelosen Bruder noch nicht gewandelt und umgestaltet werden konnte, weil es sich Gott noch nicht ganz geöffnet hatte. »Im kontemplativen Warten tun wir die Schritte freier Zustimmung, die täglich verlangt sind. Freies Einstimmen in unsere Lebensbedingungen, in das Älterwerden,

53 Roger Schutz: Dynamik des Vorläufigen, S. 121
54 Roger Schutz: Heute Gottes, S. 48
55 Regel von Taizé, S. 24

in die versäumten Gelegenheiten, in die Niederlagen. Und damit in einer widrigen Situation das freie Einstimmen weder in Pessimismus noch in eine Verleugnung der Gaben, die jedem zugeteilt sind, umschlägt, ist es wichtig, den ›kindlichen Geist‹ neu zu entdecken, der keineswegs mit Infantilismus verwechselt werden darf. Im kontemplativen Warten auf Gott wird alles wünschenswert. Der Pessimismus löst sich auf und gibt dem Optimismus des Glaubens Raum.«[56]

In und mit dem kontemplativen Warten vollzieht sich im ehelosen Bruder die »Wandlung« (transfiguration), durch die »der Friede Christi . . . bis zu jenen versehrten Schichten unseres Seins (reicht), bis zu jenem ganzen Komplex, der drückt und zerrt, bis zu jenen wunden Stellen, wo die widersprechenden Gefühle, die Bitterkeit, die Wunschträume unerfüllter Liebe gären« (aaO, S. 99). Diese Umwandlung vollzieht sich meist unbemerkt, allmählich, wie der Vorgang der Reifung. In allem Wachsen bleibt er stets unabgeschlossen. Er vollzieht sich jeden Tag neu in der Treue des ehelosen Bruders zu seinem Engagement, in seinem Blick auf Christus. »Allein unser Blick auf Christus ermöglicht die langsame Verwandlung (transformation). Nach und nach wird aus unserer natürlichen Liebe lebendige Nächstenliebe; die eine ist über die andere hinausgewachsen. Das Herz, das Gefühl, die Sinne, die Menschlichkeit sind dann immer noch durchaus lebendig, aber ein anderer als man selbst gestaltet sie um« (transfigure).[57]

Zum Kern der Umwandlung gelangen wir, wenn wir den Terminus betrachten, der diesen Vorgang bezeichnet: »transfiguration«. Hätte die Communauté nur auf die Wesenswandlung im Zölibatär hinweisen wollen, hätte ebenso das Wort »transformation« dienen können, wie es das ja in der ersten Auflage der Regel von Taizé bis 1962 auch getan hat. Der Vorzug von »transfiguration« liegt weniger im »wie« der Umgestaltung als im »woher« derselben begründet. »Das Licht der Verklärung (transfiguration) Christi bedeutet für uns, daß schon heute das Werk der Auferstehung in uns begonnen hat.«[58] Mit »Verklärung« übersetzt man »transfiguration« besser nicht. Das Mißverständnis, der ehelose Bruder werde allmählich zu einem engelgleichen Wesen, wäre unvermeidlich. Es genügt, wenn man weiß, daß die Transfiguration ihren Grund und ihre Parallele in der »Verklärung« Jesu hat.

56 Roger Schutz: Einmütig im Pluralismus, S. 103
57 Roger Schutz: Heute Gottes, S. 95
58 Roger Schutz: Einheit und Zukunft, S. 120

Wir stoßen hier auf eine Grenze der sprachlichen Aussagekraft der Brüder. Darum beschreibt frère Roger in seiner nicht immer leicht verständlichen, poetischen Sprache die Wandlung des Ehelosen in Bildern: »Abseits vom Lichte Christi fallen die Schatten. Das gilt für alle. Aber im Dunkel unserer Nächte scheint ein Licht. An uns ist es, den Blick darauf zu richten, bis der Tag anbricht und der Morgenstern aufgeht in unseren Herzen.[59] Die Tiefen in uns, die trübe, unbewohnt, ungläubig sind, werden dadurch verklärt (transfigurées). Eine Pflanze, die nicht dem Licht zugewandt ist, verwelkt. Wer sich an die Schatten heftet, verurteilt sich selbst zu einem langsamen Tode. Anstatt sich aufhalten zu lassen durch die Unmöglichkeiten und die Schatten, in einem selbst und in allen, ist es besser, jeden Menschen im Lichte Christi zu betrachten. In einem beharrlichen Prozeß, mag er nun wahrnehmbar sein oder nicht, wird das, was dunkel blieb, ja beunruhigend, durchdrungen von der Verklärung Christi (traversé par la transfiguration du Christ). Er allein reicht an das Unerreichbare, an jenen rebellierenden Willen in uns, der nicht das tut, was er möchte, sondern das Böse, das ihm zuwider ist.«[60]

Verfügbarkeit und ökumenische Aufgeschlossenheit

»Da die Kontemplation die engste Verbindung mit der Liebe Gottes darstellt, weckt sie in uns die Liebe zum Nächsten ... Die Kontemplation stärkt unsere Liebe zu Gott. Wenn sie glaubwürdig ist, kann sich diese Liebe des ganzen Wesens zu Christus nur gegen den Nächsten äußern (extérioriser). Die Liebe, die wir andern entgegenbringen, ist das Zeichen (marque), an dem sich die Wahrheit unserer Kontemplation erweist.«[61]

Die Liebe zum Nächsten ist das sichtbare Zeichen (marque), gewissermaßen die Außenseite (extérioriser), nicht aber die Konsequenz oder das Ziel der Kontemplation. Kontemplation kann nicht das Ziel haben, Nächstenliebe zu »produzieren«. Der Nächste gehört von vornherein mit in die Kontemplation hinein, wenn sie echte Kontemplation sein will. »Wenn der Nächste aus unserem Gespräch mit Christus verschwindet, dann richtet sich unsere Liebe zu Gott viel mehr an eine mythische Gottheit ohne

59 Diese Sätze sind eine Anspielung auf den Episteltext für den Tag der »Verklärung Christi« (2. Petrus 1,19).
60 Roger Schutz: Einmütig im Pluralismus, S. 96
61 Roger Schutz: Heute Gottes, S. 54 f

Beziehung zu unserem Menschsein als an den Christus des Evangeliums.« (aaO, S. 56)

Die »großzügige Hinwendung« (généreuse ouverture)[62], die »unbegrenzte Offenheit« (ouvertoure sans limites) (aaO, S. 122) ist für die Brüder der sichtbare Erweis, daß Christus ihre natürliche Liebe in »völlige Liebe zum Nächsten« verwandelt hat.[63] Die uneingeschränkte Offenheit als Erscheinungsform des Zölibats ist eine Entdeckung, die den Brüdern erst im Laufe ihrer kurzen Geschichte aufging.

»Die Keuschheit eröffnet eine unvermutete ökumenische Dimension: sie läßt uns Menschen sein, die sich so sehr nach der Hoffnung Gottes ausstrecken, daß sie nichts für sich selbst behalten möchten. Hier wird ein Sich-Öffnen für das Universale eingeübt, das uns alles, was auf uns zukommt, in der Verfügbarkeit des Herzens (avec un cœur disponible) auf uns nehmen läßt. Gott öffnet dem, der keine Familie nach dem Fleisch hat, Herz und Verstand, auf daß er jede menschliche oder geistliche Familie lieben kann. Wer um Christi und des Evangeliums willen seine Arme für alle offen hält, dem ist es möglich, ökumenischen Anforderungen gerecht zu werden. Er wird dann auch fähig, sich in jede menschliche Lage hineinzuversetzen. Wer auf der Suche nach Gott Mensch einer einzigen Liebe sein will, dem ist es möglich, eine verborgene Gegenwart Christi bei Menschen, die nicht glauben können, zu sein. Was hier gesagt ist, ist eine Entdeckung, die wir in Taizé gemacht haben.«[64]

Ein so begründeter Zölibat isoliert die Brüder nicht von der »Welt«, wie ein vorschnelles Urteil meinen könnte. Gerade der authentisch gelebte Zölibat führt zur Gemeinschaft mit allen Menschen.

1. Innerhalb der Communauté ermöglicht der Zölibat durch die Offenheit (transparence) der Brüder die Treue (fidélité) zur Gemeinschaft. Ohne den Zölibat fiele die Communauté auseinander.
2. Der Zölibat schließt die Brüder nicht von der »Welt« ab, sondern führt umgekehrt zu einer unerwarteten Offenheit allen Menschen gegenüber.

Der Zölibat begründet und bestätigt darum die »Vocation communautaire et oecuménique« der Brüder von Taizé. Damit aber nicht der Eindruck erweckt werde, diese Entdeckung des im um-

62 Roger Schutz: Einmütig im Pluralismus, S. 57
63 Regel von Taizé, S. 32
64 Roger Schutz: Dynamik des Vorläufigen, S. 117 f

fassendsten Sinn »ökumenischen« Aspektes des Zölibats bestätige die Exklusivität der Ehelosen gegenüber den Verheirateten, sagt frère Roger in »Dynamik des Vorläufigen«: »Es könnte so klingen, als sei sie (sc. die Entdeckung) ausschließlich im Zölibat und nicht in der Ehe möglich. Aber man kann es nicht oft genug wiederholen: die Ehelosigkeit kann die Berufung zur Ehe nur aufwerten. Auch in der Ehe kann Treue nur im Warten auf Gott gelebt werden. In der Gemeinschaft der Ehe sind im verkleinerten Maßstab so viele kirchliche Lebenswerte enthalten! Manche Kirchenväter haben sie die »kleine Kirche Gottes« genannt. Auch diejenigen, die Tag für Tag kämpfen, um in unauflöslicher Einheit treu zu bleiben, vermitteln ökumenisches Leben.« (S. 118)

Die »Wandlung« der natürlichen Liebe des Bruders in grenzenlose Offenheit bleibt für den außenstehenden Beobachter schwer begreiflich, weil er keine vergleichbare christliche Tradition kennt. Gleichwohl wird es nicht leicht sein, etwas gegen die vorgetragenen Gedanken einzuwenden. Sie wurden ganz offenbar aufgrund von Erfahrungen geschrieben, die, wie der Prior sagt, nur der richtig begreifen kann, der ein ähnliches Leben lebt.

Aus den dargestellten Äußerungen der Brüder wird leider nicht deutlich, in welchem Maße die »Wandlung« der natürlichen Liebe Sublimierung und Substitution der geschlechtlichen Verfassung des Menschen ist. Der Eindruck jedenfalls, den die Brüder auf den psychologisch kaum geschulten Verfasser gemacht haben, erinnerte ihn zu keiner Zeit an Menschen, die unter unbewältigten Verdrängungen und Frustrationen leiden, oder die unter der Last ihres definitiven Zölibats mehr seufzten als verheiratete Christen unter dem »Joch« ihrer Ehe. Der Anteil derer, die an kirchlich bedingten Neurosen leiden, dürfte in sehr vielen Pastorenkonventen größer als in der Communauté sein.

Augenscheinlich ist die großzügige Gastfreundschaft, die Offenheit der Brüder, die sich am deutlichsten in ihrer beinahe grenzenlosen Geduld im Umgang mit den zahllosen, oft schwierigen Besuchern zeigt, die gewissermaßen franziskanisch leichtfertige Gelassenheit, mit der sie das »Heute Gottes leben«, ist all das nicht anders als durch die »Wandlung unserer natürlichen Liebe . . . in völlige Liebe zum Nächsten« zu erklären. Wenn darum die Regel von Taizé in ihrer Präambel dem Bruder sagt: »Habe die Leidenschaft für die Einheit des Leibes Christi!« (S. 15), so hat das seinen Grund in dem anderen Satz aus dem Kapitel über den Zölibat: »Christus allein bewirkt die Verwandlung der Leidenschaften in völlige Liebe zum Nächsten.« (S. 32)

VI
Das Engagement zur Anerkennung einer Autorität

Das dritte Engagement soll die *Einheit* der Communauté gewährleisten. »Ohne Einheit besteht keine Hoffnung auf kühne und totale Hingabe im Dienste Christi. Der Individualismus zersetzt die Communauté und hält sie auf ihrem Weg auf. Der Prior führt die Einheit in der Communauté herbei.« (aaO, S. 35)

Die etwas umständliche Formulierung des dritten Engagements steht dort, wo im traditionellen Mönchtum vom »Gehorsamsgelübde« gesprochen wird. Von Anfang an haben die Brüder jedoch vermieden, von »Gehorsamsgelübde«, »Gehorsam« oder »gehorchen« zu sprechen.[1] Während der Anfangsjahre dachten sie intensiv über Autorität und Gehorsam in einer Gemeinschaft nach. Das Ergebnis fand 1952/53 seinen Niederschlag in der eigenartigen Formulierung des dritten Engagements in der Regel von Taizé. Seitdem reden die Brüder überhaupt nicht mehr von »Gehorsam«, ohne allerdings die Gründe für diesen Verzicht zu nennen.

Die Autorität als Faktor der Einheit

Warum bedarf es in der Communauté überhaupt eines Engagements zur Anerkennung einer Autorität? Während der ersten Jahre der Communauté war es noch nicht erforderlich gewesen. Im Gegenteil! Die ausdrückliche Begrenzung auf zwei Versprechen (Armut und Zölibat), »ohne die ein gemeinsames Leben unmöglich ist«[2], bestätigt diese Beobachtung. Dieser erstaunliche Sach-

1 Kaum einer der Taizé-Kommentatoren hat dies bemerkt. Als einziger schreibt Paupert: »Das Wort selber (sc. Gehorsam, gehorchen) wird sehr wenig gebraucht; die Regel verwendet es beachtenswerter Weise nie.« (Taizé, S. 108) Nur dreimal erscheint das Wort »Gehorsam« bzw. »gehorchen« nach 1952/53. In »Heute Gottes« S. 51 (folgen = franz. obéir); in »Geistliche Weisungen« (S. 84) als Zitat aus »Introduction à la vie communautaire (S. 87 f, 38); in »Gewalt der Friedfertigen« (S. 39) wird das Wort »Gehorsam« als unangemessen abgelehnt.

2 Roger Schutz: Communauté d'intellectuels protestants

verhalt ist leicht erklärbar: 1942 bestand die Communauté nur aus frère Roger und frère Max. Sie hatten es nicht nötig, ihr Verhältnis zueinander durch eine Definition von Autorität und Gehorsam näher zu bestimmen. Spätestens jedoch seit 1944, nachdem die Communauté aus vier Brüdern bestand, stellte sich ihnen die Frage nach der Bedeutung von Autorität in einer Gemeinschaft.

Die Antwort gab das kurze Kapitel »Die geistliche Leitung und das Autoritätsprinzip« in frère Rogers »Introduction à la vie communautaire«. Trotz der raschen Entwicklung der Communauté hat dieses Kapitel bis heute – von geringfügigen Änderungen abgesehen – nichts von seiner Gültigkeit verloren.[3] Der entscheidende Satz der »Introduction« über die Aufgabe der Autorität: »Wirkliche Autorität wird dem menschlichen Wort verliehen, das sich bemüht, in der Communauté wieder zueinander zu bringen, was sich getrennt hat.« (aaO, S. 37)

Die Erkenntnis, wonach Autorität als Faktor der Einheit beschrieben und auf die üblichen Formen der Autoritätsausübung verzichtet wird, verdient große Beachtung. Beschriebe die Communauté Autorität in den Strukturen von Befehl und Gehorsam, entstünde rasch ein Geist der Unmündigkeit bzw. der Unbotmäßigkeit des Einzelnen, der jede fruchtbare Arbeit der Communauté erschwerte oder gar unmöglich machte. Wollte die Communauté dagegen ihre Einheit durch Abstimmungen und Mehrheitsbeschlüsse verwirklichen, wären Spaltungen in Fraktionen unausweichlich.[4] Darum schreibt der Prior in »Gewalt der Friedfertigen«: »Heute stellen sich Gehorsam und Autorität nicht mehr unter dem Gesichtspunkt der Macht dar, sondern unter dem der Gemeinschaft.« (S. 39)

Bezeichnenderweise wird das Autoritätsverständnis der Brüder in frère Rogers »Einmütig im Pluralismus« unter der Überschrift »autonom und solidarisch« beschrieben. Einerseits ist es die Aufgabe der Autorität, in der Gemeinschaft »die Einheit herbeizuführen. Sie ist da, um zu sammeln, um jene neu zusammenzuführen, die sich ständig trennen und gegeneinanderstellen« (S. 113). Andererseits kann Anerkennung einer Autorität nicht bedeuten, »daß man den Sinn für eine in Solidarität zu tragende eigene Verantwortung verlieren müßte. Im Gegenteil, die Anerkennung einer Autorität setzt voraus, daß sich jeder einzelne zu einer starken Persönlichkeit in Christus entwickelt. Autonom

3 Vgl. in Roger Schutz: Heute Gottes, S. 108–110
4 Vgl. Roger Schutz: Heute Gottes, S. 104 f

und solidarisch: das Leben als Christ versetzt uns in die Mitte eines Spannungsfeldes, es kann nur gelebt werden, wenn wir aus freiem Willen in eine innere Dialektik einstimmen.« (S. 114 f)

Nur wenn sich Autonomie und Solidarität ergänzen, kann sich die »gemeinsame Schöpfung«[5] in der Communauté immer neu vollziehen. Sowohl die Phantasielosigkeit des Unmündigen wie der Tatendrang des schöpferischen Individualisten gefährden den gemeinsamen Weg der Communauté. Es »stehen diejenigen der Einheit im Wege, deren Besonderheiten nur um den Preis der Trennung weiterbestehen können. Gemeinsames Leben gibt es nur dann, wenn alle sich darauf einstellen, zusammen aufzubauen. Das Zeichen der Einheit, das unter den Menschen aufleuchtet, ist mehr als jede noch so hervorragende Einzelleistung.

In der großen Gemeinschaft der Kirche wie in jeder Gemeinschaft überhaupt nimmt jedes Glied Tag für Tag an der Neuschöpfung des ganzen Leibes teil. Wenn ein Glied, von schöpferischer Leidenschaft beherrscht, sein Werk vollendet, ohne es in den Zusammenhang der gemeinsamen Schöpfung zu stellen, so wirkt es zerstörerisch, ohne sich dessen bewußt zu werden. Die Schöpfung einer Gemeinschaft vollzieht sich nicht ein für allemal mit ihrem Anfang. Nur eine stete Neuschöpfung, in jedem Heute, kann eine Gemeinschaft davor bewahren, im Stillstand oder im Rückschritt zu verkümmern.«[6]

Die Autorität in der Communauté kann unter diesen Umständen nur eine »pastorale« sein, wenn sich die Autorität nicht der Gemeinschaft als eigene Größe gegenüberstellen will.[7] Eine Vielfalt von Begriffen beschreibt diese pastorale Aufgabe: »Einheit herbeiführen«[8], »den ganzen Leib in Christus auferbauen« (aaO, S. 36), »diejenigen sammeln und zusammenführen, die sich ständig trennen und gegeneinanderstehen«[9], »darüber wachen, daß das Bewußtsein der Solidarität mit dem Ganzen gewahrt bleibt«[10], »allen den Geist der Barmherzigkeit in Erinnerung rufen, ohne den es keine christliche Gemeinschaft geben kann«.[11] Die Vielzahl dieser

5 »Zu einer gemeinsamen Schöpfung« (Vers une création commune) lautete der ursprünglich geplante Titel von frère Rogers »Einmütig im Pluralismus«. Vgl. in Aujourd'hui 15, Juli 1966, S. 7

6 Roger Schutz: Einmütig im Pluralismus, S. 65

7 Vgl. Roger Schutz: Gewalt der Friedfertigen, S. 39

8 Regel von Taizé, S. 35

9 Roger Schutz: Dynamik des Vorläufigen, S. 75

10 Roger Schutz: Gewalt der Friedfertigen, S. 39.

11 Roger Schutz: Dynamik des Vorläufigen, S. 75

Begriffe zeigt die Beweglichkeit der Communauté. Sie weigert sich, Autorität als etwas zu betrachten, was »administrativer Art«[12] ist und durch Geschäftsordnungen und Kompetenzabgrenzungen geregelt werden könnte.

Einmütig im Pluralismus

Ziel der einigenden Kraft der Autorität ist die Einmütigkeit, die Basis der Einheit in der Communauté. Ein scheinbar banales Ziel. Dennoch muß jetzt von der Einmütigkeit geredet werden, um sie nicht mit der Uniformität zu verwechseln. »Warum eigentlich diese ständige Verwechslung von Einmütigkeit und Einförmigkeit? Die Einförmigkeit erweckt den Anschein von Einheit. Sie webt ein äußerliches Kleid, und das Evangelium wird dann an der Oberfläche gelebt. Einmütigkeit jedoch verlangt eine innere Übereinstimmung. Sie setzt den Pluralismus der persönlichen Ausdrucksformen voraus.« (aaO, S. 64)

So gibt es zum Beispiel keine uniforme »Theologie von Taizé«, sondern nur die verschiedenen Theologien einzelner Brüder. Dieser wichtige Sachverhalt wird übersehen, wenn etwa die Theologie Max Thurians als Ausdruck der Theologie Taizés angesehen wird.[13]

Gerade weil die Communauté so nachdrücklich für einen Pluralismus der Ausdrucksformen und »eine Anpassung an das Spezifische« (adaption au particulier) in ihrer Gemeinschaft optiert[14] – anders würde die unerläßliche persönliche Entfaltung jedes Bruders in Frage gestellt –, muß sie ebenso nachdrücklich von der »Einmütigkeit im Fundamentalen« (unanimité dans le fondamental) sprechen (aaO, S. 49): »Die Einmütigkeit leben, die eingesenkt ist mitten in einem Pluralismus, das heißt festhalten an dem, was vorrangig bleibt für jede Gemeinschaft und für die Gemeinschaft aller Gemeinschaften, die Kirche. Die Einmütigkeit

12 Roger Schutz: Einmütig im Pluralismus, S. 113

13 Ein Beispiel solcher Verwechslung ist J. Rilliets Artikel »Nach 25 Jahren am Scheideweg. Kritische Anmerkungen zu einem Buch des Subpriors von Taizé« (Sonntagsblatt, 22. September 1965). Das abschließende Wort seiner Renzension von Max Thurians »Gemeinsam glauben – gemeinsam handeln«: »Das Buch legt eindeutig seinen Verfasser und die Gruppe, in der er lebt und meditiert, fest... Die zitierten Sätze zwingen zu dem Schluß, daß die Brüder den Boden des Protestantismus verlassen haben.«

14 Roger Schutz: Einmütig im Pluralismus, S. 66

im Pluralismus leben, das heißt auf der Suche sein nach dem Angelpunkt, der allen gemeinsam ist, um den sich die Verschiedenheit in einem Pluralismus der Ausdrucksformen frei entfalten kann; die Verschiedenheiten können um so freier bestehen, je stärker die Einmütigkeit gesichert ist.« (aaO, S. 50)

Ihren, wenn man es so nennen mag, offiziellen Ausdruck findet die Einmütigkeit der Brüder in der Regel von Taizé und in »Einmütig im Pluralismus«. Der »innere Kern« (pivot central) der Einmütigkeit (aaO, S. 66), ihre unaufgebbare Basis, ist das Leben der Brüder aus der Gegenwart des Auferstandenen, wie es sich in den Gottesdiensten der Communauté, in der Kontemplation der Brüder einerseits und der »bloßen Gegenwart« (seule présence) andererseits (aaO, S. 76) offenbart. Seine theologische Ausformung und schriftliche Fixierung fand dieser »innere Kern« in einer bekenntnishaften Erklärung, die in der Communauté ausgearbeitet und vom Bruderrat im Herbst 1969 akzeptiert wurde.

Die wesentliche Ursache für die Abfassung der Erklärung war die Absicht, für alle Brüder – die ja vielen verschiedenen Konfessionen angehören – eine bekenntnishafte »Basis« ihres gemeinsamen Lebens zu schaffen. Der Prior hat mir diese »Basis« der Einmütigkeit in der Communauté freundlicherweise zur Verfügung gestellt. Ich bin jedoch nicht autorisiert, aus diesem Text zu zitieren, weil er nicht für die Öffentlichkeit bestimmt ist. Ich kann aber darauf hinweisen, daß einen großen Teil dieses »Bekenntnisses« ein Ostern 1970 veröffentlichter Text bildet. Seit der Ankündigung des Konzils der Jugend beschreibt dieser Text »das Leben auf dem langen Marsch, der uns bis zum Konzil der Jugend bringen wird«.[15]

Man wird übrigens nicht aufgrund dieses »Bekenntnisses« schließen dürfen, daß die Communauté nun doch zu einer Kirche im Sinn von »Konfession« wurde. Das wurde sie ebensowenig, wie der Ökumenische Rat der Kirchen durch seine »Basis« zu einer Kirche wurde.

Das Ziel aller Einmütigkeit ist die *sichtbare Einheit* der Communauté. Keineswegs geben sich die Brüder mit einer »Einheit im Geist« zufrieden. »Keine falsche Vergeistigung! Wenn die Einheit nicht sichtbar ist, wenn sie nicht in die Augen springt, dann kann man nicht mehr von geistlicher Einheit sprechen.«[16] Dann würde die Einheit der Communauté, die ja zeichenhaft das We-

15 Vgl. in: suchen, warten, wagen, S. 47 ff und mein Zitat auf S. 216 f
16 Roger Schutz: Naissance de communautés, S. 22

sen des Reiches Gottes als »Gemeinschaft« darstellen soll, zur bloßen Idee, die nicht mehr von der Wirklichkeit getragen wird. Das Zeichen würde unverständlich.

»Um es wagen zu können, alle Getauften zur sichtbaren Einheit zu rufen, wollen wir bei uns selbst anfangen und täglich die Einheit in uns und unter uns herstellen. Es hieße den Pflug vor den Ochsen spannen, wollte man diese Reihenfolge umkehren. Aber in dem Maße, wie die innere Einheit die täglich drohende Gefahr des Auseinanderfallens zurücktreten läßt, wird es möglich, an der Einheit unter den Menschen zu arbeiten und mit inständiger Hoffnung auf die sichtbare Einheit aller Christen zu warten.«[17]

So greift das Amt der Autorität, das Einmütigkeit in der Communauté hervorrufen und bewahren soll, weit darüber hinaus, einer bloß »praktischen Notwendigkeit der Einheit« zu entsprechen.[18] Ebenso wie sich die Treue zur Gemeinschaft durch den Zölibat zur »ökumenischen Offenheit« erweitert, ebenso wie die Gütergemeinschaft zum Teilen mit allen Menschen führt, ermöglicht die Einheit der Communauté durch das Engagement zur Anerkennung einer Autorität die Mitarbeit an der Einheit der Kirche. Vocation communautaire und Vocation œcuménique sind immer eng miteinander verknüpft.

Der Prior

»Auf Grund welchen Rechtes greift ein Mann in eine Gemeinschaft ein? Durch die Autorität des Wortes Gottes.

Der Herr der Kirche läßt es Fleisch werden, indem er es durch den Mund eines Menschen übermittelt. Darum bestimmt er den geistlichen Leiter, dem er die unerläßlichen Gaben verleiht, darunter die der Unterscheidung der Geister, Charismen, die er anderen Glaubenden in derselben Gemeinschaft nicht gibt. Diese wiederum besitzen Gaben, über die der geistliche Leiter nicht verfügt. So sind weder die einen noch die anderen vollständige Wesen. Sie werden es nur durch gegenseitige Hingabe.«[19]

Diese Sätze, die frère Roger 1944 schrieb, weisen auf drei wichtige Merkmale der Autorität:

1. Die instrumentale Autorität. Die Autorität, wie sie der Prior in der Communauté übt, ist keine selbständige Größe. Sie ist

17 Roger Schutz: Einmütig im Pluralismus, S. 62
18 Roger Schutz: Naissance de communautés, S. 21
19 Roger Schutz: Vie communautaire, S. 36

nichts anderes als Instrument, als Medium des Willens Gottes. Autorität ist nur unter der Bedingung echt, daß derjenige, der sie übt, »nichts anderes als Instrument Gottes, als Interpret seines Willens ist.« (aaO, S. 38) Wer darum in der Communauté Autorität übt, sagt mit ihr das Wort Gottes mit der diesem eigenen Autorität an. So ist »Autorität . . . keineswegs menschlicher Zwang, bedeutet nicht, daß man den eigenen Willen aufdrängt. Sie kann nicht an die Stelle irgendeiner Art von Gewissen gesetzt werden, ihre Rolle ist, an den Willen Christi zu erinnern.«[20]

2. Die charismatische Autorität. Die Autorität des Priors ist eine Gabe Gottes, ein besonderes Charisma (charisme particulier)[21], ein göttlicher Auftrag (vocation divine) (aaO), ein Auftrag (charge)[22], ein Dienst (ministère) (aaO, S. 35), eine Verantwortlichkeit (responsabilité)[23].

Die Autorität des Priors ist kein selbstherrlich angemaßtes Amt. Er ist nur Verwalter göttlicher Autorität. Sie kann ihn ähnlich wie die alttestamentlichen Propheten zwingen, wider seinen eigenen Willen Gottes Wort ansagen zu müssen. »Daher ist der, der das Wort Gottes verkündigen muß, in einer furchtbaren Lage. Oft würde er seinen Herrn, der ihn zwingt, mit voller Autorität zu sprechen, lieber zurückweisen. Mischt sich die Sünde des Menschen nicht in sein Wort? Das ist eine schwerwiegende Frage, die eine dauernde Wachsamkeit erfordert.« (aaO, S. 108)

Die Autorität des Priors ist keine ihm von den Brüdern zuerkannte Aufgabe. Der Prior wurde nie in sein Amt auf Grund irgendeiner Abstimmung im Bruderrat eingesetzt. Zwar pflegen auch sonst Ordensgründer als erste ihre Gemeinschaft zu leiten. Nur wird dann ihre Nachfolge besonders geregelt. Die Communauté relativiert diese Erfahrung. Bezeichnenderweise wurde nämlich von der Communauté nicht geregelt, wie nach dem Tod des Priors ein Nachfolger bestimmt und eingesetzt werden kann. »Wenn er einmal tot ist, werden wir sehen, ob Gott mit uns ist: dann wird es einen anderen charismatischen Bruder geben.«[24] Dieser bemerkenswert ungeplanten Zukunft widerspricht auch nicht der Satz der Regel: »Der Prior bestimmt einen Assistenten, der ihn unterstützen und nach ihm die Kontinuität sichern soll.«[25]

20 Roger Schutz: Heute Gottes, S. 109 f
21 Roger Schutz: Vie communautaire, S. 38
22 Regel von Taizé, S. 21
23 Roger Schutz: Heute Gottes, S. 107
24 Frère Léonard, 5. Oktober 1969, mündlich
25 Regel von Taizé, S. 36

»Mit diesem Satz wird nur ein Interimsverwalter, kein Koadjutor des Priors bestimmt, weil die Communauté nicht daraufhin tendiert, unbedingt den Assistenten zum Nachfolger des Priors zu machen. Er ist nichts anderes als der theologische Assistent des Priors.«[26]

Die Autorität des Priors ist ungeteilt. »Die Brüder, denen besondere Verantwortung im geistlichen oder organisatorischen Bereich obliegt, tun ihren Dienst kraft des ihnen eigens erteilten Auftrags.«[27] Es gibt also in der Communauté keine Hierarchie, die die Autorität des Priors in verschiedene »Unterautoritäten« aufteilte. Aus diesem Grund wurde 1966 zum Beispiel der mißverständliche Terminus »Subprior«, der einen zweiten Rang in der Communauté anzudeuten schien, in »Assistent« geändert. Jeder Anschein eines »oben« oder »unten« soll ausgeschlossen bleiben. Auch die Bezeichnung »Prior« meint nichts anderes als den »Primus inter pares«: » ›Prieur‹, vom lateinischen ›prior‹, meint nicht denjenigen, der mehr betet (franz. = prier), sondern den Ersten unter Seinesgleichen.«[28] Der Prior ist gerade nicht der »Superior«. Untereinander sprechen die Brüder vom »älteren Bruder« (frère aîné), »unserem Bruder« (notre frère). Fremden gegenüber wurde der Prior früher »Bruder Prior« (frère prieur) genannt. Seit der Ankündigung des Konzils der Jugend läßt er sich nur noch »frère Roger« nennen.

3. Anerkennung des Charismas. Weil der Prior die verständliche Verwechslung von Charisma und menschlicher Qualität geahnt zu haben schien, schrieb er in der Regel: »Der Prior unterliegt derselben Schwachheit wie seine Brüder. Lieben diese ihn nur um seiner menschlichen Eigenschaften willen, so laufen sie Gefahr, ihn nicht mehr in seinem Amt anzuerkennen (l'accepter dans sa charge), wenn sie seine Sünde entdecken« (S. 36).

Daß mit »Anerkennung einer Autorität« nicht »Gehorsam« gegenüber dem Prior gemeint ist, ist offenkundig, sei aber noch einmal festgehalten. Es heißt nicht »Anerkennung der Autorität des Priors«, sondern »Anerkennung einer Autorität: der Prior.«[29] Alle Ordnungen und Regeln, die mögliche Risiken durch juristische Definitionen entschärfen und bannen wollten, fehlen. Hätte die Communauté solche Ordnungen, könnte sie sich auf diese verlassen und brauchte nicht mehr das Vertrauen, ohne

26 Frère Léonard, 5. Oktober 1969, mündlich
27 Roger Schutz: Einmütig im Pluralismus, S. 113
28 Roger Schutz: Naissance de communautés, S. 22, Anm. 1
29 Regel, S. 8

das das Leben in der Communauté bald erstorben wäre. »Durch ihr Vertrauen erneuern ihn (sc. den Prior) die Brüder im ganzen Ernst seiner Berufung – zur Freude aller; durch eine kleinlich fordernde Haltung lähmen sie ihn in seinem Dienst.«[30]

Gestützt durch das Vertrauen seiner Brüder kann der Prior Autorität mit gleichem Vertrauen üben, ohne befehlen oder anordnen zu müssen. »Ich habe niemals gewagt und würde es auch niemals wagen, zu einem meiner Brüder zu sagen: tu dies oder das. Wir werden miteinander suchen, was zu tun ist.«[31]

»Will der Bruder Zeichen der Einheit (signe d'unité) sein, wird er daran denken, daß der Prior um des gemeinschaftlichen Friedens willen gleichsam in der Mitte seiner Initiativen stehen muß.«[32] Das heißt zum Beispiel für einen Bruder, der den Prior in irgendeiner Sache um seine Meinung fragt, nicht nur auf sich selbst zu hören, sondern sich zu fragen: Wie ordnet sich meine Vorstellung in den Weg der Gemeinschaft ein, wie kann ich den Prior in seinem Amt unterstützen? Das kann einschließen, daß ein Bruder einen Dienst übernimmt, den er persönlich vielleicht gar nicht will oder sucht, den er aber um der Gemeinschaft willen erfüllt.

Das ist der Preis des gemeinsamen Lebens: Die kontradiktorische Spannung aushalten zwischen der Ambition, sich selbst zu verwirklichen, sich nicht von den andern unterdrücken zu lassen einerseits, und dem Auftrag andererseits, sich selbst zu vergessen, sein Leben zu verlieren, sich hinzugeben für seine Freunde. Diese Spannung mag zuweilen unerträglich scheinen. Sie ist eine Last, die jeder Christ, nicht nur der Bruder zu tragen hat.

Der Bruderrat

»Ziel des Bruderrates ist es, so klar wie möglich den Willen Christi für den Weg der Communauté zu erkennen.«[33] Dieser Satz, der in der Regel von Taizé das Kapitel über den Bruderrat einleitet, definiert die Aufgabe des Conseil.

Damit der Plan Gottes in den Grenzen menschlicher Möglichkeiten erkannt werde, gilt es als erstes, »in sich Stille zu schaffen, damit man bereit wird, auf seinen Herrn zu hören« (aaO, S. 20). Immer wieder wird der Bruderrat von Zeiten der Stille und

30 Regel von Taizé, S. 35
31 Roger Schutz, 5. April 1969, mündlich
32 Roger Schutz: Einmütig im Pluralismus, S. 114
33 Regel von Taizé, S. 20

des Gebets unterbrochen. Die Zeiten der Stille können Stunden dauern, wenn sich die Brüder im Herbst für etwa eine Woche zum jährlichen Bruderrat versammeln. Dies wird nur den verwundern, der den Bruderrat mit einer Planungssitzung verwechselt und ausgedehnte Zeiten der Stille für Zeitverschwendung hält.

»Wenn es irgendwann gilt, Frieden zu suchen und ihm nachzujagen, Streit zu vermeiden und die Versuchung, recht haben zu wollen – dann sicher im Bruderrat. Meide den Ton, der keinen Widerspruch duldet, das kategorische ›man muß‹. Trage nicht viele gute Argumente zusammen, um dir Gehör zu verschaffen; leg in wenigen Worten dar, was dir am ehesten dem Plan Gottes zu entsprechen scheint, ohne dir einzubilden, daß du es erzwingen könntest.« (aaO, S. 20 f)

In einem entscheidenden Punkt unterscheidet sich der Bruderrat von Kirchenvorstand, Synode oder Parlament: Im Bruderrat wird grundsätzlich nicht abgestimmt. Allein »der Prior (sc. hat) vor seinem Herrn den Auftrag, die Entscheidung zu fällen, ohne daß er dabei an eine Mehrheit gebunden wäre« (aaO, S. 21).

Offenbar hielten es die Brüder für notwendig, die beiden folgenden Möglichkeiten, eine Entscheidung zu fällen, auszuklammern:

1. »Gewiß wäre es das Ideale, Entscheidungen nur einmütig zu treffen. Aber der Idealismus ist kein Begriff des Evangeliums. Wenn man, ehe man weitergeht, warten wollte, bis alle derselben Meinung sind, bliebe die Gemeinschaft auf demselben Fleck stehen. Es ist aber eine Tatsache im Leben: Man muß immer weitergehen. Wenn man stehenbleiben will, geht man in Wirklichkeit zurück.«[34]
2. »Wäre aber, wenn es sich darum handelt, eine gemeinsame Entscheidung zu treffen, nicht der Mehrheitsbeschluß die beste Methode? Auf jeden Fall sind Zweifel anzumelden, wenn eine Methode aus dem Bereich der menschlichen Gesellschaft auf die Ebene der Kirche übertragen werden soll. Das hieße, daß der Wille des Herrn sich in 51 Prozent der Stimmen ausdrücken müßte. In einer Bruderschaft würde eine solche Methode sofort der Quertreiberei und der Demagogie Raum geben.« (aaO)

Wenn einstimmige oder mehrheitliche Beschlüsse des Bruderrates nicht infrage kommen für die Entscheidungen der Com-

34 Roger Schutz: Heute Gottes, S. 104 f

munauté, wie kann dann der Prior feststellen, wieweit in den beratenen Fragen Einmütigkeit herrscht oder nicht? Eine schwerwiegende Frage auch darum, weil nicht jeder Bruder zu allen behandelten Fragen Stellung nehmen kann, sollen sich die Beratungen nicht ins Unendliche hinziehen. Überdies besteht die Gefahr, daß die lautstarken und gewandten unter den Brüdern die schüchternen übertönen. Im Laufe der Jahre fanden die Brüder eine einfache Methode, die dem Prior möglichst objektive Entscheidungen erlaubt, die Communauté vor internen Interessengruppen schützt und auch die schüchternen unter den Brüdern zu Wort kommen läßt. Am Ende eines Bruderrates beantworten alle Brüder (auch die abwesenden) Fragen eines Fragebogens. Stellt sich nach der Auswertung dieser Fragebögen heraus, daß in bestimmten Fragen keine Einmütigkeit erreicht ist, »so soll er (sc. der Prior) sein Urteil zurückstellen und, damit die Communauté nicht stehen bleibt, eine vorläufige Entscheidung treffen; er ist dann frei, später darauf zurückzukommen.«[35]

Die Entscheidungsvorbereitung durch die Fragebogenaktion geschieht nur in dem »großen« Bruderrat im Herbst jeden Jahres. In den »kleinen« Conseils, zu denen sich die Brüder manchmal abends nach dem Abendgebet in der Sakristei versammeln – früher geschah das jeden Tag –, spricht der Prior über Pläne und Ideen, die sich kurzfristig realisieren lassen. Er redet von den Ereignissen des Tages, die für die Communauté wichtig sind. Vielleicht gibt er auch eine Entscheidung »in den untergeordneten praktischen Fragen« bekannt (aaO, S. 35), die er gefällt hat, ohne vorher alle Brüder gefragt zu haben. »Aber in jeder wichtigen Frage hört er den Bruderrat, bevor er die Entscheidung trifft.« Diese abendlichen Conseils sind naturgemäß kurz und improvisiert.

Vieles bleibt in der Schwebe. Gleichwohl läßt sich nicht bestreiten, daß der Einfluß frère Rogers überall in Taizé zu spüren ist. Er steht in der Mitte aller Gedanken und Initiativen. Nur um ihn scharen sich die Kinder während der Gottesdienste, nie sitzen sie bei den anderen Brüdern. Als einziger der Brüder verliest er die Texte, bei denen die Communauté mitgearbeitet hat. Stets muß er gefragt werden, wenn es zum Beispiel um die Musik des Posaunenchors geht, der bei der Eröffnung des Konzils der Jugend spielt. Nichts wesentliches geschieht ohne die Zustimmung frère Rogers. Seine Autorität übt er allerdings mit einer scheinbar leichten Hand. Sein Charme scheint unwidersteh-

35 Regel von Taizé, S. 21

lich. Die Brüder haben diese Autoritätsausübung akzeptiert. Manche aus persönlicher Zuneigung, andere stellen persönliche Ambitionen zurück und schweigen. Alle akzeptieren die Autorität um der Gemeinschaft willen. Frère Roger ist »autoritär und liebenswürdig, eigensinnig und demütig, Mystiker und Realist« schrieb Le Monde am 28. August 1974 vor der Eröffnung des Konzils der Jugend. B. Beuys am 10. Oktober 1974 im Stern: »Aus seinen Worten sprechen Autorität und Sendungsbewußtsein. Lästige Fragen vergißt er oder verweigert die Antwort. Roger Schutz gibt keine Analysen.« Diese Kritik Außenstehender wird zur Zeit in Taizé nicht gern gehört.

Die gruppendynamischen Strukturen

Die »Foyers«

Die meisten Entscheidungen werden längst vor dem Bruderrat in den Gesprächen der Brüder vorbereitet. Diese Gespräche haben natürlich keine institutionalisierte Gestalt gefunden, sie werden auch nicht in eine bestimmte Richtung programmiert. Ihren spontanen Charakter erhalten sie vor allem durch die Gelegenheiten, bei denen man sie besonders pflegt: während der Mahlzeiten und beim anschließenden Kaffeetrinken.[36] Die Mahlzeiten haben darum in der Communauté besondere Bedeutung und werden mit Geschick und Sorgfalt vorbereitet, um den Frieden und das Gespräch der Brüder nicht durch vermeidbare Kleinigkeiten zu belasten. »Jede Mahlzeit sollte eine Agape sein, wo sich unsere brüderliche Liebe verwirklicht mit Freuden und einfältigen Herzen. Das Schweigen, das manchmal bei den Mahlzeiten eingehalten wird, bringt dir Erfrischung, wenn du müde bist, oder Gemeinschaft im Gebet für den Gefährten, der mit dir dasselbe Brot ißt.[37] Der zum Tischdienst bestellte Bruder soll durch seine Aufmerksamkeit zum Frieden bei der Mahlzeit beitragen.« (aaO, S. 19)

Das rapide Wachstum der Communauté erschwerte je länger je mehr das Gespräch während der gemeinsamen Mahlzeiten. Auch die Stille, in der die Brüder zuweilen essen, wurde wegen

36 Das Gespräch der Brüder bleibt selbstverständlich nicht auf die Mahlzeiten beschränkt. »Wo die Brüder auch sind, pflegen sie untereinander den kurzen und häufigen Austausch.« (aaO, S. 28)

37 Das Wortspiel »compagnon« (Gefährte, ›Kumpan‹) – »pain« (Brot) ist unübersetzbar. Vgl. Roger Schutz: Vie communautaire, S. 109

der großen Zahl der Brüder zur Farce. 1960 wurde darum die Communauté in mehrere »foyers«: Wohngemeinschaften aufgeteilt. »Bruderschaftliches Leben kann unter der Last der großen Zahl leiden. Damit ist es besser, die Brüder innerhalb der Communauté in kleine Wohngemeinschaften umzugruppieren, wo die gegenseitige brüderliche Hilfe ihren vollen Wert behält. Auf diese Weise bleibt auch die Mahlzeit jene einfache Agape, jene Stunde der Erfrischung, wodurch unsere Tage ihren Rhythmus erhalten.«[38] Die Sorge einiger Brüder, die Communauté könnte sich durch diese Wohngemeinschaften spalten, blieb unbegründet.

Die Gefahr einer Abkapselung der Foyers vermeiden die Brüder durch ihre Offenheit Gästen gegenüber. Besucher werden von den Foyers eingeladen, weil man sich von ihnen neue Einsichten, Informationen und Erfahrungen erhofft. Außerdem ist die Zugehörigkeit jedes Bruders zu einem Foyer zeitlich begrenzt und sollte nicht mehr als ein Jahr dauern. Der Wechsel vollzieht sich allerdings nicht für alle Brüder an demselben Tag. Das riefe nur Unruhe hervor. Den richtigen Zeitpunkt zu finden, bleibt jedem Bruder und Foyer selbst überlassen.

Damit sich nicht trotzdem auf die Dauer spalterische Tendenzen bemerkbar machen, bleibt die Aufgabe der Foyers ausdrücklich auf die gemeinsamen Mahlzeiten begrenzt. »Es gibt in den Wohngemeinschaften kein besonderes gemeinsames Gebet. Die Communauté in ihrer Gesamtheit versammelt sich zum gemeinsamen Gebet, zum täglichen Bruderrat und zu bestimmten abendlichen Rundgesprächen.« (aaO, S. 72 f)

Die »Ateliers«

»Die ›Ateliers‹ bringen die Brüder zum Gedankenaustausch in kleinen Gruppen zusammen. Ihre Zusammensetzung deckt sich nicht mit der der Wohngemeinschaften. Ohne daß die Einführung eines ›Systems‹ beabsichtigt wäre, fördert eine gewisse Gruppendynamik die Kommunikation und die Teilnahme aller an der gemeinsamen Schöpfung.« (aaO, S. 72)

Mit der Einrichtung der »Ateliers« 1966 griff die Communauté das Vorbild der Kommissionen des Vaticanum II auf, die die zahlreichen Vorschläge und Ideen der Konzilsväter aufarbeiteten und so für die Beratungen des Plenums überschaubar machten. Ähnlich sollen die Ateliers in der Communauté arbeiten.

38 Roger Schutz: Einmütig im Pluralismus, S. 72

Der Bruderrat soll besser vorbereitet werden und der Prior von der Last der Planung befreit werden, die seinen Entscheidungen vorausgeht.[39] Es sollen jeweils mehrere Brüder zu einer Arbeitsgruppe vereinigt für einen bestimmten Bereich verantwortlich sein und auch gewisse praktische Fragen selbst entscheiden dürfen. Auf Grund dieses Planes bildeten sich vier Ateliers: eines für Finanzen und Ökonomie der Communauté, ein Atelier für »Äußeres«, das heißt für die Fraternitäten und die Reisen der Brüder, ein Atelier für den Empfang der Besucher und schließlich ein Atelier für Arbeit und Lebensstil.

Bis auf eines – das Atelier für den Empfang – wurden die Ateliers im Herbst 1969 wieder aufgelöst. Manche Brüder hatten den Eindruck, daß das persönliche Gespräch zugunsten dieser Arbeitsgruppen verloren ging. Sie fürchteten auch die Entstehung einer Spezialistenhierarchie, die sich allmählich unentbehrlich machen würde und der man sich später kaum mehr würde entledigen können. Schließlich hatte sich auch gezeigt, daß wider Erwarten die Arbeit mancher Ateliers kaum einen Effekt zeigte, der ihre Existenz rechtfertigen konnte.

So wurde zum Beispiel das Atelier für Finanzen und Ökonomie wieder aufgelöst, weil seine Arbeit ohnedies nur von einem Bruder geleistet wurde. Diese Arbeit war zu undankbar – kaum ein Amt wurde in den letzten Jahren so oft gewechselt wie das des Ökonomen – und auch zu kompliziert, als daß es durch »Amateure« wesentlich hätte verbessert werden können.

Auch das Atelier für Arbeit und Lebensstil existiert nicht mehr. Seine Frage: Wie kann man die Arbeit in der Communauté rationalisieren und intensivieren, wie kann man ein gesundes Gleichgewicht zwischen manueller und intellektueller Arbeit finden? Dieses Atelier fand vor allem darum wenig Anklang, weil sich die Brüder in den Gesprächen mit dem Atelier wie vor ein Tribunal gestellt sahen. Außerdem sprach man ja ohnedies jeden Tag mit den Brüdern über seine Arbeit, Pläne, Interessen, Lektüre und dergleichen. Wozu dann noch ein eigenes Atelier?

Die Arbeit, die das Atelier für »Äußeres« tun sollte, leistet der Prior selbst. Er führt die Korrespondenz mit den auswärtigen Brüdern und den Fraternitäten. Ihm berichten regelmäßig die Fraternitäten und machen Vorschläge für Arbeiten, die sie neu übernehmen oder lieber aufgeben wollen. Diese Arbeit des Priors ist unübertragbar. Es hat sich als wenig sinnvoll herausgestellt, eine Gruppe von Brüdern diese Verbindungsarbeit tun zu

39 Vgl. Roger Schutz: Gewalt der Friedfertigen, S. 40

lassen, wenn schließlich doch der Prior selbst den Kontakt mit den auswärtigen Brüdern aufrechterhalten muß.

Die Regel von Taizé

Erst nach 10 Jahren gemeinsamen Lebens in der Communauté verfaßte der Prior 1952/53 auf Bitten seiner Brüder die Regel von Taizé.[40] Hinter dieser langen Zeit ohne formulierte Regel stand jedoch keine Ablehnung einer Verfassung oder Ordnung für die Communauté. Es gab nie eine antiinstitutionelle Phase der Brüder. Nur waren die Brüder in den ersten Jahren fest entschlossen, ohne prinzipielle Vorentscheidungen, ohne theoretisch geplante Ordnungen und Strukturen einfach miteinander zu leben, Erfahrungen zu sammeln, zu experimentieren. Sie wollten erst ihre Vocation communautaire in allen ihren Konsequenzen erproben, bevor sie anfingen, »die großen Linien ihrer Berufung zu fixieren und für die Communauté einen einzigen Bezugspunkt zu schaffen, der die gemeinsame Zustimmung fand« (aaO, S. 156).

So entstand allmählich auf Grund aller Erfahrungen der Communauté, »ohne Hast ausgearbeitet, langsam zur Frucht gereift«,[41] die Regel von Taizé.

Die Regel ist eine Schöpfung der Communauté und als solche nicht mit anderen Mönchsregeln vergleichbar. Ähnlichkeiten mit anderen Regeln sind durch ähnliche Erfahrungen bedingt. Obwohl die Brüder während der formativen Phase ihrer Regel besonders die Regeln des Benedikt und Franziskus gelesen hatten, suchten sie nie, alte Mönchsregeln einfach nachzuahmen. »Wenn diese Regel übereinstimmen sollte mit den alten Regeln, wie uns viele Mönche und Religiosen sagen, so haben wir das nicht ausdrücklich gesucht. Es ging nie darum, etwas neu zu beleben oder wieder aufzunehmen, vielmehr darum, einen immer gültigen Auftrag in konkreten Ort, Zeit und Umständen zu leben.«[42] Es blieb das erklärte Ziel, eine Regel zu finden, »die dem Geist des Protestantismus nicht fremd wäre«,[43] ohne zugleich eine Originalität um jeden Preis zu suchen, ohne die Solidarität mit dem Mönchtum aller Jahrhunderte infrage zu stellen.

40 Vgl. Pierre-Yves Emery: Les formes d'institution dans la Communauté de Taizé, S. 153 ff

41 Roger Schutz: Heute Gottes, S. 50

42 Pierre-Yves Emery: aaO, S. 156

43 Max Thurian: Communauté de Cluny, S. 120

Nun ist zwar der »Geist des Protestantismus« schwer zu bestimmen.[44] Sicher wird man ihm aber in der Regel von Taizé auf Schritt und Tritt begegnen. Die Präambel der Regel wird dies bestätigen. Sie faßt den Gehalt der Regel in wenigen markanten Sätzen zusammen (13ff):

»Bruder, wenn du dich einer gemeinsamen Regel unterwirfst, so kannst du das allein um Christi und des Evangeliums willen.

Dein Lobsingen und dein Dienen sind von nun an Teil einer brüderlichen Gemeinschaft, die der Kirche eingegliedert ist. In deiner inneren Disziplin, die so notwendig ist für dein Leben als Christ, wirst du durch diese Gemeinschaft angespornt und mitgenommen. Du bist von nun an nicht mehr allein. In allem mußt du mit deinen Brüdern rechnen.

Seufze also nicht unter der Last einer Regel; vielmehr freue dich! Denn du gibst es auf, zurückzublicken, gemeinsam mit allen wirst du getragen vom gleichen Wort des Herrn und kannst dich so jeden Tag von neuem Christus entgegenwerfen.

Diese Regel umfaßt das Minimum, ohne das eine Gemeinschaft sich nicht in Christus aufbauen, sich nicht dem gleichen Dienst für Gott hingeben kann. Bei diesem Bestreben, nur das Wesentliche festzulegen, bleibt eine Gefahr: daß nämlich deine Freiheit zum Vorwand wird für ein Leben nach deinem eigenen Gutdünken.

Weil dein Heil in der alleinigen Gnade des Herrn Jesus Christus liegt, legst du dir keine Askese um ihrer selbst willen auf. Dein Streben nach Selbstbeherrschung hat nichts anderes zum Ziel als eine größere Verfügbarkeit. Keine unnötigen Verzichtleistungen! Halte dich an das, was Gott von dir fordert. Die Last der anderen tragen, die kleinen Kränkungen des Alltags hinnehmen, um konkret an den Leiden Christi teilzuhaben – das ist unsere allererste Askese.

Du fürchtest, eine gemeinsame Regel könnte deine Persönlichkeit ersticken, wo sie dich doch von unnützen Fesseln freimachen soll, damit du die Verantwortung, die der Dienst mit sich bringt, besser tragen, und der Kühnheit, die in ihm liegt, besser gerecht werden kannst. Wie jeder Christ mußt du die Spannung auf dich nehmen zwischen der totalen, vom Heiligen Geist geschenkten Freiheit und den Unmöglichkeiten, vor die dich die gefallene Natur stellt, die Natur deines Nächsten und deine eigene.

44 Vgl. Max Thurian im genannten epd-Interview vom 20. Januar 1966, S. 7: Taizé bekennt sich zur Reformation.

Du würdest dein Verständnis des Evangeliums einengen, wenn du aus Furcht, dein Leben zu verlieren, dich selbst festhieltest. Wenn das Weizenkorn nicht stirbt, kannst du nicht hoffen, jemals deine ganze Persönlichkeit zur Fülle des Christenlebens sich entfalten zu sehen.

Bleib niemals auf der Stelle, zieh vorwärts mit deinen Brüdern, lauf dem Ziele zu auf den Spuren Christi! Und seine Spur ist ein Weg des Lichts: Ich bin, aber auch ihr seid das Licht der Welt. Damit die Klarheit Christi dich durchdringe, genügt es nicht, sie so zu betrachten, als seiest du nur Geist; du sollst dich entschlossen mit Leib und Seele auf diesen Weg machen.

Sei unter den Menschen ein Zeichen der brüderlichen Liebe und Freude.

Öffne dich dem Menschlichen, und du wirst sehen, wie alles eitle Verlangen nach Weltflucht vergeht. Steh zu deiner Zeit, paß dich den Bedingungen des Augenblicks an. ›Vater, ich bitte dich nicht, daß du sie von der Welt nehmest, sondern daß du sie bewahrest vor dem Bösen.‹

Liebe die Enterbten – alle, die unter der Ungerechtigkeit der Menschen leiden und nach Gerechtigkeit dürsten. Ihnen galt die besondere Aufmerksamkeit Jesu; fürchte nicht, durch sie belästigt zu werden.

Bring deinen Eltern eine tiefe Liebe entgegen. Gerade diese soll ihnen helfen, die Absolutheit deiner Berufung zu erkennen.

Liebe deinen Nächsten, wo auch sein religiöser oder ideologischer Standort sein mag.

Finde dich niemals ab mit dem Skandal der Spaltung unter den Christen, die alle so leicht die Nächstenliebe bekennen und doch getrennt bleiben. Habe die Leidenschaft für die Einheit des Leibes Christi.«

Auf die Präambel folgen die einzelnen Kapitel der Regel:

Die Akte der Communauté
- Das Gebet
- Die Mahlzeit
- Der Bruderrat
- Die Ordnung

Die geistlichen Disziplinen
- Laß in deinem Tag Arbeit und Ruhe von Gottes Wort ihr Leben empfangen.
- Wahre in allem die innere Stille, um in Christus zu bleiben.
- Laß dich durchdringen vom Geist der Seligpreisungen: Freude – Einfalt – Barmherzigkeit.

Die Engagements
Zölibat
Gütergemeinschaft
Anerkennung einer Autorität: Der Prior
Die ausgesandten Brüder
Die neuen Brüder
Die Gäste
Schluß
Ermahnung, verlesen bei der Profeß
Die Engagements bei der Profeß

Die spirituelle Bedeutung der Regel

»In unsrem inneren Leben sollte die Regel die Rolle eines Erziehers spielen. Ohne Regel laufen wir Gefahr, unsre besten Entschlüsse zu vergessen. Außerdem ist es nötig, einige Worte aus dem Evangelium so knapp wie möglich zusammenzufassen, damit man sie sich leichter wieder ins Gedächtnis rufen kann. Dabei muß die Regel das, was Christus gedacht hat, mit den Worten übersetzen, die den Verstand am meisten packen; und sie gewinnt um so mehr, je persönlicher sie ist. Sie ist Anwendung des Wortes Gottes auf einen besonderen Fall.«[45]

Das Ziel der Regel, deren spirituellen Kern die drei »geistlichen Disziplinen« bilden, ist es, »eine tiefgehende Einheit zu schaffen für den, der beharrt, der damit einverstanden ist, sie nicht mehr fortgesetzt zu diskutieren, sondern täglich neu mit ihr anzufangen« (aaO, S. 51f). Ohne daß es weiterer geistlicher Ordnungen bedarf, sind Gottes Wort, innere Stille und der Geist der Seligpreisungen, der sich in Freude, Einfachheit (simplicité) und Barmherzigkeit zeigt, hinreichend, den Bruder auf dem Weg Christi zu halten und zu lenken. »Für den, der viel Geduld aufbringt und die Früchte nicht vor der Reife ernten will, für den, der bereit ist, mit der Zeit zu rechnen, wird der Tag kommen, wo er das, was früher energische Bemühung erforderte, mit Leichtigkeit tun wird, weil die Regel ohne sein Wissen sein inneres Wesen geformt hat.« (aaO, S. 51)

Wie schon im Kapitel über den Zölibat wird auch hier deutlich, daß sich die Brüder jeder leibfeindlichen Askese verweigern und auf das verzichten, was oft gedankenlos »Abtötung der Sinne« genannt wird. Es gibt keinen Dualismus zwischen Geist und Ma-

45 Roger Schutz: Heute Gottes, S. 50

terie im Evangelium. »Im Gegenteil, Gott ist Fleisch geworden, er hat einen menschlichen Leib angenommen, er hat unter uns gewohnt. Der Kampf des Lebens ist nicht ein Kampf des menschlichen Geistes, der sich den Leib unterwerfen will, sondern ein Kampf des Geistes Gottes, der sich alle Kräfte im Menschen untertan machen will. Christliche Askese verlangt keine Moral der Enthaltung. Sie ist kein Selbstzweck, sie ist ein Mittel der Erwiderung auf die Gnade.« (aaO, S. 47)

Konkrete Maßnahmen zu finden, die den persönlichen Notwendigkeiten und Umständen des Bruders angemessen sind, bleibt jedem selbst überlassen. Er sucht sie zusammen mit einem anderen Bruder. Es ist für ihn stets derselbe Bruder, den er sich zusammen mit dem Prior ausgesucht hat. »Unnötig sich den Kopf darüber zu zerbrechen, welche Verzichte man sich zu diesem Zweck auferlegen soll. Die Selbstbeherrschung allein fordert schon genug. Statt über Gottes Forderungen hinauszugehen, sollten wir lieber in der Einfalt des Herzens das erfüllen, was Gott heute von uns verlangt.« (aaO, S. 47 f)

Nüchternheit ist das Kennzeichen der Askese in Taizé. Sie verzichtet darum auch auf jenen Perfektionismus, der am liebsten durch eine Regel alles regeln möchte, um möglichst allen Risiken des gemeinsamen Lebens gelassen entgegenblicken zu können. Im »Schluß« der Regel warnt frère Roger ausdrücklich vor solchem Perfektionismus. »Es liegt eine Gefahr darin, daß in der vorliegenden Regel nur das Wesentliche aufgezeigt ist, was das gemeinsame Leben erst möglich macht. Es ist besser, dies Risiko einzugehen und sich nicht von der Selbstzufriedenheit und der Routine einfangen zu lassen.

Sollte die Regel als das angesehen werden, worauf unser ganzes Streben hinausläuft, und uns davon entbinden, immer mehr nach dem Plan Gottes zu suchen, nach der Liebe Christi und dem Licht des Heiligen Geistes, so hieße das, uns eine unnütze Last auferlegen; besser wäre sie dann nicht geschrieben worden.« (aaO, S. 41)

Das unablässige Suchen, das Laufen auf Christus zu, das »gemeinsame Training« (l'entraînement commun)[46], die Aufnahme der paulinischen Bilder des Wettläufers und des Boxers gaben den Anstoß zu dem von den Brüdern[47] geprägten Wort von der »sportlichen Frömmigkeit« (spiritualité sportive).[47]

46 Vgl. Roger Schutz: Einmütig im Pluralismus, S. 93
47 Roger Schutz: Naissance de communautés, S. 19

Die praktische Bedeutung der Regel

Die Regel von Taizé gibt dem Bruder keine Anweisung für die Gestaltung seines Lebensstiles, wie er sich zum Beispiel in Kleidung, Essen, Trinken, Rauchen, Einrichtung seines Zimmers, Lektüre, Post, Verwandtenbesuchen und dergleichen äußert. Die Regel verlangt auch keine bestimmten asketischen Übungen wie etwa Fasten oder Schweigen. Nirgends nennt die Regel Verbote oder bestimmte Strafmaßnahmen, wie Entzug von Rechten oder Ausschluß aus der Communauté. In all diesen angedeuteten Bereichen herrscht die gleiche selbstverständliche Freiheit wie in jeder Ehe und Familie, deren Einheit ja auch nicht im voraus durch gesetzliche Vorschriften und angedrohte Ehescheidung erhalten werden kann.

Die Freiheit jedes Bruders findet ihre Grenze, wo sie auf die Freiheit eines anderen Bruders stößt. Für diesen Fall hat die Communauté ein Minimum an Ordnung aufgestellt. Es gibt »keine Entschuldigung, seine Brüder durch Zuspätkommen zu stören. Erkenne in deinen Nachlässigkeiten deinen Mangel an Eifer. Wenn ein wichtiger Anlaß dazu führen könnte, daß du einen Akt der Communauté versäumst, besprich vorher mit dem Bruder Prior, ob er damit einverstanden ist, und erkläre dich nicht durch einen Dritten. Ebenso geh nicht vom Hause weg, ohne ihm Bescheid zu sagen. Als ausgesandter Bruder halte es genauso mit dem Verantwortlichen. Sei niemals ein Hindernis dadurch, daß du es an Eifer fehlen läßt, wieder zu den Brüdern zu kommen, mit denen zusammen du dich total engagiert hast, mit Leib und Seele.«[48]

Neben diesen Anweisungen, die das im Grunde selbstverständliche Gemeinschaftsbewußtsein der Brüder betreffen, nennt die Regel in ihren Kapiteln nur sehr wenige, meist sehr pauschal formulierte Direktiven. Gerade durch ihre Beschränkung auf das Wesentliche ermöglicht die Regel die Anpassung der Communauté an neue Verhältnisse.

Zunächst hatten die Brüder gefürchtet, eine formulierte Regel könnte ihre Beweglichkeit beeinträchtigen. 1952 kündigte darum die Regel in ihrem letzten Kapitel einen »Coutumier« an, eine Sammlung von »Gewohnheiten«. »Der Coutumier präzisiert nach Zeit und Bedarf bestimmte Erfordernisse des gemeinsamen Lebens und des Dienstes. Er muß kurz und bündig und stets ab-

48 Regel von Taizé, S. 22

änderlich bleiben, sonst würde er sehr bald die Regel ersticken und uns wiederum unter das Gesetz stellen.[49] Dieser »Coutumier« wurde nie geschrieben! Er hat sich als unnötig erwiesen und die Brüder meinen, auch in Zukunft auf ihn verzichten zu können. Darum wurde 1962 der Hinweis auf ihn aus der Regel getilgt.

Dies zeigt, daß durch die Regel von Taizé ein Prozeß eingeleitet wurde, der gerade in Gegensatz zum Erwartbaren verläuft. Die Regel leitete nicht eine Zeit der Verfestigung oder gar Erstarrung ein. Sie befreite vielmehr die Communauté je länger je mehr von Verfestigungen, die sie aus ihren ersten »charismatischen« Jahren mit sich brachte. So trugen zum Beispiel alle Brüder in den ersten Jahren der Communauté eine gemeinsame Tracht, die der der Waadtländer Bauern ähnelte.[50] Das regelmäßige Frühaufstehen der Brüder um 3.15 Uhr zu einem kurzen Morgengebet existiert nicht mehr.[51] Selbst Betonmauern widerstehen nicht der Durchschlagskraft der »Dynamik des Provisorischen«, wenn sie der von den Brüdern gewünschten »disponiblen Architektur« im Wege stehen. Schon fünf Jahre nach der Einweihung der Versöhnungskirche brachen die Brüder während des Winters 1967/68 in mühsamer Kleinarbeit Altar samt Podest, Kanzel und der niedrigen Mauer um die Plätze der Brüder ab. »Der Beton hat uns nicht daran gehindert, zu geschmeidigeren und beweglicheren Anordnungen und Raumaufteilungen zu kommen.«[52]

Die Communauté fand eine Möglichkeit, neue Erfahrungen, die das Verständnis der Regel vertieften, zu sammeln und darzustellen in dem Büchlein »Einmütig im Pluralismus«. Es wurde nach vierjähriger Vorarbeit 1966 veröffentlicht. Es versteht sich als »eine Art Kommentar zur Regel«, als ihre »Aktualisierung«. Es beschreibt – stets revidierbar – die wesentlichen Grundlagen der Vocation communautaire und das Verständnis der Engagements. Dank dieser Lösung brauchte die Communauté die Regel von Taizé nicht immer wieder neuen Verhältnissen anzupassen. Von geringfügigen Verbesserungen abgesehen wurde der Text der Regel bis heute nicht geändert.[53]

49 Regel von Taizé (Gerd Mohn Verlag, 1963), S. 63

50 Vgl. Herderkorrespondenz 1946/47, S. 156

51 Vgl. Max Thurian: Communauté de Cluny, S. 119

52 Roger Schutz: Gewalt der Friedfertigen, S. 121

53 Zusammenstellung aller Textänderungen der Regel in meiner Dissertation, Anmerkungen, S. 120, Nr. 184

VII
Der Gottesdienst: Gratuitätsfunktion und Arkandisziplin

Dem Besucher der Communauté, der zum ersten Mal und nur für kurze Zeit in Taizé weilt, bleibt von den vielen, oft verwirrenden Eindrücken dieses ungewöhnlichen Ortes vor allem die Erinnerung an die Gottesdienste in der Versöhnungskirche. Erst hier in den Gottesdiensten gewinnt die Communauté sichtbare Gestalt, wenn sich alle Brüder in ihren weißen Gewändern zum gemeinsamen Gebet versammeln. Dieses Gebet ist der exklusive spirituelle Mittelpunkt der Communauté. Wollten die Brüder je auf ihn verzichten, bräche die Communauté, wie sie selbst sagen, binnen kurzem auseinander.

Die theonome Begründung des Gottesdienstes

Die einzige Voraussetzung des gemeinsamen Gebets der Brüder nennt ein lapidarer Satz frère Rogers: »Dieses Gebet gehört uns nicht.«[1] Das gemeinsame Gebet ist keine Selbstverständlichkeit, auch keine bloße Privatangelegenheit der Communauté, die es ihrem freien Belieben überließe, zu beten oder auch nicht zu beten. Weder das religiöse Bedürfnis noch eine besondere Disposition der Brüder ermöglicht das Gebet, sondern allein der souveräne, menschlich unbegründbare Wille des Herrn. »Christus ist der Herr, er hat ein Recht auf unser Lobsingen.«[2]

Diese streng theonome Begründung des Gebets soll prinzipiell allen unevangelischen Versuchen des religiösen Menschen wehren, sich und seine Wünsche im Gebet auszudrücken. Über die einzige Begründung des Gebets durch den Auftrag des Herrn sagt die Regel: »Der Herr ist nicht auf unsere Fürbitte und unser Lobsingen angewiesen. Es ist jedoch Gottes Geheimnis, daß er von uns, seinen Mitarbeitern, fordert, allezeit zu beten und nicht nachzulassen.« (S. 16)

1 Roger Schutz: Einmütig im Pluralismus, S. 90
2 Roger Schutz und Max Thurian: Communautés régulières, S. 97

Vielen Besuchern scheint diese ausschließlich theonome Begründung des Gebets das Überbleibsel einer »vertikalen Theologie« zu sein, die durch den Prozeß der Säkularisierung längst überholt wurde. Für manchen überraschend wenden sich die Brüder keineswegs gegen eine notwendige Säkularisierung. Sie sagen nicht, die Säkularisierung bringe das Ende des christlichen Gebets, sondern gerade umgekehrt: Erst durch die Säkularisierung vermag das Gebet seinen spezifisch christlichen Charakter zurückzugewinnen, der durch die Religiosität des Menschen bedenklich in den Hintergrund gerückt war.

»Heute noch und morgen wird unser Christentum durch die Säkularisierung der Welt von seinem durchaus verzichtbaren Anteil an natürlicher Religion gereinigt. Weil der natürliche Mensch keine Religiosität und kein Gebet mehr braucht, wird der Christ, angerührt vom Geist, der ihm den Zugang zum Wort Gottes eröffnet, sehen, wie sein Glaube, von jedem allzu menschlichen Interesse gereinigt, zu einer zweckfreien und aus innerstem Antrieb kommenden Verbundenheit (attachement gratuit) mit Christus wird, der aus innerstem Antrieb (gratuitement) und aus Liebe sein Leben gegeben hat. Er wird erleben, wie sein Gebet sich von allzu banalen Bitten abwendet und zu einer Betrachtung Christi wird, die notwendig ist zur Umgestaltung des Herzens und des Lebens nach seinem Vorbild. Er wird erleben, wie sein Gehorsam frei wird von einer kindlichen Haltung und zu einem mündigen Engagement für den Dienst des in den Menschen erkannten Christus heranwächst.

Die Säkularisierung der Welt wird auf das Christentum der Zukunft reinigend wirken: Sie hilft ihm, den Glauben an das Wort Gottes und das Beten in der Gegenwart Christi aus der natürlichen, mythischen und rituellen Religiosität herauszulösen. Die Säkularisierung ist Aufforderung an den Glauben, sich von den Elementen des Religiösen frei zu machen, seine Sprach- und Ausdrucksform so neuzugestalten, daß sie geeignet wird, dem religiös bedürfnislosen Menschen von heute und morgen das ewige Wort des transzendenten und persönlichen Gottes nahezubringen.«[3]

Wie gelingt es der Communauté, dieses Säkularisationsprogramm zu verwirklichen, im Gottesdienst nicht-religiös das ewige Wort des transzendenten und persönlichen Gottes den religiös bedürfnislosen Menschen vernehmbar und begreiflich zu machen?

3 Max Thurian: Glaube in der Entscheidung, S. 35 f

Die Sackgasse der Desakralisierung

Der heute naheliegende Weg einer kompromißlosen Desakralisierung der christlichen Botschaft und des Gottesdienstes scheidet für die Brüder aus psychologischen, theologischen und missionarischen Gründen aus.

Der psychologische Irrtum

Nach der Erfahrung der Brüder scheint die menschliche Psyche ungeeignet für den Plan, die Säkularisierung des christlichen Lebens durch dessen totale Desakralisierung zu verwirklichen. »Zunächst zeigt sich, daß jede radikale Entsakralisierung eine profane Resakralisierung hervorruft. Der Mensch erträgt die Leere nicht. Er füllt sie aus, indem er das ausgeklammerte Sakrale wiedererstehen läßt. Er schafft sich Zeremonien, feierliche Einweihungen, Auszeichnungen, Fahnen ...«[4]

Der theologische Trugschluß

Die totale Desakralisierung ersetzt lediglich ein geschlossenes System der Theologie durch ein anderes. Es ändert sich nichts daran, daß sich der Mensch – wider Gottes Gebot – ein definitives Bild von Gott macht. Auf die Thesen einer radikalen Desakralisierung »Gebet ist nur ein Monolog«, »Gott läßt sich nur im Menschen, allein in einer horizontalen Dimension finden«, antwortet frère Roger: »Ist Gott hier nicht von neuem herrlich eingeschlossen in eine sprachliche Formel? Was tun diese neuen Formulierungen anderes als die Begriffe verschieben? Früher wurde Gott allein in der Höhe wahrgenommen, heute wäre er nur in den tiefsten Gründen der menschlichen Persönlichkeit zu finden.« (aaO, S. 29)

Das missionarische Mißverständnis

Eine radikale Desakralisierung des Gebets weisen die Brüder vor allem aus missionarischen Gründen ab. Konsequent durchgeführte Desakralisierung ließe die Christen nicht mehr erkennbar sein. Der Auftrag der Christen, Christus in dieser Welt darzustellen, läßt sich nicht ausschließlich durch menschliche Solidarität verwirklichen, so notwendig diese Solidarität auch ist. »Sollten aller-

4 Roger Schutz: Gewalt der Friedfertigen, S. 28

dings infolge unserer großzügigen Hinwendung zum Menschen aus unserer gemeinsamen Berufung die Zeichen des Überzeitlichen (les signes de l'intemporel) verlorengehen, dann hätten wir uns nur eine besonders geartete Fähigkeit angeeignet, am Schicksal der Welt von heute teilzunehmen. Wir blieben einer Dimension verhaftet, die auch dem Nicht-Glaubenden zugänglich ist. Dagegen wären wir nicht in der Lage, dem Menschen eine Ahnung vom Ereignis Gottes und seiner Transzendenz zu vermitteln. Alles wäre verloren, wenn wir nicht mehr durch unser Leben und unser gemeinsames Gebet an den Kontinuitäten in der Kirche teilhätten und wenn sich nicht mehr durch sie hindurch das Überzeitliche erahnen ließe, für das die Nicht-Glaubenden zuweilen empfänglicher sind als manche Christen. Haben uns nicht gerade viele Agnostiker auf dem Wege über das gottesdienstliche Gebet entdeckt und verstanden?«[5]

Der Forderung nach Weltpräsenz der Christen stimmen die Brüder von Taizé gern zu und versuchen, auch ihren Teil zu dieser Weltpräsenz durch das Leben der Communauté in Burgund und durch die Fraternitäten in aller Welt beizutragen. Gleichwohl bleibt die entscheidende Frage: Wie soll die Welt durch die Christen Christus und dem Evangelium Glauben schenken können, wenn sie durch die Christen Christus und das Evangelium nicht mehr als solche erkennen kann? »Unsere Welt braucht kein Christentum ohne die Würze des Glaubens. Sie braucht wahre Christen, die den ganzen Glauben bekennen, Salz der Erde unter guten Heiden, deren Bestimmung Gott kennt und die er zu seiner Wahrheit wie zum Heile auf geheimen Wegen führt, die er allein bestimmt.«[6]

»Salz der Erde unter guten Heiden«, dieser Satz von frère Max ist mehr als ein missionarisches Bonmot. Die Alternative: »Desakralisiertes Christentum unter anonymen Christen.« So wenig aber die Brüder das Reden von Entsakralisierung schätzen, so wenig lieben sie das Wort von den »anonymen Christen«. Die Brüder fürchten, daß sich im Reden von den »anonymen Christen« und von der »latenten Kirche« wieder ein neuer christlicher Imperialismus zeigt: Man möchte so viele Menschen wie möglich zu Christen erklären, um unbewußt die Konzeption des längst vergangenen christlichen Abendlandes zu retten, in dem jedermann nur Christ sein konnte. »Darin liegt eine gewisse Nötigung der menschlichen Freiheit. Sie ist zwar vergeistigter

5 Roger Schutz: Einmütig im Pluralismus, S. 57
6 Max Thurian: aaO, S. 39

als der ›weltliche Arm‹ des Mittelalters, rührt aber dennoch von einer Faszination der Zahl und der Einheit um jeden Preis her.« (aaO, S. 37)

Der Communauté liegt jedoch alles daran, jeden Eindruck von Gewalt, Machtentfaltung, Größe und Stärke zu vermeiden, und sei es lediglich die Stärke theologischer Begriffe und Argumente, die Menschen als anonyme Glieder ohne bewußte Zustimmung in die Reihen der Kirche eingliedert. Atheisten sollen die Freiheit behalten, wirklich Atheisten zu bleiben. Nichtchristen und Nicht-Glaubende sollen, solange sie wollen, Nichtchristen oder Nicht-Glaubende, oder, wie sie frère Max nennt, »gute Heiden« bleiben dürfen. »In der gegenwärtigen Phase der Menschheitsgeschichte ist es von Bedeutung, Gratuität[7] zu zeigen und niemals im Namen der Kirchenräson jemand einzufangen oder festzuhalten.«[8]

Der Gottesdienst der Brüder soll der Ort sein, wo diese unveräußerliche Freiheit der Nichtchristen gewahrt bleibt. Andererseits soll der Gottesdienst die Brüder nicht der Welt entfremden, indem er sie »in einen elfenbeinernen Turm der Bevorzugung« hineinstellt.[9] Wie kann im Gottesdienst das ewige Wort Gottes gesagt werden, ohne die Freiheit der Nichtchristen zu beeinträchtigen, aber auch ohne die missionarische Existenz der Christen zu leugnen?

Die Gratuität des Gottesdienstes

Die Antwort gibt uns ein unveröffentlichter Vortrag von frère Rudolf »Gemeinsames Leben und Gottesdienst in einem säkularen Zeitalter«.[10]

Frère Rudolfs Säkularisierungsverständnis hat zwei theologische Wurzeln:

7 Das franz. Wort »gratuite« ist unübersetzbar. Es bedeutet soviel wie »Absichtslosigkeit«, »Uneigennützigkeit«, »Selbstlosigkeit«. Es enthält den Sinn des Lateinischen »gratia« (Gnade) und »gratis« (umsonst).

8 Roger Schutz: Einmütig im Pluralismus, S. 76

9 Max Thurian: aaO, S. 74

10 Diesen Vortrag hielt Frère Rudolf am 30. Januar 1968 vor der ökumenischen Arbeitsgemeinschaft in Herrenalb zum Thema (Sektion V) »Gottesdienst in einem säkularen Zeitalter« der Vierten Vollversammlung des Ökumenischen Rates der Kirchen. Korreferent war E. Bethge mit dem Thema »Gottesdienst in einem säkularen Zeitalter – wie ihn Bonhoeffer verstand«.

1. Ähnlich wie frère Max versteht er die Säkularisierung als notwendigen Reinigungsprozeß, »der die Christen dazu bringen kann, unmittelbarer und konsequenter wieder das zu sein, wozu sie ursprünglich einmal berufen waren. Wenn man nicht mehr Christ zu sein braucht, wenn man auch ohne solche Religion als Mensch leben kann, wenn man frei geworden ist, Christ zu sein, oder auch nicht zu sein, ist es leichter zu erkennen, ... was es bedeuten kann, ›um Christi willen‹ zu leben.« (aaO, S. 2)

2. Frère Rudolf greift Bonhoeffers Unterscheidung von »Arkandisziplin« und »religionsloser Sprache von Gott« auf. Statt jedoch, wie es meist geschieht, nur von der nicht-religiösen Interpretation zu reden und die Arkandisziplin zu übergehen, versucht frère Rudolf, beides nebeneinander stehenzulassen. So gelingt es ihm, die Bonhoeffersche Unterscheidung für seine eigenen Thesen über Gottesdienst (Arkandisziplin) und Mission (nicht-religiöses Reden von Gott) nutzbar zu machen.

»Bonhoeffer unterschied im Laufe seines Lebens immer schärfer zwischen einem Umgang mit dem Wort Gottes im innergemeindlichen und im öffentlichen Bereich seiner Welt. Die Verantwortung der Christen fällt in zwei verschiedene Verantwortungen auseinander: Die für den Umgang mit den anvertrauten Inhalten der Liturgie und Predigt, und die andere für ihren solidarischen Umgang mit dem Denken und Sprechen ihrer Zeitgenossen. Arkandisziplin auf der einen Seite und qualitatives Schweigen auf der anderen Seite. Die Identität beider Haltungen läßt sich nur in der Person Christi finden.« (aaO)

Die These, die frère Rudolf auf Grund der Bonhoefferschen Gedanken aufstellt: »Im Gottesdienst realisiert und manifestiert sich die Gratuität christlicher Existenz, weil in ihm das ›sola gratia‹ (allein aus Gnade) des Evangeliums aktualisiert wird.« (aaO, S. 3)

Frére Rudolf erläutert diese These, mehr allgemein andeutend als wissenschaftlich subtil argumentierend: »Das, was Christus kennzeichnet, ist das *sola gratia*. Er ist ›umsonst‹ gekommen; ›umsonst‹ im doppelten Sinn: ohne Erfolg (im menschlichen Sinn) und ohne etwas dafür zu erwarten, also unentgeltlich, gratis.

Wenn wir Christen Christen sind und genauso gut es auch nicht sein könnten, sind wir es ebenso *gratis*, wie Christus selbst *gratis* lebte. Wir könnten auch anders, aber Seinetwegen tun wir es so wie er: *gratis*. Wir kommen darauf aufgrund des Zeugnisses der ersten Christen, der Bibel, und des Zeugnisses anderer Christen, heutiger und früherer, die wir vertrauenswürdig finden, und lassen uns ihretwegen darauf ein, das Leben Christi zu übernehmen. Das Besondere ist dann nicht so sehr eine bestimmte humanistische Einstellung, zu der auch andere in der Lage sind, sondern etwas Außergewöhnliches, etwas, was über Humanismus noch hinausgeht, etwas, worauf man nur kommt wegen Christus, etwas, für das es sonst keinen Grund gibt: *Vergebung* zum Beispiel oder *Feindesliebe*.

Es gibt dafür keinen anderen Grund als das sola gratia, das uns zu Christen macht, ohne daß wir besondere Qualitäten aufweisen würden oder könnten. Das sola gratia kann sich im *Gottesdienst* aktualisieren. Diese Gratuität allen Menschen gegenüber deutlich zu machen, ist Motiv und Inhalt der *Mission*. Das Gratissein des Christseins verlangt unbedingte *Freiheit*. Man müßte auch etwas anderes sein können, um wirklich *allein um Christi willen, gratis*, für andere dazusein, mit allen Konsequenzen.« (aaO, S. 3 f)

Nach Meinung frère Rudolfs zeigt sich im Gottesdienst die Gratuität des Evangeliums in der Regelmäßigkeit des Gebets, in der Absichtslosigkeit, der Gemeinschaft des Gebets, in der Eucharistie und in der Predigt.

Die Regelmäßigkeit des Gottesdienstes

Die Regel von Taizé empfiehlt den Brüdern eine stete Kontinuität ihres privaten und gemeinsamen Gebets. Die Regelmäßigkeit soll durch nichts, auch nicht durch eine Arbeit, und scheine sie noch so wichtig, in Frage gestellt werden.[11] Die Regelmäßigkeit des Gebets soll den Brüdern helfen, sich nicht ausschließlich ihrer zu den verschiedenen Zeiten unterschiedlich stark ausgeprägten Lust zum Beten zu überlassen.[12] Sehr realistisch rechnet die Regel bei jedem Bruder mit Zeiten geistlicher Dürre, die ein Gebet zur Last und darum unmöglich machen könnten. »Es gibt Tage, wo für dich der Gottesdienst schwer wird. Wisse dann deinen Leib darzubieten, da ja schon deine Anwesenheit ein Zeichen ist für dein im Augenblick nicht zu verwirklichendes Verlangen, deinen Herrn zu loben. Glaube an die Gegenwart Christi in dir, auch wenn du keine spürbare Resonanz davon feststellst.« (S. 18)

Die Frucht solcher Treue im Gebet – »aus Liebe zu Christus, nicht auf Grund eines Gesetzes«:[13] »In der Regelmäßigkeit der

11 Vgl. Regel von Taizé, S. 16 ff
12 Vgl. Roger Schutz: Einmütig im Pluralismus, S. 87 ff
13 Roger Schutz: Einmütig im Pluralismus, S. 93

Gottesdienste keimt die Liebe Jesu in uns, wir wissen selbst nicht, wie.«[14]

Die Absichtslosigkeit des Gottesdienstes

»Die Säkularisierung befreit uns davon, im Gebet unsere eigenen Schwierigkeiten auf Gott zu projizieren und wie Kinder vor der eigenen Verantwortung zu kapitulieren. Wenn der säkularisierte Mensch das Gebet im ›religiösen‹ Sinn nicht mehr braucht, können wir Christen besser lernen, um Christi willen zu beten, das heißt ›umsonst‹ (gratuit) zu beten, nichts anderes zu wollen, als Gottes Willen erkennen, sich auf Ihn zu beziehen, Ihm zu danken.«[15]

Das »absichtslose Gebet«, ein Gebet ohne »um zu«, entspricht nach Meinung der Brüder der evangelischen Funktion des Gebets. Diesen Gratuitätscharakter gilt es zu beachten, wenn das Gebet authentisch bleiben soll. »Das letzte Aushalten wird einem geschenkt (la persévérance ultime est dans uns gratuité), selbst wenn der Mensch der Überflußgesellschaften dafür nur wenig empfänglich ist.«[16]

Dieses zweck-los zweck-freie Beten zeigt sich den Brüdern auf unterschiedliche Weise. Für den einen wird das jedem Nützlichkeitsdenken fernstehende Wesen des Gebets in der – menschlich betrachtet – zweck-los zweck-freien Existenz der Fraternitäten der Communauté (s. u.) besonders augenfällig werden. Es ist kein Zufall, sondern theologische Einsicht, wenn der Prior ausgerechnet in »Gewalt der Friedfertigen« von den Fraternitäten im Kapitel über die Gratuität des Gebets spricht (S. 30 ff). Für andere zeigt sich die Gratuität in der Kontemplation Christi, »der unser Leben nach seinem Bild formen kann. Jemand, der so betet, gratis, wird einen Gehorsam entdecken, der nicht mehr kindisch ist, sondern der demütige Dienst für Christus, dessen Bild der Betende in jedem Menschen, der ihm begegnet, wiederentdeckt (ein Sachverhalt, der sich nicht immer umkehren läßt).«[17] Der Kontemplation in der Gratuität Christi dienen die ausgedehnten Zwischenzeiten der Stille während der Gottesdienste, die den Gottesdienst nicht etwa unterbrechen, sondern integraler Bestandteil der Liturgie sind. »Die langen Zwischen-

14 Regel von Taizé, S. 17
15 Frère Rudolf: aaO, S. 7
16 Roger Schutz: Gewalt der Friedfertigen, S. 35
17 Frère Rudolf: aaO, S. 7

zeiten der Stille, die dazu bestimmt sind, die Automatismen auszuschalten und uns innerlich lebendig zu erhalten, helfen mit, daß die Zeit des Gebets ein immer neues Ereignis wird.«[18]

Die Gemeinsamkeit des Gottesdienstes

»Der Gottesdienst antizipiert die vollkommene Gemeinschaft, vertieft und formt die vorhandene Gemeinschaft, die anders sich ständig zersetzen würde.«[19] Wie geschieht das?

Jeder Bruder findet im gemeinsamen Gebet einen Rahmen, innerhalb dessen seine Begrenzungen relativiert, wenn nicht gar aufgehoben werden. Hier kann der Bruder sich von dem lösen, was ihn von der Gemeinschaft mit Gott und seinen Brüdern trennt.

Die Communauté insistiert zwar mit einem für Protestanten erstaunlichen Nachdruck auf der Einzelbeichte und Einzelabsolution. Gleichwohl kann bereits der Gemeinschaftscharakter des Gottesdienstes eine ähnliche Gratuitätsfunktion der grundlosen Vergebung ausüben, wie frère Rudolf an einem Beispiel verdeutlicht. »Man kann fast sagen, daß der Gottesdienst die Wirkung einer Absolution hat, ohne daß diese unbedingt explizit ausgesprochen werden müßte ... Wenn man dreimal am Tag, wie es in Taizé geschieht, zusammenkommt, das Gleiche sucht, mit dem Gleichen konfrontiert wird, wird es schwer, außerhalb der Zeiten des gemeinsamen Gebets Konflikte und exklusive Gruppenbildungen für endgültig zu halten. Das gemeinsame Gebet kann Situationen entleidenschaftlichen, Gegensätze entspannen und tut es auch. Zum Beispiel: Ich stehe in einem gespannten Verhältnis zu einem Bruder. Es kommt die Zeit des gemeinsamen Gebets. Nachher ist es, als bestünde die Spannung nicht mehr. Jedenfalls würde es mir schwerfallen – sofern das Gebet keine Heuchelei ist –, nach dem Gebet nur die Spannung und nicht auch die Person des Bruders in Betracht zu ziehen. Das klingt sehr idealistisch und ist es wohl auch, zumal ich nicht sagen kann, *wie* es geschieht. Ich kann nur sagen, *daß* es geschieht, ›ohne daß man weiß, wie‹.« (aaO, S. 7)

Das gemeinsame Gebet läßt auch Einmütigkeit unter den übrigen Beteiligten der Gottesdienste entstehen. Durch gemeinsame Beichte und Absolution zu Beginn der Abendmahlsgottes-

18 Roger Schutz: Einmütig im Pluralismus, S. 90
19 Frère Rudolf: aaO, S. 5

3 Gemeinsames Gebet

dienste am Sonntag (s. u.), durch das Hören aller auf die Schriftlesungen und ihre Meditation in den Zeiten der Stille, durch den gemeinsamen Gesang, durch die Predigt, durch die eucharistische Liturgie. Zwar läßt sich die Integration durch das Gebet nicht »machen«; dennoch meinen die Brüder, daß eine der wesentlichen Voraussetzungen des Gratuitätsgeschehens die unauflösliche Verknüpfung individueller und kollektiver Teilnahme am Gottesdienst sei. Denn der »Gottesdienst läßt sich nicht benutzen, nicht konsumieren. Er ist die Aktion aller.« (aaO, S. 8)

Der Gottesdienst ist darum nicht identisch mit einer belehrenden Zielsetzung. Der Gottesdienstraum ist weder der Marktplatz Billy Grahams mit Menschen als Missionsobjekten, noch das Klassenzimmer einer nur lehrenden Kirche mit einem Auditorium unmündiger Schüler. »Gottesdienstteilnehmer sind nicht einfach nur zu Belehrende ... Wird die lehrhafte Seite im Gottesdienst überbetont, werden aus ›mündigen‹ Christen wieder Kinder, erstickt vorhandenes Leben.« (aaO, S. 9) Darum lehnen die Brüder zum Beispiel ab, in ihren Gottesdiensten aus Zeitungen vorzulesen oder politische Kommentare, soziale Belehrungen und humanitäre Appelle jedweder Art weiterzugeben, wie es etwa im Kölner »Politischen Nachtgebet« geschah.

Gottesdienst läßt sich nur dann sinnvoll feiern, wenn die Mündigkeit und die Freiheit aller im Gottesdienst Anwesenden gewahrt bleiben, »wenn jeder Beteiligte also wirklich beteiligt ist, wenn jeder seinen eigenen Glauben, sein eigenes Suchen in diese gemeinsame Schöpfung einbringen kann ... Der Gottesdienst ist ideal, der jedem Einzelnen die größtmögliche Freiheit gibt, er selbst zu sein.« (aaO)

Die »disponible Architektur« der Versöhnungskirche gestattet allen Anwesenden, sich einen Raum individueller Freiheit bei gleichzeitiger Teilnahme am Gebet zu erhalten. Was das im einzelnen bedeutet, werde ich im Abschnitt über die Arkandisziplin am Beispiel des »Déambulatoire« erläutern.

In besonderer Weise fördern die Texte und Melodien des »Office de Taizé« die aktive Teilnahme aller am Gottesdienst. Die Vielfalt der Texte aus verschiedenen biblischen und ökumenischen Traditionen ermöglichen allen – vorausgesetzt sie verstehen Französisch –, sich mit den Texten der eigenen Frömmigkeitsgeschichte zu identifizieren. Das mögen für Reformierte die gesungenen Psalmen sein, für Lutheraner bestimmte Choräle, für Orthodoxe die Seligpreisungen und das polyphone Halleluja, während römische Katholiken wohl am ehesten in den Texten der Eucharistie ihnen Bekanntes entdecken werden. Jeder kann sich in den Texten selbst wiederfinden und zugleich den anderen entdecken.

Die Ursprünge dieser liturgischen Vielfalt lassen sich nicht in einem Hang zu konfessionellem »Konfusionismus«, sondern in der ökumenischen Zusammensetzung der Communauté finden.

Daß die Liturgie in Taizé wirklich »Aktion aller« ist und sich nicht auf die Spezialistentätigkeit liturgischer Experten beschränkt, wird sichtbar, oder besser »hörbar« im Gesang der Psalmen, Choräle und anderer liturgischer Stücke. Mit ihrer gesungenen Liturgie wurden die Brüder mit einem Schlage bekannt, als sie 1955 (und 1958 ein weiteres Mal) den Grandprix für eine Schallplattenaufnahme ihres Gottesdienstes erhielten. Im gemeinsamen Gesang der von Gelineau, Samson, Berthier und von anderen vertonten Psalmen zeigt sich unnachahmbar die »mitreißende Kraft der Gemeinschaft«,[20] weil es hier keine Trennung mehr gibt zwischen den Brüdern und den Besuchern ihrer Gottesdienste. In Taizé will man nicht den gepflegten Chorgesang einer Mönchsgemeinschaft, dessen Kompliziertheit und Virtuosität jeden Uneingeweihten hindern mitzusingen, und

20 Roger Schutz: Einmütig im Pluralismus, S. 93 f

der darum ungewollt dazu beiträgt, daß er ausschließlich zum ästhetischen Genuß liturgischer Gourmands wird. In Taizé reizen die leicht eingängigen Melodien, vor allem die der Psalmen, selbst *die* Besucher zum Mitsingen, die die französischen Texte gar nicht verstehen können.

Wer allerdings schon mehrfach in Taizé gewesen ist, beginnt etwas von den Schwierigkeiten mit »schönen« Melodien zu ahnen, wenn er entdeckt, daß ihm wohlvertraute Melodien verändert oder völlig abgeschafft wurden. Die Gefahr der Routine und der stets drohenden Sentimentalität schöner Melodien scheint den Brüdern groß genug, daß sie auf Bewährtes verzichten. Kaum etwas erinnert noch an die ersten Melodien.[21] So bleibt auch die Liturgie ein Provisorium.

Ist nun das gemeinsame Gebet in der reichen Fülle seiner verschiedenen Teile wirklich »Aktion aller«, wie es frère Rudolf erwartet? Der Gottesdienst ist sicher nicht in dem Sinn »Aktion aller«, daß jeder Gottesdienstteilnehmer bei jedem einzelnen Stück mit gleich großer innerer Beteiligung dabei ist. Das hieße zuviel vom Gottesdienst der Brüder erwarten. Jeder nimmt entsprechend seiner menschlichen und spirituellen Voraussetzungen an der Liturgie teil.

Der Prior schreibt über die notwendig selektive Anteilnahme aller am Gottesdienst: »Im übrigen versteht eben jeder, wozu er fähig ist. Unser Gemeinschaftsgebet erscheint den einen wie ein schönes Mosaik, anderen als gestalt- und formlos. Was für den einen bedeutungslos bleibt, findet im anderen ein Echo. Der eine liebt die Psalmen, die langen Zeiten des Schweigens nach den Schriftlesungen oder die Litaneien. Ja manche warten vor allem auf das Spiel der Orgel am Ende des gemeinsamen Gebetes. Jedem sein Stücklein! Die Annahme, alles könne mit gleicher Innigkeit begriffen werden, wenn auch nur von einem einzigen, ist Utopie.«[22]

21 Ganz anders berichtet nach einem Taizé-Besuch 1973 der Landesjugendpfarrer O. Hesse in Wolfenbüttel: »Als wir unsere Fahrt vorbereiteten, ließ ich eine Platte aus dem Jahr 1958 über einen Gottesdienst in Taizé abspielen. Ich entschuldigte mich, daß ich den gegenwärtigen Stand der gottesdienstlichen Handlungen in Taizé nicht darstellen könnte. Das wäre nicht nötig gewesen! Die Gottesdienstform ist seit dreißig Jahren kaum verändert.« (In: Nachrichten vom Amt für Jugendarbeit, Wolfenbüttel, 2/1973)

22 Roger Schutz: Gewalt der Friedfertigen, S. 36

Seit den ersten Tagen der Communauté feiern die Brüder regelmäßig die Eucharistie. Zunächst feierten sie wenigstens jeden Sonntag, später sogar jeden Tag, ohne allerdings das tägliche Abendmahl zu einem obligatorischen Gesetz für jeden Bruder zu machen. »Was die Häufigkeit des Abendmahlsempfangs anlangt, wollen wir an zwei Beispiele denken, das vom Hauptmann: Herr, komm nicht in mein Haus (Matthäus 8, 5 ff); und das von Zachäus: Herr, komm in mein Haus (Lukas 19, 1 ff). Aus Ehrfurcht wagt der eine nicht, Christus täglich zu empfangen, und ebenfalls aus Ehrfurcht wagt der andere nicht, den Empfang auch nur einen Tag zu unterlassen.«[23]

Angesichts der großen Wertschätzung der Eucharistie innerhalb der Communauté ist es auffällig, daß die Regel von Taizé nur an einer einzigen Stelle vom Abendmahl spricht: »Christus, das fleischgewordene Wort, gibt sich uns sichtbar im Sakrament. So nähre dich vom Mahl der Danksagung, dem heiligen Abendmahl, und vergiß nicht, daß es den Kranken des Volkes Gottes angeboten ist. Es ist für dich da, der du immer schwach und hinfällig bist.« (S. 17) Es bleibt erstaunlich, daß sich die Regel auf die Vergebung als Gabe des Abendmahles beschränkt. Erstaunlich darum, weil in der Eucharistiefeier der Brüder besonders anschaulich Festesfreude, Gemeinschaft, Frieden, kurz: sich-mitteilende Liebe erkennbar wird.

Anders als es oft bei Evangelischen üblich ist, betrachten die Brüder das Abendmahl nicht als einen isolierbaren Teil ihres Gottesdienstes. Ein Abendmahl »im Anschluß an den Gottesdienst«, wie der bemerkenswerte Wortlaut lutherischer Ankündigungen lautet, ist in Taizé undenkbar. »Der christliche Gottesdienst wird durch ein harmonisches Gleichgewicht begründet zwischen dem Wort Gottes, das verkündet und gepredigt wird, und den Sakramenten, den wirksamen Zeichen der Gegenwart und des Werkes Gottes in seiner Kirche.«[24]

Wesentlich ist für alle Eucharistiefeiern der Communauté, daß das Abendmahl Gemeinschaft der Christen bewirkt und darstellt. Gemeinde und der das Abendmahl leitende Bruder umstehen den Altar, singen und sprechen die Abendmahlsgebete gemeinsam.[25]

23 Roger Schutz: Einmütig im Pluralismus, S. 91

24 Max Thurian: Liturgie et actualité, S. 19

25 Zur Eucharistie in Taizé vgl. ausführlich in meiner Dissertation S. 222 ff

4 Der Altar der Versöhnungskirche

An dieser Stelle muß etwas über die Kinder gesagt werden, die mit dem Prior zusammen im Kreis der Brüder sitzen. Auch sie gehören mit zur Gemeinschaft des gemeinsamen Gebets. Viele Besucher mißverstehen diese Geste. So schreibt zum Beispiel der vorhin genannte Landesjugendpfarrer: Der Prior »ist der einzige, neben dem regelmäßig Kinder beten; auf diese Kinder gestützt geht er als erster aus der Kirche. Der Gedanke eines Jugendlichen: Roger Schutz erinnere ihn hiermit an Diktatoren der jüngeren europäischen Geschichte, erscheint auch dem ruhigeren Betrachter der Szene nicht abwegig.« Ein größeres Mißverständnis ist kaum vorstellbar. Dem Prior geht es keineswegs darum, sich selbst als Vaterfigur darzustellen, der etwas zu geben hätte wie ein jovialer Diktator. Im Gegenteil! Er will empfangen, hören auf das, was ihm die Kinder sagen. Sie sind für ihn das Zeichen gelebter Gratuität. »Frage ich die Kinder, die neben mir knien, für wen wir beten sollen, dann kommt oft die Antwort: ›Für Jesus, für Gott!‹ Kinder können bereit sein, sich frei zu verschenken.«[26] »Vergangene Woche fragte ich den kleinen Jean-Paul, für wen wir beten sollten: ›Für alle Menschen auf der Erde.‹ Welcher Sinn für das Universale bei einem kleinen Kind.« (aaO, S. 116 f)

Die Predigt

»Wir trachten nach einer vollständigen Verwirklichung (sc. der Gemeinschaft); denn das ist unsere Weise, das Evangelium zu predigen.«[27] Wenn nach diesen Worten von frère Max das Leben der Communauté »Predigt des Reiches Gottes« ist, liegt der Schluß nahe, die Brüder »meinten in dieser Begründung ihres Tuns in nuce eine Abkehr von der Wortbezeugung überhaupt«, wie es H.–E. Bahr 1955 als erster formulierte.[28] Predigtlose Existenz der Communauté also als »vitale Herausforderung gegenüber einer allzu redefreudigen Kirche«? (aaO) Ganz gewiß nicht!

Die Brüder optieren keineswegs für eine »schweigende Verkündigung«, wie H.-E. Bahr noch 1968 meinte.[29] Als ich frère Max nach einem möglicherweise ablehnenden Verhältnis der Brüder zur gesprochenen Predigt fragte, entgegnete er mir am 8. Oktober 1969 mit großem Nachdruck: »Ich glaube nicht, daß man

26 Roger Schutz: Kampf und Kontemplation, S. 81
27 Max Thurian: Communauté de Cluny, S. 114
28 In: Nun auch protestantische Klöster, S. 562
29 In: Verkündigung als Information, S. 111

5 Eucharistiefeier in Taizé

in der Communauté geringschätzig von der Predigt denkt. Ich glaube allerdings, man muß zunächst sagen, daß es in der Communauté ebenso wie in der ganzen heutigen Kirche unterschiedliche Auffassungen von der Predigt gibt. Aber ich glaube nicht, daß auch nur ein Bruder meint, man müßte radikal auf die Predigt verzichten. Wenn man die Realitäten dieser Welt erfassen und das Wort Gottes für heute verstehen will, dann muß man es mitten unter den Menschen *leben.* Darum kommt die Communauté zusammen und lebt das Wort Gottes im Dialog, im Kontakt mit den Menschen von heute, mit der modernen Welt. Aber wohlgemerkt: Dieses einfache Leben *kann nicht schweigend sein,* es muß sich ausdrücken. Es muß sich nicht allein durch eine konkrete Existenz ausdrücken, sondern, hören Sie genau zu, auch durch Worte.«

Diese Worte sind eindeutig. Hoffentlich findet das so lange schon kolportierte Mißverständnis von einer »schweigenden Verkündigung« der Communauté damit ein Ende.

In der Communauté wird jeden Sonntag gepredigt. »wie überall in den Kirchen.«[30] Wenn sich dennoch bei manchen Besu-

30 Frère Rudolf: aaO, S. 9

chern der Eindruck halten konnte, die Brüder hätten ein gebrochenes Verhältnis zur Predigt, kann man es nur dadurch erklären, daß die Brüder nicht auch noch – zusätzlich zur Sonntagspredigt – in ihrem täglichen gemeinsamen Gebet predigen. Natürlich nicht! Welche Communauté könnte Tag für Tag, Jahr für Jahr drei Predigten produzieren? Und vor allem: Welche Communauté hätte hinreichende geistliche (Widerstands-)Kraft, so viele Predigten ohne die Wirkung einer gründlichen Immunisierung gegen das Wort Gottes anzuhören?

Die konkrete Gestalt der Predigten war in der Geschichte der Communauté verschieden. Es lassen sich vier Phasen unterscheiden.

»In den ersten Jahren der Communauté haben wir nicht gepredigt. Wir feierten die Eucharistie ohne Predigt, weil unsere Zahl zu klein war.«[31] Stattdessen lasen die Brüder damals während ihres täglichen Frühstücks einen Abschnitt der Heiligen Schrift vor, über den sie dann gemeinsam sprachen. Dieses regelmäßige geistliche Frühstücksgespräch war also, wenn man so will, eine Art kommunitärer Dialogpredigt, oder besser: Predigtdialog. Alle predigten, alle hörten zu. Dies bewahrte die Predigt davor, »paternalistische Redeweise in Form eines Monologes zu werden«.[32]

Als sich die Zahl der Brüder und Gäste vermehrt hatte, wurde diese Form der Tischrede-Predigten ersetzt durch die übliche Gestalt einer Sonntagspredigt. Allerdings zeichneten sie sich besonders für reformierte Besucher durch ihre bemerkenswerte Kürze aus. Als Höchstdauer nannte frère Max schon 1946 nur eine Viertelstunde.[33] Inzwischen wurde die Predigtlänge noch mehr gekürzt. Am 8. Oktober 1969 sagte mir frère Max: »Was die Länge der Predigt betrifft, so glaube ich, sind sich die Brüder einig, daß eine Predigt, die länger als 10 Minuten dauert, die Möglichkeiten des heutigen Menschen überschreitet.«

Seit Anfang 1968 ließ sich eine dritte Phase beobachten. Jetzt predigten die Brüder ähnlich wie die Orthodoxen oft ganz am Ende ihrer Gottesdienste, »um dann anschließend sogleich in den verschiedensten Zusammensetzungen weiter darüber reden zu können«.[34] Diese Abfolge von Predigt und Predigtdialog vollzog sich oft so, daß alle Brüder bis auf zwei oder drei nach dem Gottesdienst die Kirche verließen, »um die Leute nicht verlegen

31 Max Thurian, 8. Oktober 1969, mündlich
32 Max Thurian: Glaube in der Entscheidung, S. 88
33 In: Joie du ciel, S. 153
34 Frère Rudolf: aaO, S. 9

zu machen«.[35] Danach entstand rasch zwischen Brüdern und Gottesdienstbesuchern ein lebendiger Dialog über das Thema der Predigt.

Die Ursache für die Umstellung der Predigt an den Schluß des Gottesdienstes liegt im monologischen Charakter jeder Predigt. »Der moderne Mensch hat eine Abneigung gegen die paternalistische Redeweise in Form eines Monologes. Er möchte reagieren können – in der Frage, im Dialog.«[36] Monologe stiften erfahrungsgemäß selten Gemeinschaft, höchstens Gefolgschaft. Steht die Predigt am Schluß des Gottesdienstes, wird die ihr innewohnende Gratuität des Wortes Gottes wieder erkennbar, weil die Predigt nur noch der Anfang eines gemeinsamen Predigtgespräches ist.

Seit 1970 etwa sind Sonntagspredigten nur noch selten in Taizé zu hören. Nur die wenigsten Gottesdienstbesucher konnten ja französische Predigten verstehen. Ihren Platz nimmt nun das »Gespräch mit frère Roger« an einem Abend während der Woche ein. Frère Roger sitzt dann zusammen mit einigen Jugendlichen inmitten der Versammlung in der Versöhnungskirche und redet mit ihnen über Fragen der Kirche und Welt, des Gebets und persönlichen Engagements. Eine Art »Meditationspredigt«. Dieses »Gespräch« wird simultan in verschiedene Sprachen übersetzt. So kann jeder mit Hilfe der Kopfhörer in seiner Sprache verstehen, was er sonst nicht verstünde. Weil die Übersetzung den normalen Sonntags- beziehungsweise Wochengottesdienst zu sehr störte, verlegte man das Gespräch auf die Zeit nach dem Abendgebet.

Das »Gespräch mit frère Roger« ist indessen kaum »Gespräch« zu nennen. Die Jugendlichen um den Prior geben meist nur das Stichwort, dann folgt ein Monolog des Priors. Diskutiert wird nie. Beispiel eines solchen »Gesprächs« war der »Dialog« des Priors mit einigen Jugendlichen anläßlich der Verleihung des Friedenspreises des deutschen Buchhandels. Auch hier nur Monologe, Verlesen präfabrizierter Texte, kein wirkliches Gespräch.

35 Max Thurian, 8. Oktober 1969, mündlich
36 Max Thurian: Liturgie et actualité, S. 26

Fünf Merkmale trägt die Gratuität der Gottesdienste: Regelmäßigkeit, Absichtslosigkeit, Gemeinschaft, Eucharistie und Predigt. Frère Rudolf nannte als eine ihrer Voraussetzungen den von Bonhoeffer neu belebten Begriff der »Arkandisziplin«. Obschon Bonhoeffers Reden von Arkandisziplin unabgeschlossen und vage blieb – eine der Ursachen für die zahlreichen Fehlinterpretationen seiner Theologie – lassen sich drei Hauptmotive für sein Interesse an der Arkandisziplin angeben:

1. Die Arkandisziplin ist innerhalb der christlichen Gemeinde notwendig, weil sie die »teure Gnade« vor einer Verweltlichung schützen kann.[37]
2. »Die Arkandisziplin schützt ... die Welt vor einer Vergewaltigung durch die Religion«. (aaO, S. 990)
3. Unaufgebbare Ergänzung der Arkandisziplin ist die »nicht-religiöse Interpretation« in Gestalt der »Weltlichkeit« der christlichen Gemeinde. Wenn sich beide »nicht gegenseitig korrigieren, werden sie bedeutungslos und banal. Arkandisziplin ohne Weltlichkeit ist Ghetto, und Weltlichkeit ohne Arkandisziplin ist nur noch Boulevard. Arkandisziplin wird isoliert zur liturgischen Möncherei, nichtreligiöse Interpretation aber zu intellektuellem Spiel.« (aaO, S. 992)

Alle drei Hauptmotive Bonhoeffers lassen sich im Liturgieverständnis der Communauté wiederfinden.

Der Schutz der teuren Gnade vor Verweltlichung

Die streng theonome Begründung des Gottesdienstes durch frère Roger (»Gott fordert allezeit zu beten«) und die ausschließlich christologische Motivation des Gebets bei frère Rudolf (»Wir könnten auch anders, aber Seinetwegen tun wir es so wie Er: gratis«) nehmen dem Gebet der Brüder jede bloß gewohnheitsmäßige oder utilitaristische Begründung durch den religiösen Menschen. Wenn der Gottesdienst nicht der religiösen Selbstbefriedigung, sondern der Darstellung des Evangeliums dient, wird die teure Gnade geschützt. Sie wird auch nicht durch die Solidarität der Brüder mit allen Menschen verschleudert, weil Evangelium und Solidarität nicht identifiziert werden.

Entschlossenes Festhalten an den »Zeichen des Überzeitlichen« ist jedoch noch nicht ein typisches Merkmal von Arkandisziplin,

37 Vgl. E. Bethge: Bonhoeffer, S. 992

die zurückhaltend auftritt, schweigen kann, sich nicht aufdrängt. Das Gegenbeispiel der Proklamationen Billy Grahams, der Bekenntnisbewegung und des Jesus-People läßt dies unschwer erkennen.

Der Gottesdienst dient nicht in erster Linie einer Mission der Nicht-Glaubenden; er ist da für die christliche Gemeinde. »Das Glaubenkönnen wird auch in Zukunft ›Gabe‹ bleiben. Das, was Gottesdienst meint, wird immer ein Minimum an Initiierung voraussetzen, ein Minimum an Verständnis für das, was Glauben, was Gott, was Kirche ist.«[38] Die Hauptaufgabe ihres Gottesdienstes sehen die Brüder in der »Erbauung« (édification) der Gemeinschaft, wobei sie »Erbauung« wohlgemerkt im biblischen, nicht im pietistisch denaturierten Sinn des Wortes verstehen. Die Brüder ziehen sich darum zu ihren Gottesdiensten in das Innere ihrer Kirche zurück. Hier in der *Verborgenheit* zeigt sich ihnen das *Arkanum* Christi, »geschehen die Lebensvorgänge des Glaubens, Lob, Bitten, Dank und Tischgemeinschaft«.[39]

Der Schutz der Welt

Daß die Arkandisziplin nicht nur das Evangelium vor Verweltlichung schützt, sondern auch die Welt vor einer Vergewaltigung durch das Evangelium bewahrt, zeigt die Architektur der Versöhnungskirche. Von frère Denis entworfen und unter Mithilfe von zwei Gruppen Jugendlicher der deutschen »Aktion Sühnezeichen« gebaut, wurde sie 1962 mit mehreren ökumenischen Gottesdiensten feierlich eingeweiht.

Der erste Eindruck der Versöhnungskirche ist wenig einladend. Am Ende eines weiten, ungepflasterten Platzes ragt mit einem weit vorkragenden Flachdach ein hohes Bauwerk aus weißgrauem Beton auf, das seiner klobigen Formen und monumentalen Dimensionen wegen eher einem Bunker oder gestrandeten Flugzeugträger als einer Kirche gleicht.

Die beiden Hauptportale in der Mitte der Kirchenfront sind gewöhnlich vor und während der Gottesdienste geschlossen. Diese scheinbar ungastliche Verschlossenheit der sonst so gastfreien Communauté erscheint verwunderlich. Ihr Grund: Nicht Weltflucht oder Geheimniskrämerei, sondern Scham und »arkaner Takt«[40] lassen die Brüder die Verborgenheit ihrer Kirche wie das »stille Kämmerlein« suchen.

38 Frère Rudolf: aaO, S. 12
39 E. Bethge: aaO, S. 992
40 E. Bethge: aaO, S. 990

Weil Arkandisziplin kein Versteckspiel ist, bleibt das »stille Kämmerlein« durch eine kleine Seitentür für jedermann zugänglich. Der Zugang wird niemandem verwehrt. Die Brüder wollen lediglich die plötzliche Konfrontation von kirchenfremden oder nichtglaubenden Besuchern mit der ihren Gottesdienst feiernden Gemeinde verhindern. Niemand soll sich wider Willen und Überzeugung dadurch unter Druck gesetzt sehen, daß er sich unvermutet mitten in einer christlichen Gemeinde, mitten im fremden und unbegreiflichen Arkanum befindet.

Bezeichnenderweise steht man darum, nachdem man durch die Seitentür eingetreten ist, obschon bereits »in« der Kirche gleichsam noch immer »vor« der Kirche. Man steht im sogenannten »Déambulatoire« (Umgang), das um acht Stufen (= ca. 1.50 m) erhöht das eigentliche Kirchenschiff (= Nef), in dem die Gemeinde sitzt, von zwei Seiten galerieartig umfaßt.

Das Déambulatoire hat vor allem eine Aufgabe: Es soll allen Menschen, hauptsächlich aber den Nichtchristen, die zu den Gottesdiensten in diese Kirche kommen, einen »Raum der Freiheit« erhalten. Hier können sie verweilen und aus einer gewissen Distanz dem Gottesdienst zuhören und zuschauen. Sie sind nicht gezwungen, direkt am Gottesdienst teilzunehmen. Das Déambulatoire ist darum für viele Besucher so etwas wie ein Schutzraum, ein Asyl der »guten Heiden«. Hier in der Geborgenheit des halbdunklen Déambulatoire, das von sieben Betonglasfenstern nur wenig Licht empfängt, dürfen Kirchenfremde sie selbst bleiben. Sie brauchen sich nicht selbst aufzugeben, indem sie sich unfreiwillig den fremden Gebräuchen der Gemeinde anschließen. Ebenso unbemerkt von der Gemeinde, wie sie die Kirche betreten haben, können sie sie wieder verlassen. Niemand stört sie, niemand wird von ihnen gestört.

Die Bedeutung des Déambulatoire wurde kaum bemerkt. F. Baumann schreibt 1968 in seinem Büchlein »Taizé«: »Man wird in diesem Gotteshaus nicht kirchlich vereinnahmt, nicht konfessionell behändigt, nicht theologisch überfahren. Man darf ... noch draußen bleiben, am Rande, als Beobachter, auch als Kritiker. Und man sieht denn auch immer einige, die dort verweilen. Niemand nötigt sie, herunterzukommen und sich hinzusetzen. Niemand rempelt sie an, ob sie noch nicht zu den ›Bekehrten‹ gehörten. Niemand stört sich an ihren Fragen.« (S. 15)

Das Déambulatoire bewahrt jedem Gottesdienstbesucher einen *zweckfreien* Raum. Es schützt ihn vor der Nähe des Evangeliums. Es erhält ihm seine Freiheit. Das Déambulatoire läßt das Innere der Versöhnungskirche einen reinen *Zweckbau* sein, in dem das Arkanum der Gemeinde dargestellt werden kann. Kirche und »Welt«, Arkanum und Profanum bleiben jeweils geschützt, ungetrennt im gleichen Raum nebeneinander. Sowohl die »teure Gnade« als auch die Freiheit der »Welt« werden geschützt. Gnade bleibt Gnade (= Schutz der teuren Gnade) und kann sich der »Welt« als absichtslose Gnade erweisen (= Schutz der »Welt«). Durch das Déambulatoire erhält der Gottesdienst für die »außen-stehenden« Besucher eine missionarische Funktion.

Arkandisziplin in der Alten Kirche hatte *restriktive* Tendenzen. Sie diente vor allem der »Abschreckung der lauen Christen«, die nach der Verfolgungszeit in hellen Scharen in die nun staatlich anerkannte Kirche strömten.[41] Statt von einer restriktiven können wir für die Arkandisziplin Taizés von *repressionsfreier* Tendenz sprechen. Das Arkanum gilt in erster Linie der Gemeinde, nicht dem zuschauenden Nicht-Glaubenden. Sollte es dennoch nicht ohne Wirkung bleiben, so geschieht es nach Meinung der Brüder »ungewollt« (= gratuit). Insofern sind »repressionsfreie Arkandisziplin« und die »Gratuität der Liturgie« austauschbare, gleichwertige Begriffe. Leider ist diese besondere Aufgabe nicht mehr erkennbar, seitdem der übergroße Zustrom der Besucher jede Trennung zwischen Déambulatoire und Kirchenschiff verwischt.

Die missionarische »Aufgabe« des Gottesdienstes

Bevor wir uns der »nicht-religiösen Interpretation« als dem dritten Motiv Bonhoeffers zur Wiedereinführung der Arkandisziplin zuwenden, muß noch etwas über die missionarische Funktion der Gottesdienste von Taizé gesagt werden.

Arkandisziplin heißt nicht: Liturgie, die nur Eingeweihten zugänglich ist, oder: Licht der Welt, das unter den Scheffel gestellt wird. Es soll ja leuchten im Gottesdienst. Nur eben nicht so, daß es erschreckt, blendet oder den Betrachter gar verbrennt. Ohne direkte missionarische Absichten wird in den Gottesdiensten der Communauté das »Licht der Welt«, die »Perle« des Evangeliums, der »Schatz« der Gnade Christi den außenstehenden Nicht-Glaubenden wie durch ein Schaufenster *präsentiert*. Das Evangelium, das in und durch die Liturgie wie ein Theaterstück dargestellt und zur Schau gestellt wird, soll sich selbst verkündigen.

41 Vgl. zum Thema Arkandisziplin die Dissertation von H. Clasen: Die Arkandisziplin in der Alten Kirche. Heidelberg 1956.

Als *reine Gnade* soll es sich offenbaren, insofern es für sich selbst spricht.

Als reine Gnade kann das Evangelium um so leichter im Gottesdienst erkannt werden, je mehr es sich *absichtslos* erweist, je weniger ein missionarischer Zweck des Gottesdienstes offenbar wird. Die Darstellung des Evangeliums im Gottesdienst ist kein Exhibitionismus. Jeder Exhibitionismus verfolgt eine Absicht und braucht notwendig Zuschauer. Ein Exhibitionist ohne Publikum ist lächerlich. Die Gottesdienste der Communauté änderten ihre Form überhaupt nicht, wenn es keine Besucher mehr in Taizé gäbe.

Ein absichtslos gefeierter Gottesdienst bleibt nicht ohne Folgen. »Haben uns nicht gerade viele Agnostiker auf dem Wege über das gottesdienstliche Gebet entdeckt und verstanden?«[42]

Die theologische Voraussetzung des absichtslosen Gottesdienstes ist der Gedanke einer *zentripetal-stationären* Mission. Traditionell versteht sich Mission anders. Sie trägt *zentrifugal-mobilen* Charakter. Missionare werden ausgeschickt. Christen wenden sich an Nichtchristen. Von dem Mittelpunkt Kirche gehen zentrifugale Kräfte aus, die auf die außenstehende »Welt« gerichtet sind. Neutestamentliche Basis dieses Missionsverständnisses ist der Missionsbefehl in Matthäus 28, 19 f: »Geht hin in alle Welt...« Die große Gefahr dieser Mission: Entartung der Predigt in Propaganda, Verkehrung der Zuwendung in Aggression, statt Freiheit Druck.

Obschon auch die Brüder Jesu Missionsbefehl nicht geringschätzen – ihre Fraternitäten in aller Welt sind ein beredter Beweis – geben sie ihrer Mission die Gestalt *zentripetal-stationärer Präsenz.* In ihren Gottesdiensten zeigt sie sich nicht in erster Linie als Gemeinde, die sich auf dem Weg zu den Nicht-Glaubenden befindet. Sie zeigt sich vielmehr als Gemeinde *innerhalb* der Welt der Nichtchristen. Sie lebt wie die ortsfeste »Stadt auf dem Berge, die von allen Menschen gesehen werden soll«, weil ihre Gestalt und ihr Fundament der »Welt« nicht verborgen bleiben können. Sie lebt als »Licht der Welt«, das das Evangelium in die Welt »ausstrahlt« (rayonner), wie die Brüder gern die Wirkungsweise ihrer Liturgie nennen.[42]

Neutestamentliche Grundlage dieses Missionsverständnisses ist nicht Matthäus 28, 19 f, sondern Matthäus 5, 14 ff. Hier läuft der Weg der Kommunikation des Evangeliums andersherum als üblich. Nicht die Gemeinde geht mit dem Evangelium in die

42 Vgl. Roger Schutz: Einmütig im Pluralismus, S. 57

»Welt« (= zentrifugal-mobile Mission), sondern die »Welt« kommt zur Gemeinde und betrachtet in ihrer Gestalt, ihrem Leben das Evangelium Christi (= zentripetal-stationäre Mission). So wird der Gottesdienst der Brüder zu einer »der Stätten, wo die Transzendenz stärker spürbar wird, der Orte, wo sich die Begegnung zwischen Gottesstadt und Menschenstadt vollzieht«.[43]

Die missionarische Wirkung des Gottesdienstes der Brüder ist dann nicht mehr so sehr abhängig vom rhetorischen Geschick des Predigers, sondern davon, wie sich das Evangelium im Leben der Gottesdienst feiernden Gemeinde als Gemeinschaft, Vergebung, Frieden, Freude, Freiheit *sichtbar* verwirklicht. Missionarische Wirkung hat ein solcher Gottesdienst dort, wo sich die Gemeinde *sichtbar selbst predigt*, weil sie inkarniertes Evangelium ist. Der »Gottesdienst kann das sichtbare Zeichen einer Gemeinschaft sein, die Gott selbst gestiftet hat. In dem Maße wie eine Versammlung von Christen wirklich brüderlich ist und die geistliche und tiefe menschliche Gemeinschaft der Beteiligten sowohl untereinander wie in ihren Konsequenzen nach außen manifestiert, hat ein Gottesdienst missionarischen Charakter.«[44]

43 Roger Schutz: Einmütig im Pluralismus, S. 57
44 Frère Rudolf: aaO, S. 16

VIII
Die Präsenz: Gratuitätsfunktion und nicht-religiöse Interpretation

Allgemeine Beschreibung der Fraternitäten

Am Leben der Fraternitäten läßt sich besonders einleuchtend darstellen, was die Brüder mit »Präsenz« meinen. Als »fraternités« pflegt die Communauté jene kleinen Gemeinschaften von meist nicht mehr als drei oder vier Brüdern zu bezeichnen, die fern von Taizé als »frères en mission« für eine bestimmte Zeit an verschiedenen Orten der Welt leben: »Ohne große Hilfsmittel, absichtlich in ökonomisch und menschlich aussichtslosen Lebensbedingungen.«[1]

Die Institution der Fraternitäten entstand 1952, als eine Gruppe von Brüdern in der 40 km von Taizé entfernten Industriestadt Montceau-les-Mines zu arbeiten begann. Gewissermaßen die »Vor-Läufer« dieser ersten Fraternität waren einzelne Brüder, die – oft allein – als »Evangélistes itinérants«, gleichsam als »protestantische Wandermönche«[2] durch die Lande zogen. Sie lebten von ihrer Hände Arbeit und wurden bei Gelegenheit missionarisch wirksam, ohne allerdings auf ein bestimmtes missionarisches Modell eingeschworen zu sein. Der Fraternität in Montceau-les-Mines folgten bald weitere Unternehmungen ähnlicher Art in: Abidjan (Elfenbeinküste), Amersfoort (Niederlande), Bad Boll, Beirut, Bonn, Chicago, Coventry, Genf, Hussein-Dey (Algerien), Kigali (Ruanda), Köln, Lyon, Madison (USA), Marseille, Montbéliard, Niamey (Niger), Paris, Recife, Rom, Sheffield, Utrecht, Västeräs (Schweden) und Villigst.

Anders als »Missionsstationen« der großen Kirchen, die sich oft nur »bis auf weiteres« an einem Ort niederlassen, dann aber ihren beweglichen Charakter meist rasch einbüßen, leben die Fraternitäten grundsätzlich »im Provisorium. Jede von ihnen wird periodisch auf ihre Zweckmäßigkeit (opportunité) über-

1 Frère Rudolf: Gemeinsames Leben und Gottesdienst (s. o. Kap. VII, Fn. 10), S. 11

2 S. von Kortzfleisch: Mitten im Herzen der Massen, S. 146

prüft«.[3] Der Grund für diese institutionalisierte Beweglichkeit: Die Fraternitäten sollen sich nicht von der Communauté trennen. Ein keineswegs einfach zu verwirklichendes Ziel. So sollen sich nämlich die Fraternitäten einerseits in Lebensstil, Wohnungs- und Arbeitsverhältnissen den örtlichen Gegebenheiten anpassen. Sie sollen sich selbst erhalten und materiell nicht von der Communauté abhängig sein.[4] Andererseits sollen sie sich nicht zu autonomen Ablegern der Communauté entwickeln. Allein die Communauté berät und entscheidet über den von den Fraternitäten einzuschlagenden Weg. »Würden die ausgesandten Brüder ohne Verbindung mit dem Prior Entscheidungen hinsichtlich der von ihnen einzuschlagenden allgemeinen Richtung treffen, so würde sich die Communauté sehr bald auf ein paar Konventikel reduzieren.«[5]

Die Fraternitäten sind also keine »Tochterklöster« von Taizé, sondern nichts anderes als zeitweilige Exklaven der einen Communauté. Sie tragen darum nie einen eigenen Namen, etwa »Fraternität von Taizé in Chicago«, sondern der Absender der Chicagoer Fraternität lautete zum Beispiel »Taizé Community. 119 West Locust Street. Chicago«. Die ausgesandten Brüder bleiben Repräsentanten der einen ungeteilten Communauté. »Immer und überall stehen sie für die Communauté; ihr Verhalten ist verbindlich für das Zeugnis aller. Sie halten regelmäßig den Prior auf dem laufenden über ihr Leben. Sie sollen sich in kein neues Unternehmen wagen ohne seine Zustimmung; denn er ist beauftragt, den Bruderrat zu befragen. Wenn die ausgesandten Brüder diesen engen Kontakt nicht wahren, zerstören sie sehr bald die Einheit des Ganzen.«[6]

Die Fraternitäten sind keine Einsatzgruppen, die »missionarischer« lebten als die übrigen Brüder in Taizé, wie es der Name »frères en mission« nahezulegen scheint. Weder darf man den Fraternitäten die »Aktion« zuweisen, während der übrigen Communauté die »Kontemplation« bleibt. (H.-E. Bahr), noch darf man das soziale Handeln der Communauté auf die Fraternitäten begrenzen und die »frères en mission« zu einer Art kirchlicher Sozialarbeiter machen (W. Schleiter).[7]

3 Roger Schutz: Einmütig im Pluralismus, S. 77
4 Frère Frank, 10. Oktober 1969, mündlich
5 Roger Schutz: Einmütig im Pluralismus, S. 77
6 Regel von Taizé, S. 38
7 H.-E. Bahr in: Nun auch protestantische Klöster?, S. 562; W. Schleiter in: Evangelisches Mönchtum, S. 67

Mit Recht nennt darum die Communauté die »frères en mission« nicht »Missionsbrüder«[8], sondern »ausgesandte Brüder«. So bleibt die Einheit der Communauté gewahrt. Sie dient den ausgesandten Brüdern eben nicht als Basis wie das Missionshaus seinen Missionaren.[9]

Gerade weil die Brüder die Einheit ihrer Communauté so stark betonen, kann man die Arbeit der frères en mission auch nicht mit der Tätigkeit der Arbeiterpriester oder der »Kleinen Brüder Jesu« vergleichen.[10] Von den Arbeiterpriestern unterscheiden sich die ausgesandten Brüder vor allem durch das Gemeinschaftsleben der Fraternitäten. Auch versuchen sie nie, für eine bestimmte Kirche missionarisch zu wirken, wie es die Arbeiterpriester der römisch-katholischen Kirche tun.

Mit den »Kleinen Brüdern Jesu«, die ungefähr zur gleichen Zeit als Orden entstanden sind wie die Communauté, verbindet die Brüder ungleich mehr. Trotz großer Ähnlichkeit in Arbeits- und Lebensweise unterscheiden sich die Brüder von Taizé durch den Akzent, den sie der Einheit der Communauté für das missionarische Zeugnis geben. Im Blick auf das Trennende und Verbindende zwischen beiden Gemeinschaften berichtet frère Roger eine bezeichnende Episode aus den ersten Jahren der Communauté: »Dieser Tage gab uns der Besuch der ›geistlichen Familien‹ von Charles de Foucauld die Gelegenheit, uns gemeinsam von neuem unserer alten Freundschaft bewußt zu werden.

Wäre die Einheit der Kirche bereits Wirklichkeit gewesen, als wir in Taizé unsere Arbeit aufnahmen, so hätten wir nicht gezögert: Die Familie von Pater de Foucauld (= Kleine Brüder Jesu) entsprach unseren Erwartungen des Augenblicks. Doch in Anbetracht der ökumenischen Berufung haben unsere Wege sich getrennt. Zu einem bestimmten Zeitpunkt mußten wir aus dem Schweigen heraustreten, um vor allem jungen Menschen Aufnahme zu gewähren. Im übrigen hat uns während unserer Anfangszeit eine Frau (= Madame Boegner) nachdrücklich ihre Überzeugung nahegebracht, daß eine Zerstreuung aller Brüder in kleine Bruderschaften dem sichtbaren Zeichen der Gemeinschaft widersprechen würde, auf das Christen Bezug nehmen

8 So übersetzt H. Pfiffner »frères en mission« in J.-M. Paupert: Taizé, S. 287, Anm. 14; S. 289, Anm. 45

9 Dies übersieht S. von Kortzfleisch, wenn er schreibt: »Den Fraternitäten ›dient Taizé als Zentrum, als Mutterschiff‹.« (aaO, S. 146)

10 W. Schleiter (aaO, S. 67) und S. von Kortzfleisch (aaO, S. 146) haben dies versucht.

können. In einer Welt, in der alles uns zur Zerstreuung auffordert, bleibt dieses Zeichen wesentlich.«[11]

Die missionarische Aufgabe der Fraternitäten: Darstellung der Gratuität

1966 schreibt Roger Schutz zum ersten Mal in der Geschichte der Communauté über die missionarischen Zielvorstellungen der Fraternitäten. Vorher hat er stets nur gesagt, wie sie zu arbeiten hätten. In »Einmütig im Pluralismus« schreibt er nun über den »Grund« der Mission der Communauté:

»Als kleine Stätten der Einheit sind die ausgesandten Brüder Christusträger durch ihre bloße Gegenwart (par leur seule présence). Ohne daß wir wissen wie, übernimmt und verklärt Gott diese Welt, die nur so langsam glaubt, einfach durch die Präsenz (par la simple présence) der Christen. In der gegenwärtigen Phase der Menschheitsgeschichte ist es von Bedeutung, Gratuität zu zeigen (signifier une gratuité) und niemals im Namen der Kirchenräson jemand einzufangen oder festzuhalten. Lieber Präsenz sein als wirksames Werkzeug. Eine ganze ›Lehre von der Mission‹ läßt sich daraus entwickeln. Sie ist noch nicht geschrieben, und in dieser Hinsicht bleiben wir in der Zeit des Wartens.

Sind wir als Brüder ausgesandt, so bleibt es das Wesentliche, die Freude des gemeinsamen Gebets zu leben und brüderlich offen zu sein für die, die uns umgeben. Hier liegt der wahre Grund unseres Daseins, alles andere ergibt sich daraus.

Die ausgesandten Brüder sollen immer daran denken, daß ihr Leben, das arm und ohne wirkungsvolle Hilfsmittel ist, der Communauté neue Kräfte zuführt. Diese Art der Präsenz macht es uns möglich, über eine oft nur intellektuelle Kenntnis hinaus eine Ahnung von jenen Bereichen der Gesellschaft zu gewinnen, die uns sonst verschlossen blieben ...

Der Empfang der Gäste, die Beständigkeit im gemeinsamen Gebet, der Vorrang der Erfordernisse des bruderschaftlichen Lebens vor den sonstigen Aufgaben, der tiefgehende Austausch unter den Brüdern, all dies macht Menschen bereit, Brüder für alle zu werden.«[12]

Gottesdienst wie Leben der Fraternitäten geschehen »ab-

11 Roger Schutz: Gewalt der Friedfertigen, S. 45. Vgl. auch in: Fest ohne Ende, S. 121 f

12 Roger Schutz: Einmütig im Pluralismus, S. 76 f

sichtslos« (gratuit), sind missionarisch »uneigennützig« (désinteressé), wenngleich nicht »indifferent«. Gottesdienst wie Fraternitäten stellen das Evangelium Christi gleichnishaft sichtbar dar: der Gottesdienst im guten Sinn »religiös« durch die Arkandisziplin, die Fraternitäten in »nicht-religiöser« Form durch die Präsenz der Brüder. Vor allem frère Rudolf beschreibt Gottesdienst und Fraternitäten in diesen Begriffen. Wiederholt spricht er von »nicht-religiöser Selbsthingabe«, »nicht-religiösem Engagement«, »nicht-religiösem Einsatz in der Welt«.[13]

Gleichwohl müssen wir uns hüten, Gottesdienst und Leben in der Präsenz der traditionellen Unterscheidung zwischen Kontemplation und Aktion zuzuordnen. »Wir haben in Taizé niemals zwischen Gottesdienst und Mission, Gebet und Leben, Kontemplation und Aktion (wie man früher sagte) trennen können. Wenn man ganz ungeteilt das Leben Christi für die Menschen leben will, handelt es sich um zwei Seiten der gleichen Sache. Leben und Gebet sind für einen Christen nicht auseinandertrennbar . . .« »Die Sendung der Kirche ist ein *Ganzes*, bestehend aus dem Zeugnis der verwirklichten Gemeinschaft (nach innen und außen), dem Zeugnis des Lebens.« (aaO, S. 4, 10)

Gebet und Leben können für die Brüder zu austauschbaren Zeugnissen christlichen Lebens werden. So schreibt zum Beispiel frère Roger in »Gewalt der Friedfertigen«: »Gespräch mit einem Bruder, der in seine Fraternität zurückkehrt: Was werden wir sein? Ein lebendiges Wort (parole vivante) inmitten der Ungerechtigkeit und Trennung; ein Gebet durch eine für die Vernunft unverständliche Existenz (une prière par une existence absurde); eine Sprache Gottes (langage à Dieu) durch jedes Verhalten bei denen, die am härtesten zu leiden haben.« (S. 106)

Die nicht-religiöse Interpretation des Evangeliums durch das Leben der Fraternitäten läßt sich am besten durch die sich gegenseitig ergänzenden Begriffe verdeutlichen: »Gratuität zeigen« (signifier une gratuité) und »Präsenz sein« (être une présence). Das »signifier une gratuité« zeigt das missionarische Ziel, das »être une présence« den Weg zum Ziel.

Was heißt »Gratuität«? Die Brüder haben diesen Begriff als erste in die Lehre von der Mission eingeführt. Absichtslosigkeit, Uneigennützigkeit oder Selbstlosigkeit kommen dem, was »gratuité« meint, zwar nahe; sie verdunkeln aber, daß »gratuité« mehr eine Tätigkeit, eine Handlung, ein Leben sein soll als eine Eigenschaft.

13 Frère Rudolf: aaO, S. 14 f

1968 notiert frère Roger in seinem Tagebuch: »Heute abend haben mich einige junge Leute gefragt, was dieses Absehen von sich selbst (gratuité) bedeutet. Es ist ein menschliches Verhalten (un geste de l'homme), in dem der Mensch darauf verzichtet, einen anderen zu seinem Gefangenen zu machen. Dieses Verhalten (geste) setzt eine Überwindung voraus. Sich selbst überwinden, würde man in einer heroischen Ausdrucksform sagen. Diese Überwindung führt zu einer Gemeinschaft. Wenn sie vollzogen ist, gibt sie eine unvergleichliche Öffnung für das Leben.«[14]

Absichtslose Gemeinschaft

Erstes Kennzeichen der Gratuität: ein aktives (geste!) Nicht-Tun. Verzicht auf jede Form von Herrschaft über andere Menschen. Verzicht auf soziale Privilegien, die man als Europäer in der Dritten Welt genießen könnte. Verzicht darauf, nationale, kulturelle, konfessionelle Eigentümlichkeiten der Heimat demonstrativ beizubehalten, oder gar als besonders akzeptierenswerte europäische Errungenschaften anzubieten. Verzicht auf Belehrung im Blick auf die notwendige Befreiung der Menschen. Am erstaunlichsten ist wohl der letztgenannte Verzicht.

Kaum vorstellbar erscheint es, daß eine Gruppe engagierter Christen Europas ihre Heimat verläßt, zum Beispiel nach Recife oder Chicago geht, um dann an Ort und Stelle auf besondere humanitäre Aktionen zu verzichten, nicht zur sozioökonomischen Entwicklung jener Orte beizutragen. Bewußt verzichten sie auf Hilfsprogramme jeder Art. Ihr vornehmliches Ziel bleibt es, »zu hören, zu empfangen, zu teilen«.[15]

Selbst »wenn ausnahmsweise einer unserer Brüder in Organisationen zur Verbesserung der Lebensverhältnisse eingesetzt ist, so will das nur ein Zeichen sein für unsere Teilhabe an der ›Vergesellschaftung‹ (socialisation) der Welt von heute ... Erzeugt ein derartiger Einsatz ein Klima der Leidenschaftlichkeit und geschieht er nicht mehr aus einem tiefen inneren Frieden heraus, dann müßte man ihn in Frage stellen. Wenn uns das Gebet in einer ›splendid isolation‹ hält, fragt man uns: Wozu so ein Gebet? Doch hat uns unser Gebet gerade dahin geführt, daß wir uns um den menschlichen Aufstieg derer kümmern, die in der größten Ar-

14 Roger Schutz: Gewalt der Friedfertigen, S. 95 f
15 Frère Olivier: Nouvelles des frères en mission

mut leben, nah und fern. Darum ist es wichtig, daß wir keine Vorrechte bei den ›Mächtigen‹ (pouvoirs) suchen.«[16]

Es widerspricht dem absichtslosen Wesen des Evangeliums, sich durch Stärke, Einfluß und Überlegenheit zu zeigen, oder sich mit diesen Mächten zu verbünden. Darum der Verzicht auf alle Mittel menschlicher Wirksamkeit. »Ob man es will oder nicht: Macht und Wirkungskraft der Mittel führen zum Zweifel an der Wirkungskraft Gottes.«[17]

Dieser Verzicht auf alle Machtmittel hat theologische Gründe. Er ist nicht fatalistisch oder quietistisch gemeint. Verzicht nicht in der dreisten Hoffnung: Gott wird handeln, wenn wir nicht handeln, sondern: Wir handeln so wie Gott: arm an Mitteln. Er ist übersehbar, verletzbar, schwach. Schwach, aber nicht schwächlich. Er will nicht siegen, nicht dominieren, nicht unter Druck setzen, sondern Freiheit zeigen, Liebe zeigen. »Wir wissen, daß wir Christus in uns tragen, daß wir seine Boten (ambassadeurs) sind und daß wir es in aller Demut sein können durch ein verborgenes Leben unter den Massen in den Missionsländern, ein Leben, das bezeugt, daß das Evangelium selbstlos (désinteressé) ist.«[18]

Das Zeichen absichtsloser Präsenz hat nicht immer den ungeteilten Beifall jener kirchlichen Kreise gefunden, in deren Bereich sich die Fraternitäten angesiedelt hatten. Im Chicagoer Ghetto, jenseits der sogenannten »Berliner Mauer«, ließen sich 1966 sechs Brüder von Taizé zusammen mit zwei schwarzen Franziskanern der USA nieder. Alle, die sozial im Ghetto arbeiteten, hatten sich schon damals auf die nicht mehr aufhebbare Trennung zwischen Schwarz und Weiß eingestellt. Längst hatten die Weißen diesen Bezirk verlassen. Die Brüder waren die einzigen Weißen, die im Ghetto wohnten. Außer Sozialarbeitern und Polizisten, die sich hier nur tagsüber aufhielten, sah man kaum einen Weißen in diesem Viertel Chicagos.

Der Versuch der Brüder, ohne irgendwelche festen Absichten und Pläne zur Reform der Lebensumstände im Ghetto zu wohnen, wurde von den Ghettobewohnern positiv aufgenommen. Obwohl die Brüder öffentlich nie für eine Seite Partei ergriffen, tat es ihrer Glaubwürdigkeit keinen Abbruch. Man akzeptierte das merkwürdige Engagement der Brüder mit einer gewissen Verwunderung und wußte das stets offene und gastfreie Haus

16 Roger Schutz: Einmütig im Pluralismus, S. 55
17 Roger Schutz: Gewalt der Friedfertigen, S. 81
18 Roger Schutz: Heute Gottes, S. 37 f

der Fraternität zu schätzen. Schon am ersten Tag hatten die Brüder ihren schwarzen Nachbarn erklärt: »Wir kommen nicht, um zu unterweisen, nicht um Gutes zu tun, nur um Nachbarn unter Ihnen zu sein.«[19] Ebenso deutlich hatten die Ghettobewohner geantwortet: »Don't try to convert us, to help us. You have to work on your owns, on your own-skin-people.« (aaO). Verschiedene weiße Christen, die die Fraternität während einer längeren Zeit hindurch beobachtet hatten, begriffen nichts. In verschiedenen Chicagoer Kirchenblättern erschienen heftige Angriffe gegen die Brüder. Stereotyp fragte man sie: »Warum sind Sie hier, wenn Sie keine Sozialarbeit leisten wollen?« (aaO)

Als Ursache nannte mir frère Frank, der verantwortliche Bruder in der Fraternität, das offensichtliche Unvermögen vieler westlicher Christen, anders als in Begriffen des Machbaren, Erreichbaren, Veränderbaren zu denken. Christliches Leben und Daseinsberechtigung wurde nur nach den Maßstäben der »efficiency« beurteilt. »Man hat nicht verstanden, daß das ›Zeichen‹ und das ›gratuit‹ das einzig Mögliche waren, was wir an diesem Ort als Christen leben konnten. Das Problem war, daß wir zusammen beten, daß wir Zeit verlieren mit Beten, wo in einer Großstadt soviel zu tun ist. Die einzige Weise für Amerikaner, über dieses Problem zu denken, ist, wie man anderen helfen kann. Viele Amerikaner, progressive Christen, denken nur an Sozialarbeit. Sie sind ganz beeinflußt von dem Buch »Stadt ohne Gott« (H. Cox). Sie wollen eine Stadt bauen wie das ›Neue Jerusalem‹ ohne Tempel. Aber nun entdeckt man mehr und mehr, daß jene, die vor fünf, sechs und mehr Jahren begonnen haben, sich im Inner-City-Work zu engagieren, heute ganz leer sind. Und der Stadt geht es schlechter denn je.«

Absichtslose *Gemeinschaft*

Von einer ganz anderen Seite richtet H.-E. Bahr eine kritische Frage an die Konzeption der absichtslosen Präsenz der Fraternitäten. Er kritisiert nicht die scheinbar zu große Quantität des Gebets. Er fragt als erster sehr direkt nach der missionarischen Wirkung. »Das Movens aller dieser Aktionen der Brüder ›draußen, unter den getauften Nihilisten‹ ist, durch ihr einfaches Mitdasein (simple présence) sich erst einmal wieder Glaubwürdigkeit zu verschaffen für das Wort, das sie zu sagen haben. Es liegt in

19 Frère Frank, 8. Oktober 1969, mündlich

dieser Begründung ihres Tuns in nuce eine Abkehr von der Wortbezeugung überhaupt. Es bleibt deshalb gerade angesichts der Lauterkeit des Unterfangens die Frage offen, ob je mehr gewirkt wird als die Wiedergewinnung einer Achtung vor der Person dieses oder jenes Bruders, wenn man mit dem Eigentlichen hinterm Berge hält.«[20]

Wie sollten die Brüder »mit dem Eigentlichen hinterm Berge halten«, wenn zum Beispiel ihr gemeinsames Gebet unveräußerlicher Teil ihrer »simple présence« ist? Zudem wird bei Mahlzeit und anschließendem Beisammensein keineswegs geschwiegen, sondern sehr viel gesprochen, erklärt, geantwortet, wenn danach gefragt wird. Jedenfalls bestätigen das alle Berichte über die Fraternitäten. Sicher sind die Fraternitäten keine Gruppen redefreudiger Mönche im Stile Billy Grahams, ebenso wenig aber mit schweigsamen Trappisten vergleichbar.

H.-E. Bahrs Einwand zielt jedoch weiter. Er vermutet die missionarische Wirkung nur in der persönlichen Anerkennung dieses oder jenes Bruders. Hat also nicht der Verzicht der Brüder, die missionarische Existenz in den Missionsdienst einer bestimmten Kirche zu stellen, eine Individualisierung ihrer Mission zur unausweichlichen Folge gehabt? Wir müßten diese Frage mit einem eindeutigen »Ja« beantworten, wenn die Brüder ihre »simple présence« *allein* leben wollten, wie es zum Beispiel in der römisch-katholischen Kirche die Arbeiterpriester tun.

Die missionarische Wirkung der Fraternitäten hängt indessen nicht an den persönlichen Qualitäten des einzelnen Bruders, sondern an der Ausstrahlungskraft der Fraternität. Nicht ein einzelner ist Missionar, sondern die Gemeinschaft. Die Brüder denken dabei an Gemeinschaft im umfassenden Sinn: an das Miteinanderleben und -teilen, an das gemeinsame Gebet und Warten, das Vertrauen, die Gastfreundschaft, das Zuhören, den Dialog etc. Die Gemeinschaft in und durch die Fraternitäten ist die nicht-religiöse Interpretation (vgl. unten: »traduction«) des Evangeliums, das von der Gemeinschaft und Liebe Gottes spricht.

Einer der Brüder schreibt über diese spezielle missionarische Kraft einer christlichen Gemeinschaft: »In dieser so schwer ansprechbaren (sc. urbanen) Gesellschaft müssen wir das wiederentdecken, was für das christliche Leben spezifisch ist. Das heißt vor allem: Die brüderliche Gemeinschaft. Sie ist die konkrete Übersetzung (traduction) dieser einzigartigen Anspielung des

20 In: Nun auch protestantische Klöster?, S. 562

Evangeliums auf das ›Zeugnis‹: ›Man wird euch an eurer Liebe erkennen, die ihr einer dem anderen erweist.‹ Nicht so sehr also an dem Maße unseres Engagements oder an unserer persönlichen ›Austrahlung‹ (rayonnement), die vielleicht mehr unseren menschlichen Qualitäten entsprechen als unserem Glauben. Man wird uns an der Qualität unserer Beziehungen von Mensch zu Mensch erkennen, an unserer Freundschaft und daran, wie wir dem anderen zuhören können. Darum muß man als Christ zu mehreren zusammenleben. Welche missionarische Bedeutung kommt heute einem Christen zu, der allein lebt?«[21]

Mission und Einheit der Kirche

Die Mission der Fraternitäten ist nicht die Mission einer kirchlichen Splittergruppe, die eine sektenähnliche Randexistenz führt, weil sie scheinbar unbekümmert um alle kirchlichen Folgen ihrer Mission Mission treibt. Im eigentlichen Sinn des Wortes ist die Mission der Fraternitäten *kirchliche* Mission. Durch die ›simple présence« der Brüder repräsentiert die Communauté das sichtbare Zeichen verwirklichter Gemeinschaft. Die Brüder leben das Gleichnis »Kirche«, die in ihrem Wesen der eine ungeteilte Leib Christi ist.

Die zentrale These aller missionarischen Gedanken der Communauté lautet darum: *Sichtbare Einheit der Kirche und Mission der Kirche sind untrennbar miteinander verbunden. Die Einheit der Kirche ist Voraussetzung und Inhalt der Mission der Kirche.*[22]

Die biblische Begründung für diese These sehen die Brüder im Hohenpriesterlichen Gebet Jesu in Johannes 12, 23: »Vater, ich bitte, *daß alle eins seien* (= Einheit der Kirche), wie du, Vater, in mir bist und ich in dir, daß auch sie in uns eins seien, *damit die Welt glaube* (= Mission der Kirche), daß du mich gesandt hast.«

Wenn die Brüder die Einheit der Kirche so stark für die Mission der Kirche betonen, hat das weitreichende Folgen für die Mission aller Kirchen. Der Sinn aller ökumenischen Aktivität wird dann als missionarisch bedingt erkennbar. Einheit der Kirche dient dann nicht nur vordergründigen Gebietsarrondierungen und effektiverer Arbeit der Kirchen, die sie im Religiösen

21 (Ohne Verfasserangabe) in: Aujourd'hui 24, Dezember 1968, S. 8
22 Vgl. Roger Schutz: Heute Gottes, S. 67

nur den rationell arbeitenden Großbetrieben im Stile von General Motors gleichen ließe, wie frère Rudolf meint. »Eins sein, damit die Welt glaube! Die Einheit ist kein Selbstzweck. Christus bittet nicht nur ›laß sie eins sein‹, sondern er fährt fort: ›damit die Welt glaube‹, das heißt, damit die Welt durch die Einheit der Christen in die Lage versetzt werde zu glauben.«[23]

Solange die Brüder Einheit der Kirche und Mission der Kirche so eng verknüpfen, entgehen sie verschiedenen Irrwegen traditioneller kirchlicher Mission. 1. Mission ist dann nicht nur die Sache eigens für sie bestimmter und ausgebildeter Spezialisten (Pastoren, Ärzte etc.), sondern die Sache aller. Mission vollzieht sich ja durch das Zeugnis der Gemeinschaft als Abbild des Evangeliums, nicht durch die Arbeit einzelner. 2. Die Kirche ist dann nicht mehr Subjekt ihrer Mission, sondern Instrument der Mission Gottes. Davon reden heute zwar viele, aber die Strukturen herkömmlicher Mission strafen ihre Erkenntnisse Lügen. Als das alleinige Subjekt der Mission repräsentiert sich Christus selbst – die Verkörperung der grenzenlosen Liebe Gottes – durch das sichtbare Zeichen gelebter Gemeinschaft. Nicht ohne Grund nennt Paulus die Kirche »Leib Christi«.

Frère François schreibt dazu in einem Aufsatz mit dem unscheinbaren Titel »Le christianisme, religion d'amour«: »Die ganze Mission der Kirche ist es, den Menschen die Liebe Gottes mitzuteilen, und das auf eine sehr konkrete, sehr inkarnierte Weise, wenn sie die Menschen zum Glauben und zur Teilnahme an den Sakramenten ruft und ihnen so das ewige Leben kommuniziert. Um dieser Mission willen muß die Kirche diese neue Realität der Liebe unablässig durch eine Einheit leben, wie sie die Welt nicht kennt, durch eine ›vollkommene‹ Einheit (Johannes 17,23).« (S. 9)

Das Evangelium von der Liebe Gottes verliert seine Glaubwürdigkeit, wenn Trennungen seiner Verkündiger ihm widersprechen. Die Worte mögen dann richtig sein, eine Wirkung bleibt aus. Die Unglaubwürdigkeit der Missionare ist stärker als die Glaubwürdigkeit des Evangeliums. Man kann nicht Liebe predigen und getrennt nebeneinander leben. Darum heißt es in der Regel von Taizé: »Finde dich niemals ab mit dem Skandal der Spaltung unter den Christen, die alle so leicht die Nächstenliebe bekennen und doch getrennt bleiben. Habe die Leidenschaft für die Einheit des Leibes Christi!« (S. 15)

Den Kommentar dazu schreibt frère Roger in »Das Heute Got-

23 Roger Schutz: Einheit und Zukunft, S. 20

tes«: »Alle, die sich Christen nennen, müssen darüber wachen, daß ihre Gegensätze nicht zum Ärgernis für die Ungläubigen, für die Welt werden. Erkennen wir doch, daß sich die Welt mit Recht über uns lustig macht, wenn wir Gott als den Gott der Liebe bekennen und gleichzeitig uns, die wir den Namen Christi tragen, untereinander verachten! Und was ist, von hier aus gesehen, noch Erstaunliches an dem Bann (interdit), der auf unserem Zeugnis gegenüber den entchristlichten Massen und den Heiden in den Missionsländern liegt« (S. 68). Solange Christen wie bisher gegeneinander oder parallel nebeneinander leben, gleichen sie Ehepaaren, die von Liebe reden, aber in Scheidung leben. Wer wird ihnen Glauben schenken können, selbst wenn ihre Worte richtig sind?

Wichtig bleibt für gelebte Einheit der Kirche, daß die Einheit *sichtbar* wird. »Manche Christen betonen zwar, die Einheit der Kirche sei schon jetzt in Christus unsichtbar da. Aber was ist schon diese nur im Geiste existierende Einheit, wenn sie es nicht fertigbringt, in der Wirklichkeit Gestalt zu gewinnen? Und vor allem, wie könnten wir von denen, die das Evangelium die Welt nennt, von den Ungläubigen, verlangen, daß sie mit den Augen des Glaubens sehen? *Die Welt glaubt, was sie sieht*; und was sie heute sieht, ist eine gespaltene Christenheit. Allein unsere sichtbare Einheit kann der Welt beweisen, daß wir Kinder des gleichen Vaters sind und an den gleichen Christus glauben.« (S. 69 f)

Was man theologisch etwas abstrakt »Inkarnation«, Menschwerdung Gottes nennt, muß sich im Leben der Christen wiederholen. Nur darum beharren die Brüder so unablässig auf der Sichtbarkeit der Einheit. Was im Kapitel über den Gottesdienst gesagt wurde (die Gemeinde stellt sich als sichtbares Evangelium dar), gilt auch für die »einfache Gegenwart« einer Gemeinschaft: Sie ist sichtbares Evangelium. »Wo ein paar Menschen, einzeln genommen, nicht viel vermöchten, können dieselben Menschen, zum gemeinsamen Leben vereint, fest in einem Glauben bestehen, der Berge versetzt ... Eine solche Gemeinschaft bildet einen Mikrokosmos der Kirche. Sie faßt in sich die ganze Wirklichkeit der Kirche zusammen. Das schlichte Zeichen einer Gemeinschaft kann darum einen Widerhall finden, der weit über die Grenzen der Menschen, die sie bilden, hinausgeht ... Viel mehr als Ideen braucht die Welt von heute Bilder und Verwirklichungen. Eine Idee, die nicht mehr von einer sichtbaren Wirklichkeit getragen ist, würde kein Verständnis finden; sie würde zur Ideologie. Wie schwach auch das Zeichen der Einheit sein mag, es erhält seinen Wert, sofern es eine Lebenswirklichkeit deutlich macht, sofern es eine in seinem Innersten bestehende Einmütigkeit zum Tragen bringt. Dann rüttelt es auf.«[24]

Nicht-religiöse Interpretation

In welchem Sinn kann man diesen schillernden Begriff auf die Existenz der Fraternitäten anwenden? Frère Rudolf spricht unter ausdrücklicher Berufung auf die Intentionen Bonhoeffers vom »nichtreligiösen Engagement«, dem »nichtreligiösen Einsatz« und der »nichtreligiösen Selbsthingabe« der Brüder in den Fraternitäten.

Wenn Evangelium gesprochene, *verkündete* Gratuität, also Gnade Gottes ist, dann ist die absichtslose Existenzweise, *gelebte* Gratuität, also auch Gnade Gottes. Spricht die Communauté in Gebet, Meditation, Predigt, Eucharistie »religiös« von Gott, geschieht dasselbe »nichtreligiös« durch das Leben der Fraternitäten.

In der – menschlich betrachtet – absurden Handlungsweise, wie sie sich in der absichtslosen Existenz der Fraternitäten zeigt, wiederholen und mitvollziehen die Brüder die Missio Christi, stellen sie Jesu Leben, Reden und Handeln »nichtreligiös« dar, so wie Jesus selbst neben seiner »religiösen Existenz« (Beten) auch »nichtreligiös lebte, redete und handelte«.

Das nichtreligiöse Zeichen der absichtslosen Präsenz der Fraternitäten ist nicht das Uneigentliche, dem später die Verkündigung des Evangeliums als das Eigentliche folgt.[25] Das Evangelium – nämlich die Absichtslosigkeit Gottes – ist bereits in der einfachen Präsenz der Fraternitäten enthalten. Die einfache Präsenz ist das »existentielle Zeichen«, das gelebte Wort, durch das die Wirklichkeit Gottes nichtreligiös repräsentiert und Nichtchristen mitgeteilt wird. Die einfache Präsenz ist nicht Mittel zum Zweck, wie es zum Beispiel die Ludwigshafener Christusbruderschaft meint mit dem Satz: »Rede nicht, ohne gefragt zu sein; aber lebe so, daß du gefragt wirst.« Wenn die einfache Präsenz (schweigend leben) Mittel zum Zweck (gefragt werden) ist, ist sie nicht mehr absichtslos. »Die Fraternitäten wollen die Gratuität Christi darstellen. Nichts sonst. Sie sind nicht dazu da, damit andere zu einer Reaktion gebracht werden.«[26]

24 Roger Schutz: Einmütig im Pluralismus, S. 59 f

25 Diese Meinung vertritt H.-E. Bahr (in: Nun auch protestantische Klöster?, S. 562)

26 Frère Rudolf, 5. 4. 1969, mündlich

Die Arkandisziplin soll die Welt vor einer Vergewaltigung durch die Religion schützen, während das Zeichen absichtsloser Präsenz das Evangelium »nichtreligiös« interpretiert. Nicht immer folgen die Brüder ihren so gekennzeichneten Intentionen. Anläßlich der Verleihung des Friedenspreises am 13. Oktober 1974 hatten die Brüder ganz offensichtlich das Publikum in der Paulskirche mit Gottesdienstbesuchern in Taizé verwechselt. Statt Schutz des Publikums vor dem unmittelbaren Zugriff der Religion Verlesung religiöser Texte. Was in Taizé ohne Zweifel sinnvoll ist, war in der Paulskirche unangebracht. Statt Beispielen nichtreligiöser Interpretation der »fröhlichen Nachricht« von Ostern 1970, statt absichtsloser Präsenz, vernahm man fromme Selbstdarstellung, deren drängendes Werben kaum zu überhören war. Es blieb darum kein Wunder, daß von der Ausstrahlung der Gespräche und Gottesdienste Taizés in der Paulskirche fast nichts zu spüren war. Die Paulskirche heißt eben nur noch »Kirche«, ist es aber nicht mehr.

Die Gewalt der Friedensstifter

Eine Gefahr bleibt: Führt nicht die selbstgewählte Armut der Mittel zur Ärmlichkeit des Erfolgs, die freiwillige Schwachheit zur Schwächlichkeit angesichts unmenschlicher Verhältnisse? Was nützt eine Fraternität, wenn sie nicht nur keine Verhältnisse ändern will, sondern schließlich sogar wegziehen muß, weil die Mächtigen auf ihre weitere Anwesenheit keinen Wert mehr legen? Ausgerechnet die Fraternität in Montceau-les-Mines – die älteste der Communauté – fand ein wenig rühmliches Ende. Am 1. Januar 1970 notiert frère Roger in seinem Tagebuch: »In unserer Umgebung haben sich für uns die Tore der Fabriken geschlossen, seit man zu der Überzeugung kam, eine 30 km von hier entfernt lebende Fraternität durchschaue die wirklichen Verhältnisse zu gut, unter denen viele Arbeiter leben. Seitdem ist es für uns hier in der Nachbarschaft unmöglich, einen Arbeitsplatz in einer Fabrik zu bekommen.«[27]

Ähnlich aussichtslos ist die Lage der Fraternität in Recife, 1967 gegründet von vier Taizé-Brüdern und drei Benediktinern. Die Mitarbeit einzelner Brüder in Gewerkschaften zur Verbesserung der sozialen Verhältnisse der unterprivilegierten Arbeiter im Nordosten Brasiliens scheint hoffnungslos. Die große Zahl der Arbeitslosen nimmt den traditionellen Kampfmitteln von Ge-

27 In: Fest ohne Ende, S. 99 f

werkschaften, zum Beispiel Streiks, jede Wirksamkeit. Wie soll man Streiks organisieren, wenn zur gleichen Zeit Tausende von Arbeitslosen die Arbeitsplätze der Streikenden einnehmen können – und müssen, um überhaupt leben zu können? Zudem machen sich die Brüder durch ihre europäische Abstammung und ihr Bildungsniveau bei Unternehmern verdächtig. Wie die Menschen ihrer Umgebung leiden die Brüder unter der Härte der Arbeitslosigkeit bzw. kümmerlichen Bezahlung.[28]

Damit stellt sich den Brüdern mit unüberhörbarer Deutlichkeit die Frage nach der Gewalt, die eine Änderung dieser unmenschlichen Verhältnisse bewirken könnte. Die übliche Unterscheidung zwischen Gewalt (violence) und Gewaltlosigkeit (nonviolence) scheidet für die Brüder aus, weil sie die theologische Alternative zwischen Gewalt (= böse) und Gewaltlosigkeit (= gut) in dieser Schlichtheit nicht anerkennen wollen. Denn »jeder Mensch, sei er nun Christ oder nicht, trägt in sich die Gewalt. Einzig ihre Anwendung ist verschieden« (Tout homme, chrétien ou non, porte en lui la violence. Seul l'usage en diffère).

Mit diesem Satz beginnt Roger Schutz sein Buch »Gewalt der Friedfertigen.« Für viele ist der Satz ärgerlich und anstößig. Bereits der Übersetzer K.-H. Bergmann versuchte, ihm die Spitze abzubrechen, wenn er sagt: »Jeder Mensch, Christ wie Nichtchrist, trägt in sich eine Neigung zur Gewaltsamkeit, zur Gewalttätigkeit. Der Unterschied besteht darin, welchen konkreten Gebrauch er von dieser Neigung macht.« Zeigen die übrigen Taizé-Übersetzungen Bergmanns auch sonst wenig Einfühlungsgabe, so hat er mit dieser Übertragung die Kraft des französischen Wortlauts kastriert. Aus »Gewalt« wurde harmlose »Neigung zur Gewaltsamkeit«.

Zwei unter Christen weit verbreitete Verhaltensweisen im Blick auf die Gewalt scheiden für frère Roger aus. »Bei den einen wird die Gewaltsamkeit (violence) verdrängt und wandelt sich in einen unirdischen »Angelismus«. Das Ergebnis ist eine pietistische Passivität, ein Mangel an Bereitschaft (absence d'engagement) für die, welche Unrecht leiden. Beten genügt. Mit allem anderen beschmutzt man sich allzu leicht die Hände.

Auf der Gegenseite stehen andere Christen, die eine zerstörerische Gewalttätigkeit (violence déstructrice) bejahen, selbst mit bewaffneter Hand, wenn sie so wirksam ist. Sie sehen keine andere Möglichkeit mehr, ihre Absage an die Unterdrückung der

28 Vgl. Roger Schutz: Gewalt der Friedfertigen, S. 107 f; Michel Bergmann: Was verzögert das Umdenken in den Entwicklungsländern, S. 50

Armen durch die Mächtigen hinauszuschreien, namentlich wenn diese selbst zu einer verhüllten Gewalttätigkeit (violence dissimulée) greifen.« (aaO, S. 11)

Der dritte Weg zwischen Passivität und zerstörerischer Gewalt ist die »Gewalt der Friedensstifter« (violence des pacifiques). Dieser längst zum gängigen Schlagwort gewordene Begriff, wie er in Deutschland vor allem seit dem Europabesuch Dom Helder Camaras im Mai 1970 bekannt geworden ist, stammt aus einer Predigt des Priors im Oktober 1967.[29] Die paradoxe Formulierung war entstanden, als er damals zugleich über die siebte Seligpreisung Jesu (Selig die Friedensstifter ...) und den rätselhaften Satz aus dem Matthäusevangelium 1, 12 zu predigen hatte: »Das Himmelreich wird mit Gewalt erstrebt, und gewaltsam Ringende reißen es an sich.«

Wie zeigt sich diese »Gewalt der Friedensstifter«? Frère Roger kann und will auf diese Frage keine Antwort geben, die als anwendbares Rezept übernommen und praktiziert werden könnte. Wichtig ist zunächst, daß die Gewalt der Friedensstifter eine »schöpferische Gewalt« sein soll. »Man täusche sich nicht! Es kann sich nicht um irgendeine Gewaltsamkeit (violence) schlechthin handeln. Die Gewalttat (violence), die das Reich Gottes gewinnt, ist schöpferischer Art. Sie ist nicht beherrscht von dem Streben nach Macht.« (aaO, S. 109)

Wesentliche Voraussetzung aller Möglichkeiten, die Gewalt der Friedensstifter anzuwenden, ist die *Gratuität*, die Absichtslosigkeit der Friedensstifter, ihre Großzügigkeit (générosité), ihr Verzicht, die eigenen Pläne zu verwirklichen, oder »sich dabei als politischer Führer durchzusetzen« (aaO, S. 113 f).

Es kann sich also keinesfalls darum handeln, daß die Friedensstifter ihre eigenen Vorstellungen von der Zukunft des Landes und seiner Bewohner durchsetzen, koste es, was es wolle. »Schöpferische Gewalt« meint in erster Linie Beteiligung aller an der Entwicklung eines Landes. Das mag für die einen durch Mitarbeit bei landwirtschaftlichen Kooperativen sichtbar werden, für andere durch ein politisches Engagement. »Ein Pluralismus der Methoden und Verfahren ist dringend notwendig, um es mit den neuen Spannungen aufnehmen zu können. Das Besondere bei den einen besteht darin, daß sie eine verborgene Gegenwärtigkeit (présence cachée) bei den Allerärmsten leben. Bei den anderen besteht es ganz im Gegenteil in einer möglichst weit gespannten praktischen Tätigkeit, bei wieder anderen in einer lang-

29 Vgl. in: Aujourd'hui 19, Oktober 1967, S. 1 f

sam heranreifenden Überlegung mit dem Ziele, die Tyrannen zu stürzen. Das alles zusammen gehört zur Errichtung einer neuen Gesellschaft.« (aaO, S. 105)

Nur im Rahmen dieser vielgestaltigen Präsenz lassen sich schließlich sogar die Sätze frère Rogers über die zuzeiten notwendige revolutionäre Gewalt verstehen. »Zunächst ist dem Menschen die Fähigkeit gegeben, andere zu überzeugen. Er kann sich bemühen, die Unterdrücker umzustimmen, mit allen Mitteln, mit dem Wort, wenn es möglich ist, durch passiven Widerstand ... Wenn aber alle Mittel der Überzeugung erschöpft sind und ein Fall von ›offenkundiger, lange Zeit anhaltender tyrannischer Unterdrückung‹ vorliegt, ›die den Grundrechten der menschlichen Persönlichkeit schwere Beeinträchtigungen zufügt und das Gemeinwohl in gefährlicher Weise schädigt‹ (Paul VI., Populorum progressio) – wird dann nicht die Gewaltanwendung für die Befreiung des Menschen zur Notwendigkeit? Zu diesen äußersten Mitteln zu greifen, ist jedoch nur möglich in einem Geist, der frei ist von jedem Gedanken an sich selbst. Und – darüber muß man sich klar sein: ›Wer zum Schwert greift, wird durch das Schwert umkommen.‹

Wie könnte ich für Gewaltanwendung sein? Nein, das Evangelium steht in mir im Widerstreit dazu. Es lehrt mich, daß in jedem Menschen Gott gegenwärtig ist, daher die Achtung vor jedem Menschenleben. Und doch geschieht es mir, daß mir ganz plötzlich bewußt wird: Du stehst in Gemeinschaft mit jungen Menschen, die sich als Christen für revolutionäre Gewaltanwendung entschieden haben. Wenn die gewaltsame Unterdrückung einer Gesellschaft so weit geht, daß sie ihre Opfer fordert – muß man dann nicht versuchen, diese Gewaltanwendung durch eine andere Gewaltanwendung zu unterbinden? Auf diese Frage kann ich nicht für die anderen antworten, aber ich kann die Gemeinschaft mit denen wahren, die sich zu einer so extremen Stellungnahme gezwungen sehen.«[30]

Wer die Brüder kennt, weiß, welche Wirklichkeit hinter dem »Gemeinschaft wahren« steht. Nicht wenige von jenen jungen Christen, die wegen revolutionärer Pläne im Gefängnis sitzen, schreiben nach Taizé.[31] Sicher nicht, um sich über ein allzu naives »Gemeinschaft wahren« zu beklagen. Klagen kommen nicht von den Betroffenen selbst, sondern von außen, aus Europa. So schreibt zum Beispiel der schon mehrfach genannte Landesju-

30 Roger Schutz: Fest ohne Ende, S. 56 f
31 Vgl. zum Beispiel in: Communion 1970/3, S. 46 ff

gendpfarrer O. Hesse: »Man mag zu den südamerikanischen Revolutionstheologen stehen wie man will, eines wird man diesen Leuten nicht absprechen können, daß sie den Mut hatten, auch auf ihre reine Weste zu verzichten. Man wird sagen können: Solange man von der Bruderschaft von Taizé nicht bereit ist, sich mit den Unterdrückten zu solidarisieren, und damit auf das ›weiße Gewissen‹ zu verzichten, kann man aus Taizé keine Hilfe in den täglichen Kämpfen unserer Welt erwarten.«

Revolutionäre Theologie zu schreiben, beschmutzt noch keineswegs die Weste. Überdies verzichten viele Christen und Nichtchristen der Dritten Welt auf solche Hilfe Europas, wie sie sogar auf konkrete Hilfe europäischer Jugendlicher zum Beispiel in einem indischen Flüchtlingslager verzichten. »Frau Ghandi sendet mir eine Antwort, die einen fast entmutigen könnte: ›Es ist Ihrerseits sehr freundlich gemeint, wenn Sie uns mitteilen, daß freiwillige Helfer bereit sind, in den Flüchtlingslagern zu arbeiten. Ich meine jedoch, daß diese Freiwilligen einen größeren Beitrag leisten können, wenn sie in ihrem Land die öffentliche Meinung wachrütteln.‹«[32]

Man sieht, daß auch die Communauté immer wieder lernen muß, was Gemeinschaft heißt. Nicht leben »für«, sondern leben »mit« Menschen. »Die tägliche Hinnahme der Wunden, die eine Existenz ohne jeden Glanz schlägt, das Teilen der Lebensbedingungen von Männern und Frauen ohne Hoffnung ist eine Form, sich verbindlich einzulassen, die mehr kostet als die Unterzeichnung von Eingaben oder die Abfassung von Texten, so zutreffend sie sein mögen.

Ich weiß, daß es Manifeste gibt, die bisweilen eine Schockwirkung besitzen und diejenigen zum Engagement gebracht haben, die bis dahin Kompromisse schlossen. Doch das mindeste, was man sagen kann, ist, daß sie gegenwärtig im Überfluß angeboten werden. So viele Menschen werden gedrängt, Texte zu unterschreiben, für oder wider Partei zu ergreifen. Ist es nicht viel konstruktiver, wenn man ein Mensch ist, der zuhört? Diese Haltung hat uns niemals daran gehindert, am Leben der Menschen tätigen Anteil zu nehmen. Für die von meinen Brüdern, die das Arbeiterleben teilen, für die, welche unter die Allerärmsten gegangen sind, bedeutet ihre Präsenz eine Stellungnahme. Sie braucht keine Manifeste. Diese verpflichten bisweilen nicht im geringsten, sie beschwichtigen das Gewissen, sonst nichts.«[33]

32 Roger Schutz: Kampf und Kontemplation, S. 99
33 Roger Schutz: Gewalt der Friedfertigen, S. 106 f

IX
Die ökumenische Existenz der Communauté

Das »Gespräch von Taizé« 1960

Unter der Überschrift »Ein Gespräch zwischen katholischen Bischöfen und protestantischen Pastoren in Taizé« veröffentlichte Le Monde am 22. Oktober 1960 folgendes Kommuniqué: »Vom 26. – 28. September 1960 versammelten sich römisch-katholische Bischöfe und Pastoren verschiedener protestantischer Konfessionen zu einem Gespräch in Taizé. Sie untersuchten die Frage nach der Evangelisation der Gemeinde und der Welt. Dieses Gespräch war das erste nach 400 Jahren der Trennung. Die Pastoren äußerten ihre Freude und Dankbarkeit über die dreitägige Begegnung, in der sie gemeinsam ihre Sorge um die Evangelisation teilten. Sie halten diese Begegnung für ein Ereignis und danken dem Herrn der Kirche, der sie zur sichtbaren Einheit der Kirche führt.« In einer Fußnote schrieb Le Monde ergänzend zu dem Kommuniqué: »Der Prior lehnt es zum gegenwärtigen Zeitpunkt ab, weitere Auskünfte über dieses Gespräch zu geben.«

Das Kommuniqué war das erste Anzeichen eines Erdbebens, das das vorsichtig-mißtrauische Taktieren präkonziliarer Ökumene vor allem der protestantischen Kirchen Frankreichs erschütterte. Einer kleinen, von vielen Christen ignorierten Gemeinschaft war es gelungen, kirchliche Positionen in Bewegung zu setzen, die von den meisten der beteiligten Kirchen seit 400 Jahren als sakrosankt und unverrückbar galten. Das lakonisch kurze Kommuniqué verwirrte viele Delegierte der Vollversammlung der Fédération Protestante de France (= FPF), die eine Woche später am 29. Oktober 1960 in Montbéliard eröffnet wurde.

Man nahm nicht nur Anstoß daran, daß die Communauté allein die Verantwortung für ein so wichtiges interkonfessionelles Gespräch trug, sondern bereits daran, daß das Gespräch überhaupt stattgefunden hatte. Viele Delegierte bedauerten die übertriebene Diskretion, mit der die Brüder dieses Gespräch umgeben hatten, und daß sie dem Gespräch einen »offiziellen« Anstrich durch ein Kommuniqué gegeben hatten, das aber nicht über die üblichen Kanäle der FPF geleitet worden war. Kurz, man fühlte sich übergangen und vernachlässigt.

Marc Boegner, der damalige Präsident der FPF und ein alter Freund der Communauté, versuchte, seine empfindsamen protestantischen Glaubensbrüder zu besänftigen. Er erklärte am 31. Oktober vor der Vollversammlung unter anderem: »Man hat in den letzten Tagen in der großen Presse ausführlich über die Communauté de Taizé gesprochen ... Trotz aller ihrer Irrtümer lieben wir die Communauté wegen ihres Mutes, mit dem sie Risiken einging und nicht immer vermeiden konnte, wegen ihrer Loyalität gegenüber den Kirchen der Reformation und gegenüber den grundlegenden Lehren der Reformatoren. Wir lieben sie aus Dankbarkeit wegen der liturgischen Erneuerung, zu der sie einen Teil unserer Kirchen ermuntert, wegen des Klimas der Entgiftung und der Transparenz der Liebe, welche sie um sich verbreitet. Trotz aller übergroßen Schwierigkeiten und Mißverständnisse, die beseitigt werden müssen, ist die Communauté ein ständiger Appell zur Einheit für unsere Kirchen, selbst wenn diese sich dessen nicht bewußt sind ... Welche Freude ist es, in unserem französischen Land einen Ort der Begegnung zu besitzen, wo mit stets pastoraler Weisheit alle Dialoge geführt und weiterhin fortgesetzt werden können. Denn es ist ein Ort der Begegnung, aber vor allem ein Ort des Gebets und Gotteslobes.« (Le Monde, 1. 11. 1960) Zur äußeren Entspannung trug dieses versöhnliche Votum Boegners allerdings wenig bei. Die Meldungen über das »Gespräch von Taizé« blieben in der protestantischen Presse – besonders in »Reforme« – sehr reserviert.

Ende 1960 gaben die Brüder eine Erklärung heraus, die die immer noch vorhandenen Mißverständnisse beseitigen und über ihre absichtslosen Motive informieren sollte. »Ein solches Gespräch ist nur dadurch möglich geworden, daß während vieler Jahre und zahlreicher Begegnungen mit Priestern, Mönchen, Pastoren und Laien gemeinsam ein Weg zur Einheit gesucht worden ist. Es ist also offenbar, daß wir nicht an einem Nullpunkt begonnen haben, und wir werden seitdem nicht müde, an die ›Wolke aller Zeugen‹ zu erinnern, die für die Einheit gebetet und gearbeitet haben. Beinahe alle diese Zeugen bleiben in der Verborgenheit eines Lebens mit Christus in Gott. Andere aber sind uns bekannt. Einige sind uns bereits zu Gott vorausgegangen, andere mühen sich und arbeiten noch immer für die Einheit.

Niemals wollten wir etwas anderes, als dieser Menge der sichtbaren und unsichtbaren Zeugen Ausdruck zu verleihen. Noch nie waren wir so gewiß, durch sie getragen zu werden und selbst nichts anderes zu sein als zerbrechliche Instrumente, die an einen bestimmten Platz der ökumenischen Arbeit gestellt wurden, um in ihrem Namen einen weiteren Schritt zu unternehmen.

Diese Arbeit ist in Gemeinschaft vorbereitet worden. Wenn man hier zuweilen das Werk des einen oder anderen von uns Brüdern entdecken will, so befindet man sich in einem vollkommenen Irrtum. Manche, die nichts von Einheit verstehen, meinen, wir seien die ersten, die davon etwas sagen. Diese Ansicht tut uns Unrecht, denn sie widerspricht einer Wahrheit der Kirche: Hier gründet sich alles nicht auf der Arbeit eines einzigen Individuums, sondern es ruht auf der Zusammenarbeit aller, die ihre Grundlage in der großen Gemeinschaft der Heiligen hat. Man behaupte darum weder von unseren Romreisen noch auch von diesem Gespräch, daß wir mutigere oder außergewöhnlichere Dinge unternehmen als andere.

Das Außergewöhnliche bleibt verborgen. Es geschieht in der Hingabe (offrande) von Männern und Frauen im Blick auf die sichtbare Einheit. Diese Hingabe erfordert eine beständige Überprüfung im ökumenischen Dialog, eine immer erneuerte Liebe, eine Hoffnung, die trotz allem auf die sichtbare Einheit unter allen Christen hofft, die all jene bekämpfen, die einem Wechsel widerstehen.«[1]

Welche ökumenische Bedeutung hatte das »Gespräch von Taizé«? Zum ersten Mal seit der Reformation begegneten sich in Frankreich römisch-katholische Bischöfe und protestantische Pastoren in großer Zahl. Drei Tage hindurch lebten, beteten und arbeiteten neun Bischöfe und sechzig Pastoren gemeinsam. Das letzte theologische Gespräch zwischen Katholiken und Protestanten hatte im Januar 1561 in Poissy stattgefunden. Es hatte im Streit geendet und die Trennung zwischen beiden Konfessionen besiegelt. Der Versöhnungsplan des Michel de l'Hôpital scheiterte an der Maßlosigkeit und Intransigenz des Jesuiten Lainez. Die mittelbare Folge des gescheiterten Gesprächs von Poissy: das Massaker von Wassy 1562, in dem 74 Hugenotten während eines Gottesdienstes heimtückisch ermordet wurden.

Sinn des »Gesprächs von Taizé« war es nie gewesen, sich gegenseitig die kontroverstheologischen Probleme darzulegen oder gar nach ihrer Lösung zu suchen. Ohne Zweifel sah sich diese Versammlung dazu nicht befugt. Das Besondere dieses Gesprächs ist im gemeinsamen Fragen nach der missionarischen Existenz der Kirche zu finden. Die kritisierte Diskretion des Gesprächs be-

1 In: La documentation catholique, 1. 1. 1961, S. 108

traf darum nicht den ökumenisch heiklen Bereich eines dogmatischen Lehrgesprächs. Allen Beteiligten lag daran, in Ruhe und Gelassenheit, nicht unter dem Druck sensationshungriger Spekulationen Außenstehender die gemeinsamen pastoralen Fragen zu erörtern. Im übrigen hatten die Brüder mit dem zustimmenden Wohlwollen der Führungsspitzen jener Kirchen rechnen können, denen die Gesprächsteilnehmer zugehörten. Der Präsident der FPF, Marc Boegner, war informiert. Kardinal Gerlier sprach am 4. Dezember 1960 während einer Predigt ausdrücklich von der »Zustimmung hoher römischer Autoritäten« (approbation des hautes autorités romaines), die das »Gespräch von Taizé« im Vatikan gefunden hatte (Le Monde, 24. 1. 1961).

Eine Bestätigung für das römische Wohlwollen können wir in der Privataudienz des Priors und seines Assistenten sehen. Sie wurden von Papst Johannes XXIII. am 13. Oktober 1960 – also noch vor Veröffentlichung des Kommuniqués – empfangen. Die französische Presse hat den offensichtlichen Zusammenhang zwischen dem »Gespräch von Taizé« und der Privataudienz sorgfältig registriert.[2] Weitergehende Spekulationen, die in dem gleichzeitigen Besuch von Marc Boegner und Kardinal Gerlier in Taizé am 18. Oktober 1960 eine kirchenpolitische Fortsetzung des »Gesprächs von Taizé« sehen wollten, wurden von der Communauté und Marc Boegner dementiert.[3]

Den Inhalt der theologischen Beratungen können wir heute kaum mehr feststellen, weil kein Protokoll existiert. Die wichtigsten Gedanken faßt J.-M. Paupert in einem Résumé zusammen:[4] Zahlreiche Probleme der Evangelisation sind Katholiken und Protestanten gemeinsam wegen des ähnlichen soziologischen Kontextes beider Gruppen. Die Erneuerung der Gemeinden und ihr Wirken nach außen verlangen gemeinsame Aktionen, weil die Einheit der Kirche bereits in sich selbst eine verkündigende Kraft (puissance évangélisatrice) besitzt. Darum können die getrennten Konfessionen einander nur in Großzügigkeit und Absichtslosigkeit begegnen. In ihrem Wirken nach außen müssen die Christen auf alle Formen der Machtausübung verzichten, »denn die Macht verursacht Furcht und verhüllt die Liebe Christi, die sich im Opfer und in der Gegenwart (présence) der Liebe unter den Menschen kundgibt« (aaO, S. 174).

2 Vgl. La documentation catholique, 15. 1. 1961, S. 108
3 Vgl. Le Monde, 1. 11. 1960
4 J.-M. Paupert: Taizé, S. 172 ff

Durch die Einweihung der Versöhnungskirche wurde die Communauté seit dem Sommer 1962 endgültig der Verborgenheit entrissen. Die kirchliche wie auch die säkulare Presse, Radio und Fernsehen bemächtigten sich in ungeahntem Ausmaß der Communauté. Von nun an füllte ein nicht mehr abreißender Strom von Besuchern aus allen Ländern und Konfessionen der Erde das ganze Jahr über die engen Straßen des vormals unbekannten Dorfes in Burgund. »Wir lebten lange Zeit in gewollter Einsamkeit, ohne allerdings isoliert zu sein. Unser Leben war vom ersten Tag an ständig von menschlichen Begegnungen durchwoben. Nach zwanzig Jahren gemeinsamen Lebens befanden wir uns plötzlich wie in die Öffentlichkeit geworfen.«[5]

Zusammen mit mehreren Tausenden Besuchern versammelten sich vom 6. bis 8. August 1962 in Taizé Bischöfe, Metropoliten, Präsidenten und Pastoren zahlreicher Kirchen, die »Crème der Ökumene«[6], um gemeinsam mit der Communauté die neue Eglise de la Réconciliation feierlich einzuweihen. Ein großer Teil der kirchlichen Würdenträger kam unmittelbar vor der Pariser Zentralausschußsitzung des Ökumenischen Rates der Kirchen nach Taizé.

Der Metropolit Meliton überbrachte als offizieller Repräsentant des Ökumenischen Patriarchats von Konstantinopel eine Botschaft und den Segen Athenagoras I. Der Erzbischof von Canterbury, Primas der Anglikanischen Kirche, ließ Botschaft und Segenswünsche durch Bischof Tomkins übermitteln. Marc Boegner, der Präsident der FPF, gab am Abend des ersten Tages eine überaus positive Erklärung im französischen Fernsehen ab.[7] Als offizieller Repräsentant der römisch-katholischen Kirche war Martin, Erzbischof von Rouen und Präsident des Sekretariats für die Einheit der Christen in Frankreich, erschienen.

Die Teilnahme vieler Laien und führender Vertreter so vieler verschiedener Kirchen machte die Einweihung der Versöhnungskirche zu einem ökumenischen Ereignis, das in der präkonziliaren Zeit ohne Vorbild war. Was auch heute – jedenfalls in Deutschland – noch nicht allzu häufig geschieht, erschien allerdings den damaligen Teilnehmern keineswegs sensationell.

5 Roger Schutz: Fest ohne Ende, S. 25

6 S. v. Kortzfleisch: Mitten im Herzen der Massen, S. 130

7 Der Wortlaut der Botschaften in: La documentation catholique, 7. 10. 1962, S. 1297 f

Die gemeinsamen Gebetszeiten und die Eucharistiefeiern – die einzigen festgelegten Programmpunkte während der Einweihungsfeierlichkeiten – bewahrten die Einweihung davor, zur bloßen Demonstration kirchlicher Pracht herabzusinken.

Zum Frieden während der Einweihungsfeierlichkeiten mag die Bestimmung der Kirche zur »Kirche der Versöhnung« beigetragen haben. Eine große Tafel wies damals vor der Kirche alle Besucher in französischer, deutscher und englischer Sprache auf die Versöhnung aller Menschen hin:

»Tretet ein – versöhnt euch
Vater und Sohn,
Mann und Frau,
wer glaubt und wer nicht glauben kann,
der Christ und sein entzweiter Bruder.«

Am Abend des 6. August 1962 – Tag der Verklärung Christi – gab der Prior eine Presse-Erklärung heraus, in der er den Sinn dieses Festes mit dem Namen der Kirche und der ökumenischen Existenz aller Christen zu verbinden suchte:

»Bewußt oder unbewußt suchen die Menschen, die nach Taizé kommen, etwas, was über sie hinausgeht. Wenn sie um Brot bitten, wie könnten wir ihnen Steine zum Betrachten anbieten? Wenn sie in diese Versöhnungskirche gekommen sind, sollten sie sich eher an den Appell der Versöhnung erinnern können und daraus das tägliche Brot ihres Lebens bereiten, als nur die Erinnerung an Steine davontragen.

Ein Mensch, der mit sich selbst und mit seinem Nächsten versöhnt ist, findet eine lebendige Kraft wieder. Ebenso werden auch die alten christlichen Kirchen, die über die ganze Welt verteilt sind, in der wiedergefundenen Einheit eine ganz neue Lebenskraft kennenlernen.

Keineswegs zufällig wurde die Einweihung der Versöhnungskirche auf den Tag der Verklärung Christi gelegt. Tatsächlich müssen wir uns daran erinnern, wie Christus sein Werk der Umwandlung (transfiguration) in uns und in unserem Nächsten vollzieht. Er kehrt die allerinnersten Widerstände um, die sich der Versöhnung widersetzen. Er durchdringt allmählich mit seinem Licht die dunkelsten Stellen unserer Schatten.

Jeder Mensch, der die Versöhnung sucht und verwirklicht, gewinnt mit ihr eine Versöhnung des Herzens und des Geistes, er wird trotz seines Alters wieder jung. Das gilt auch für die Christen: Ihre Versöhnung wird ihnen ihre Jugend, ihre Dynamik und einen neuen Frühling wiedergeben.«[8]

Ein erstes Echo auf den Appell zur Versöhnung kam aus Rom. Durch Kardinal Bea wurden frère Roger und frère Max eingeladen, als Gäste des Sekretariats zur Förderung der Einheit der Christen am II. Vatikanischen Konzil teilzunehmen. Die Ausdauer der Brüder in der ökumenischen Arbeit begann sich auszuzahlen. »Taizé hat einen langen Winter von zwanzig Jahren durchgemacht. In der Stille, manchmal in einem eisigen Klima haben wir ausgehalten, ohne viele Menschen bei uns willkommen heißen zu können. Dann, in den Jahren um 1963, ist ein kleiner Frühling angebrochen. Seitdem ziehen über unseren Taizéhügel viele Männer und Frauen, junge Menschen in hellen Scharen.«[9]

Die ökumenischen Prinzipien

Die einzige Voraussetzung des Ökumenismus: Die sichtbare Einheit der Kirche wird allein das Werk Gottes sein. Diese Einsicht drücken die Brüder gern durch die bekannte Formel des Abbé Paul Couturier aus: »Es komme die Einheit der Kirche, wie Christus sie will, mit den Mitteln, die er will« (Qu'arrive l'unité de l'Eglise telle que le Christ la veut, par les moyens qu'il voudra). Schon 1947 schrieb frère Max in einer der ersten Veröffentlichungen über den Ökumenismus der Brüder: »Das eine wissen wir: Die Einheit ist ein Versprechen, das seine Erfüllung finden wird. Tatsächlich kennen wir jedoch weder die Gestalt dieser Einheit, noch den Weg, der zu ihr führt. Ihr Geheimnis gehört Gott allein. Dieses Bekenntnis zum Geheimnis der Einheit ermöglicht ein gemeinsames Gebet, weil es jede vorgefaßte Idee der Einheit ausschließt.«[10]

Diese Sätze sind mehr als ein theologisches Lippenbekenntnis der Communauté, das sich durch die Wirklichkeit ihrer ökumenischen Arbeit selbst widerlegte. Seit den ersten Tagen der Communauté verzichten die Brüder mit Bedacht darauf, irgendwelche Pläne von der zukünftigen Gestalt der einen Kirche Christi und den Mitteln zu machen, die ihre sichtbare Einheit ermöglichen sollen. »Das wissen wir auch nicht«, lautet die enttäuschende stereotype Antwort. »Ökumenischer Geist verlangt, daß man die

8 In: La documentation catholique, 16. 9. 1962
9 Roger Schutz im Nachwort zu F. Baumann: Taizé, S. 70
10 In: Position de l'œcuménisme, S. 17 f

Zukunft der Kirche und die konkrete Gestaltung der christlichen Einheit nicht im voraus festlegt, daß man also nicht als eine Gruppe unter vielen jetzt schon neue theologische oder konfessionelle Systeme für später festlegt. Sich konsequent für die kommende Einheit einsetzen, bedeutet darum, aus der Haltung des ›geistlichen Ökumenismus‹ zu leben, im Warten auf die Einheit, wie und wann Gott selber sie will.«[11]

Unzureichende Konzeptionen der Einheit

Die Konsequenz dieser Feststellung: Die Communauté lehnt ausdrücklich mehrere Wege ab, die Einheit der Kirche zu verwirklichen: die Wege des »Konfusionismus«, des »Pragmatismus«, des »Föderalismus«, des »Eschatologismus« und des »Reunionismus«.

Der »Konfusionismus« verwischt die bestehenden Grenzen zwischen den Konfessionen leichtfertig. Man sieht zwar die Trennung der Kirchen, verkennt aber die theologischen Ursachen der Spaltung, wenn man meint, es genüge, einfach den Namen Christi zu bekennen. »Wer so denkt«, schreibt frère Max in bemerkenswerter Offenheit, »hat nichts von Luther begriffen, weil man in Luthers Kommentar zum Römerbrief, der die Quelle seiner Unruhe und seines Friedens war, nicht den Ausgangspunkt seines reformatorischen Denkens sieht.«[12] »Der Konfusionismus, der alles durch eine billige Nächstenliebe auflöst, führt zur Illusion einer Einheit und wird darum folgerichtig zum Anlaß eines neuen Schismas.« (aaO, S. 19)

Der »Pragmatismus« erhielt von den Brüdern seinen Namen wegen gewisser Tendenzen, wie sie sich zuweilen – aber nicht ausschließlich – in der Arbeit der »Bewegung für praktisches Christentum« (Life and Work) zeigten. Der ökumenische Pragmatismus ist speziell theologiefeindlich eingestellt. »Er besteht darin, daß man die Gegensätze zum Teufelswerk der Theologen erklärt. Infolgedessen lehnt man es dann ab, sich darum zu bemühen, daß man die Arbeiten dieser Theologen wirklich versteht, und beschränkt sich darauf, die Einheit auf praktischen Wegen zu suchen. Nach der Auffassung der Vertreter dieser Haltung müßten die sozialen und philanthropischen Werke die Christen jenseits aller Trennung einen.«[13] Der Eifer einzelner Brüder, sich

11 Max Thurian im epd-Interview vom 20. 1. 1966
12 In: Position de l'œcuménisme, S. 18
13 Roger Schutz: Heute Gottes, S. 71

an der theologischen Forschung der Gegenwart zu beteiligen, bestätigt, daß keine wirkliche Einheit ohne theologische Gemeinschaft im Wesentlichen möglich ist.

Der »Föderalismus« ist eine ökumenische Gefahr besonderer Art. Er übersieht keineswegs die eben genannten dogmatischen bzw. praktischen Ursachen der Kirchenspaltung. Sein Ziel ist es, gerade die unterschiedlichen Eigenarten und besonderen Reichtümer der getrennten Kirchen als Ausdruck der Vielfalt der Gaben anzunehmen, die den einzelnen Gliedern des einen Leibes Christi zuteil wurden. Gleichzeitig mit der Erhaltung der theologischen, liturgischen und organisatorischen Besonderheiten soll die sichtbare Einheit der Kirchen in einem Kirchenbund verwirklicht werden. Sein Vorbild ist das politische Modell der Föderation verschiedener Staaten unterschiedlicher Verfassung. »Der Gedanke einer Föderation der Kirchen (muß) verworfen werden. Diese Art des Zusammenschlusses, die im Bereich der menschlichen Gesellschaft eine sehr glückliche Löusng sein kann, ist mit der tiefen Einheit des mystischen Leibes Christi nicht zu vergleichen.« (aaO, S. 72) Der ökumenische Föderalismus übersieht die Sünde der Christen, den Egoismus der getrennten Kirchen, der sich gerade durch die Eigenheiten und speziellen Reichtümer mit Vorliebe manifestiert.

Der »Eschatologismus« meint, die Einheit aller Christen sei längst unsichtbar in Christus Wirklichkeit. Die sichtbare Einheit werde »erst am Ende der Zeiten (= Eschaton), bei der Wiederkunft des Herrn, offenbar werden«. Hinter dem Eschatologismus verbirgt sich eine Haltung, die von Gott keine sichtbaren Wirklichkeiten schon hier in dieser Welt erwartet.

Der »Reunionismus« strebt nach »Rückkehr der verlorenen Schafe« in den heimatlichen Stall. Seine Ursache ist die Ungeduld, die nicht warten kann, daß Gott sein Werk selbst vollendet. Ist der ökumenische Eschatologismus eher eine typisch protestantische Krankheit, so ist der Reunionismus eher eine typisch katholische Erscheinung, vor allem der präkonziliaren Phase. Er ist, wie es frère Roger ausdrückt, die »kollektive Form des Bekehrungseifers beim einzelnen« (la forme collective du prosélytisme individuel) (aaO, S. 73). Die Gefahr des Reunionismus ist indessen auch Protestanten nicht fremd: »Wenn katholische Ordensleute ihren Stand verlassen, können ... Pfarrer einen Gedanken nicht verhehlen: ›Die Reformation hat recht gehabt!‹ Sie verurteilen bei verschiedenen Katholiken den Ökumenismus der ›Rückkehr‹ (l'œcuménisme du retour) und praktizieren selbst einen Ökumenismus des ›Kommt zu uns!‹ Wo ist da der Unterschied?«[14]

Neben diesen fünf ökumenischen Holzwegen nennt frère Roger noch zwei unter Christen weitverbreitete Verhaltensweisen, die mit Sicherheit die Einheit der Kirche hindern: den Integrismus (intégrisme) und den Purismus bzw. das Sektierertum (sectarisme).

Der »Integrismus« ist keine eindeutig definierbare Verhaltensweise, sondern nur ein Sammelbegriff ähnlicher Denk- und Lebensweisen. Sein wichtigstes Merkmal: Selbstverteidigung und Selbstgenügsamkeit. Sein Ziel: »das geistliche Erbe der Kirche ungeteilt an die weitergeben, die nach uns kommen, sich für die Reinheit des Glaubens verkämpfen.«[15] Das Interesse an der Unversehrtheit der Glaubenstraditionen ist notwendig. »Wer wagte zu sagen, das heiße nicht als Jünger des Herrn denken und handeln?« Die Sorge um den vollen, unversehrten Glauben führt jedoch nahezu unausweichlich zu einer geistlichen und theologischen Abkapselung gegenüber jenen, die »anders« oder »weniger« glauben.

»Der Kampf um die Unversehrtheit des Glaubens (macht) starr, schroff, kategorisch. Man begibt sich auf einen Kampfplatz – es handelt sich nicht mehr um die Wahrheit aus Liebe –, um das zu verteidigen, was man für unantastbares geistliches Erbe hält. Diese Haltung findet sich in allen christlichen Konfessionen.« (aaO)

Den Hang des Integrismus zur Selbstverteidigung und Abkapselung erklären die Brüder am Beispiel der Mariologie, die im Laufe der letzten 400 Jahre zu einer beispiellosen kontroverstheologischen Eskalation der ursprünglichen Unterscheidungslehren führte. »In der Geschichte ist Maria Schritt für Schritt zum Thema des Gegensatzes geworden. Am Anfang gab es diesen Gegensatz nicht. In der Absicht, sich vor dem zu hüten, was sie bei den Katholiken als Übertreibung ansehen, haben die Protestanten Schranken errichtet. Betroffen über die protestantischen Reaktionen, die nicht selten überspitzt waren, vermehrten und steigerten die Katholiken ihrerseits die Kundgebungen zu Ehren der Mutter Jesu. Hat sie dabei nicht das Bestreben einer Wiedergutmachung aus dem Gleichgewicht geworfen? So ergab sich eine Kettenreaktion. Die Haltung der einen Seite steigerte noch die Emp-

14 Roger Schutz: Kampf und Kontemplation, S. 16
15 Roger Schutz: Heute Gottes, S. 74

findlichkeit der anderen. Die theologische Reflexion spiegelt diesen Entwicklungsgang wider. Wie soll man aus dem Teufelskreis der Gegensätze herauskommen, in den die Geschichte uns eingeschlossen hat?«[16]

Der »Purismus« ist das Kennzeichen sektenhafter Exklusivität vor allem der jüngeren »progressiven« Generation. Typisch für das Verhalten der Puristen ist die oft wiederholte Drohung, mit den morschen Institutionen der Kirche zu brechen, sofern sich diese nicht nach den Ansichten der Puristen umgestalten wollen.

Frère Roger zitiert in diesem Zusammenhang in »Dynamik des Vorläufigen« ausgerechnet Martin Luther. Im Galaterkommentar spricht Luther, als er den Vers kommentiert »Einer trage des anderen Last«, über das Schisma der Hussiten:

»Daraus folgt, daß der Abfall der Böhmen von der römischen Kirche durch keine Entschuldigung verteidigt werden kann, ohne daß es gottlos und wider alle Gesetze Christi geschehe. Denn es geht gegen die Liebe, in welcher alle Gesetze zusammengefaßt werden. Denn gerade das, was sie als einziges vorbringen, sie seien nämlich aus Gottesfurcht um ihres Gewissen willen abgefallen, damit sie nicht unter den verdorbenen Priestern und Päpsten leben müßten, gerade das klagt sie am schwersten unter allem an. Wenn nämlich die Priester und Päpste, und wer dabeisein mag, verdorben sind und du in wahrer christlicher Liebe brennen würdest, so würdest du nicht fliehen, sondern, sogar wenn du am äußersten Meer wärest, herbeirennen, weinen, mahnen, überreden, ja alles in Bewegung setzen.

Du würdest wissen, daß du aus Gehorsam gegenüber dieser Lehre des Apostels (›einer trage des andern Last‹) nicht die Annehmlichkeiten, sondern die Lasten zu tragen hättest. Daraus erhellt, daß der Ruhm dieser böhmischen Brüder lauter Schein und das Licht ist, in welches sich der Engel des Satans verwandelt.

Sollen nun auch wir, die wir die Lasten und wahrhaft unerträglichen Ungeheuer des römischen Hofes zu tragen haben, deswegen fliehen und uns trennen? Keineswegs! Keineswegs! Vielmehr, wir tadeln, wir entrüsten uns, wir bitten, wir mahnen, aber wir zerreißen doch nicht die Einheit des Geistes, wir blähen uns nicht auf gegen sie. Denn wir wissen, daß die Liebe über alles geht, nicht nur über die Schäden der materiellen Dinge, sondern auch über alle Sündenungeheuer. Das ist eine erlogene Liebe, welche nur die Vorteile des andern ertragen kann.« (S. 83 ff)

Verbietet sich also der Weg der Drohung oder gar des Bruches,

16 Roger Schutz: Gewalt der Friedfertigen, S. 80

so bleibt auch der Weg der Verurteilungen, polemischen Resolutionen und demütigenden Bloßstellungen für die Brüder verschlossen. 1968 notiert frère Roger in seinem Tagebuch: »Ein Freund fragt mich: ›Sie glauben an die Tatsachen. Weshalb findet sich in dem, was Sie schreiben, keine negative Wertung, nicht die geringste Kritik an Tatsachen und Geschehnissen – weder auf protestantischer noch auf katholischer Seite?‹

Ich habe ihm erwidert: Vergessen Sie niemals, daß wir eben eine lange Geschichtsperiode hinter uns lassen, die aus Jahrhunderten mangelnden Verständnisses füreinander besteht. In dieser Zeit haben sich Gefühlsmomente (sensibilité) und Denkvorgänge gebildet. Zahllose Urteile haben die Christen der verschiedenen Bekenntnisse übereinander gefällt. Und diese Urteile führen alle beim anderen nicht zu einer Wandlung der Mentalität, noch geben sie einen Ansporn zu der gewünschten Änderung ...

Wenn wir in der Situation, zu der wir heute gelangt sind, Einspruch erheben um den anderen auf den Weg zu lenken, der uns als der bessere erscheint, so wird ihn das nur verhärten, aber niemals aufschließen. Ich für meine Person wünsche brennend, niemals gegen irgend jemanden das Verdammungsurteil zu schleudern. Damit ist nicht gesagt, daß man jeden Irrtum gutheißen müßte, sondern daß man seinen Standpunkt im gelegenen Zeitpunkt ausspricht.« (aaO, S. 60)

Der Einwand der Brüder gegen jede Polemik ist beachtenswert durch die Art der Argumentation. Polemik wird nicht darum zurückgewiesen, weil sie böse oder unmoralisch oder unchristlich ist, sondern weil sie ohne jeden positiven Effekt bleiben muß. Ein Blick auf die konfessionelle Landkarte Europas und Nordamerikas bestätigt diese Beobachtung. Kontroverstheologie hat den Gegner nie ändern können. Sie beruhigte nur die eigene Position.

Bestenfalls können Polemik und Bloßstellung Gewissen beunruhigen und zu neuen Entscheidungen befähigen. Die Brüder glauben jedoch, diese »gefährliche, oft von Christen angewandte Pädagogik«[17] ermögliche keine dauerhafte Veränderung der Gewissen. Beunruhigte Gewissen seien nur zu kurzfristigen Aktionen fähig. »Das schlechte Gewissen aktiviert sicherlich Kräfte im Menschen, es stärkt für den Augenblick den Willen. Doch hat es niemals andauernde Bemühungen möglich gemacht, es kann niemals jene bewegende Kraft sein, die sich als ein ständiges Fortschreiten zur fröhlichen Freiheit Christi auswirkt, zur Freiheit des Christus, der uns frei gemacht hat.«

17 Roger Schutz: Einmütig im Pluralismus, S. 98

Dank ihres Verzichtes auf alle polemischen Kritiken und Verurteilungen besitzen die Brüder ein tiefes Vertrauen bei den Menschen der unterschiedlichsten Prägungen. Ihnen vertrauen sogenannte »konservative« Christen wie zum Beispiel Kardinal Ottaviani ebenso wie die sogenannten »Progressiven« – etwa Studenten der Pariser Maiunruhen 1968.

Ökumenische Existenz

Der Verzicht auf die »negativen«, unökumenischen Zielvorstellungen bringt noch nicht die Einheit der Kirchen. Welches sind die »positiven« ökumenischen Prinzipien?

Geduld. »Wir wissen, daß Gottes Wege nicht die unsern sind. Daher ist, wenn wir seine Wege entdecken wollen, eine der wesentlichen Tugenden im ökumenischen Gespräch die Geduld. Menschlich gesprochen, wäre es undenkbar, daß Spaltungen, die mehrere Jahrunderte alt sind, sich ohne weiteres überwinden lassen. Es wäre dazu eine Umwälzung notwendig, die sich der menschliche Geist nicht vorstellen kann. Aber Gott ist am Werk, wir sind seine Arbeiter. Von uns wird nur verlangt, daß wir unsre Arbeit beharrlich und treu tun und ebenso beharrlich und treu beten.«[18]

Sichtbares Zeichen dieser ökumenischen Geduld ist zum Beispiel der Verzicht darauf, in Taizé Fakten im Blick auf die Interkommunion zu schaffen. Trotz des Drängens vor allem vieler Jugendlicher wartet die Communauté noch immer darauf, daß von den Kirchenleitungen endlich die gemeinsame Kommunion freigegeben wird. Das hindert die Brüder indessen nicht, drängende Fragen an die kirchlichen Autoritäten zu richten, die mutige Entscheidungen fällen könnten. So schreibt der Prior in »Gewalt der Friedfertigen«: »Damit der Dialog über gewisse Sackgassen hinauskommt, in denen er gegenwärtig steckt, erwarten diejenigen, die einander nahe sind im gleichen Glauben, genährt vom gleichen Gebet, . . . eine . . . Entscheidung.

Könnte der Bischof von Rom nicht jedem Getauften, der im Gewissen an die Realpräsenz glaubt und aufrichtig nach der Einheit strebt, den Zugang zur katholischen Eucharistie eröffnen? Könnte er sich nicht im gleichen Augenblick dafür einsetzen, daß eine gemeinsame Überlegung über die Interkommunion aufgenommen wird mit den Kirchen, die geneigt sind, sich zu dieser Klärung bereitzufinden?

18 Roger Schutz: Heute Gottes, S. 78

Jeder erste Schritt wird immer ungeschickt wirken; das wichtige ist aber, daß man anfängt. Wie soll man aus dem Dilemma herauskommen: Junge Menschen haben echte ökumenische Gemeinschaft erlebt; das Fehlen einer konkreten Lösung weckt eine tiefe Enttäuschung. Entweder schreiben sie den Ökumenismus ab, oder sie bilden sich irgendeinen Ersatz. Sie feiern Agapen aller Art, so sehr, daß am Ende die Eucharistie für immer aus der Kirche verschwindet. Wie soll man der alten Zuversicht: die Kommunion gestaltet die Einheit der Christen voraus – neue Wahrheit geben? Wird sie nicht zunächst gemeinsam gelebt, wo soll man dann die schöpferische Kraft für die Einheit finden?«[19]

Gebet. »Ohne das Gebet für die Einheit wäre die ökumenische Arbeit nur lähmend und vergeblich. Angesichts der Schwierigkeiten, die sich durch die Sünde und die menschlichen Traditionen der einen und der andern angehäuft haben, belebt das Gebet noch im hintersten Winkel der Sackgassen, die unser Vorwärtskommen immerfort hemmen, die Hoffnung und die Liebe neu. Im Gebet für die Einheit bitten wir um die Barmherzigkeit Gottes, indem wir uns um unsrer Fehler und um der Hindernisse willen demütigen, die wir auf dem Weg aufrichten, und wir bitten für alle, die im besonderen für die Einheit arbeiten, damit sie in Gott und durch ihn zu Werkzeugen der Einheit werden. Außerdem ist es nötig, daß wir uns im Gebet in die Gemeinschaft der Heiligen hineinstellen und uns dadurch der Dimensionen der Kirche bewußt werden. Endlich müssen wir uns dankend an all das erinnern, was Gott schon getan hat, er, der diese Einheit schafft. Seine Verheißung gibt Frieden und Ruhe.«[20]

Absichtslosigkeit. Nur in der Lauterkeit des Wollens (pureté d'intentions) bleibt offenbar, daß die Einheit der Kirche allein Gottes Werk und nicht die Frucht gezielter menschlicher Aktionen ist. Nur in einer Atmosphäre der Absichtslosigkeit können Vertrauen und wechselseitige Offenheit entstehen. »Den ökumenischen Weg gehen, um den andern mit Vorbedacht zu sich herüberzuziehen, heißt von vornherein den ökumenischen Geist verraten. Die Lauterkeit des Wollens ermöglicht jenen irenischen Gedankenaustausch, der allen großen Unternehmungen in der Kirche Jesu Christi vorausgeht.« (aaO, S. 77)

Vergebung. »Wenn wir leidenschaftlich den Leib Christi, die Kirche, lieben, sind wir solidarisch mit ihr, da wo sie ihre Sendung verfehlt und da wo sie treu ist. Im Verhältnis zu den ge-

19 Roger Schutz: Gewalt der Friedfertigen, S. 75 f
20 Roger Schutz: Heute Gottes, S. 77 f

trennten Christen wollen wir in der Verzeihung der Kränkungen leben. Sie löscht das Vergangene und versetzt uns in das Heute. Andernfalls sprechen wir nicht mehr von Verzeihung, damit nicht das Evangelium Lügen gestraft wird. Mit Johannes XXIII. erklären wir, daß wir bei einem historischen Vorgang nicht mehr untersuchen wollen, wer recht und wer unrecht gehabt hat. Wir wollen nicht mehr Gefangene unseres Partikularismus sein und dadurch immer wieder auf uns selbst und unsere Lokalgeschichte verwiesen werden.«[21]

Absichtslosigkeit und Vergebung haben ihre Wurzeln im Gottesdienst der Brüder einerseits und offenbaren sich in ökumenischen Gesprächen und gemeinsamem Leben andererseits. Gerade Vergebung und Absichtslosigkeit des Ökumenismus der Communauté werden immer wieder mit Kritiklosigkeit verwechselt oder sogar im Blick auf die römisch-katholische Kirche mit Untreue gegenüber den protestantischen Heimatkirchen der Brüder gleichgesetzt. So schrieb 1973 der braunschweigische Landesjugendpfarrer Hesse: »Nicht nur die enge Freundschaft, die Roger Schutz mit Johannes XIII. und der Familie Roncalli verbunden hat, sondern auch die häufigen Aktivitäten von hohen katholischen Würdenträgern in Taizé zeigen deutlich auf, daß im Grunde genommen die Bruderschaft den Weg aus dem Protestantismus hinaus gegangen ist.«[22] Wir werden noch sehen, daß dieses Urteil nicht alleinsteht. Es zeigt, wie leicht konfessionelles Mißtrauen und Ängstlichkeit die Offenheit gegenüber anderen Kirchen mit Lieblosigkeit gegenüber der eigenen Kirche identifizieren; das typische Kennzeichen eines introvertierten Gruppendenkens.

Solidarität mit der eigenen Kirche. Wir werden zwar erst im nächsten Abschnitt ausführlicher von der Solidarität der Brüder mit ihren eigenen Kirchen hören, schon hier muß aber gesagt werden, daß alle Brüder Glieder ihrer Heimatkirchen bleiben. So unterstehen zum Beispiel die ordinierten Brüder dem Bischof ihrer jeweiligen Kirche. Wenn man also der Communauté bzw. einem einzelnen Bruder Untreue gegen seine Kirche vorwirft, dann muß man zugleich auch dem entsprechenden Bischof eine Verletzung der Aufsichtspflicht vorwerfen. Dies ist bis heute nicht geschehen.

Hinter der Liebe zur eigenen Kirche steht die Überzeugung, es sei ebenso unmöglich, offen gegen andere Kirchen zu wer-

21 Roger Schutz: Gewalt der Friedfertigen, S. 64 f
22 In: Nachrichten, 2/1973

den, wenn man der eigenen Kirche gegenüber blockiert ist, wie es unmöglich ist, den Nächsten zu lieben, wenn man sich selbst nicht anzunehmen bereit ist.

Dialog. Der ökumenische Dialog ist für die Brüder nicht in erster Linie ein theologisch-dogmatisches Lehrgespräch, wenn anders der Ökumenismus nicht Aufgabe allein von theologischen Spezialisten werden soll. Ökumenische Gespräche sollen auch nicht zu einem Lehrkonsens über kontroverstheologische Fragen führen. Solche Gespräche sind erfahrungsgemäß keine Dialoge, sondern wechselseitige Monologe.

Der ökumenische Dialog der Communauté schließt alle Besucher ein. Niemand ist hier wegen seiner Herkunft oder Vorbildung ausgeschlossen. Wegen ihrer grundsätzlichen Absichtslosigkeit stehen die ökumenischen Gespräche in Taizé nie unter dem Druck, ihre Existenzberechtigung durch greifbare Ergebnisse und Schlußresolutionen nachweisen zu müssen. Das »sachliche« Fazit solcher Gespräche ist meist geringer, als es viele – besonders deutsche – Besucher erwarten. Ökumenische Rezepte werden in den Dialogen mit den Brüdern nicht vermittelt. Das ist auch nicht ihre Aufgabe. Sie dienen vor allem dazu, Anstöße zu vermitteln, gegenseitiges Verstehen zu fördern, gemeinsam Wege aus den konfessionellen Ghettos zu suchen.

Über diesen besonderen Gesprächsstil schrieb der Prior schon 1954, als noch niemand etwas von der unübersehbaren ökumenischen Bedeutung der Communauté ahnen konnte: »Dialoge führen heißt: Sich nicht mit langen Monologen zufrieden geben, in denen man nur sich selbst hört; sondern zu schweigen verstehen, damit man das Denken und den Standort des Gesprächspartners von innen heraus begreifen lernt. Einen Dialog führen heißt: Nicht mehr seinen eigenen Gedanken folgen entsprechend dem Denkschema, das uns eigen ist, nicht mehr in den Kategorien, an die wir gewöhnt sind; sondern dem anderen in seinem System antworten lernen, um ihn aufgeschlossener zu machen. Dialoge führen heißt: Nicht mehr die abgedroschenen polemischen Argumente anführen; sondern den anderen so betrachten lernen, wie er selbst gesehen werden will, und nicht in ihn das Bild hineinsehen, das Jahrhunderte fruchtloser Gegensätze uns überliefert haben.

Es geht darum, einander zu begegnen (rencontrer), ineinander einzudringen (pénétrer), sich mit einer Theologie, Philosophie, Spiritualität, ja sogar einer Stufenleiter moralischer Werte vertraut zu machen, die gegenüber den eigenen so anders sind, daß zwischen beiden keinerlei Beziehung zu bestehen scheint. Und das ganz einfach darum, weil wir uns in Wahrheit lieben müssen. Das setzt zugleich voraus, daß man sich Zeit nimmt, um den richtigen Ton zu finden, um sich vom Mißtrauen freizumachen, um sich so zu zeigen, wie man ist. Dialog ist das Gegenteil von Polemik.«[23]

Neben den Fraternitäten in aller Welt ist das Centre œcuménique mit seinen drei Häusern »Constantinople«, »El Abiodh«[24] und »Lambarene« der Ort für viele ökumenische Gespräche. Hier versammeln sich während des ganzen Jahres außer Einzelretraitanten auch Gruppen verschiedenster nationaler, konfessioneller und sozialer Herkunft: Studenten, Priester, Pastorenkonvente, Lehrer, Ärzte usw. Mit Vorliebe laden die Brüder Ehepaare ein, weil sie meinen, daß gerade Ehepaare als die »kleinen Kirchen Gottes« diese gemeinsamen Gespräche mit Christen anderer Herkunft besonders nötig haben. Nur so kann diese ökumenische Institution, wie jede Ehe sie in den Augen der Brüder darstellt, als »Ferment der Einheit« in der Welt wirken – so wie ihrerseits die Brüder durch das ökumenische Gleichnis ihrer Gemeinschaft wirken.

Ökumenische Gesten. »Wenn der Dialog eine Begegnung ermöglicht hat, kommt der Augenblick, in dem die neue Etappe einer Verwirklichung sich gebieterisch auflegt. Wer sich davor verschließt, läuft Gefahr, sich in einen sentimentalen Ökumenismus zurückzuziehen. Ihm würde es genügen, daß getrennte Christen einander entdeckt haben und sich lieben. Die Jungen betrachten diese Haltung als faule Ausrede. Sie verlangen Lebenswirklichkeiten. Solange der Dialog weitergeht, ist die Ausweglosigkeit weniger spürbar. Doch welche Enttäuschung, wenn man zu dem Schluß gelangen muß, daß man in einem Verhältnis (relation), das einander näher bringt, ohne wirklich eine Einheit zu schaffen, wertvolle Zeit vertan hat.«[25]

Aus dieser Ausweglosigkeit führen nur »mutige Gesten« heraus, wie es frère Roger nennt (aaO, S. 72). Wir müssen hier unterscheiden zwischen dem, was die Communauté von den Kirchen erwartet und dem, was die Brüder bereits selbst verwirklichen.

Gesten führen eine andere Sprache als Worte. Sie sind Zeichen bereits vorhandener Einheit. Wir geben »uns keiner Illu-

23 Roger Schutz: Pour un bon œcuménisme, S. 6 f

24 El Abiodh ist ein Dorf in der Sahara, wo Charles de Foucauld, der Gründer der »Kleinen Brüder Jesu«, lebte.

25 Roger Schutz: Gewalt der Friedfertigen, S. 73

sion hin, als könne die Einheit als Ergebnis von Verhandlungen oder rechtlichen Übereinkommen geschaffen werden. Man wird vielmehr die Einheit feststellen. Nachträglich werden dann die Kirchen, die den Mut und die Hochherzigkeit (générosité) dazu haben, Texte und Strukturen abwandeln, die nicht mehr der Wirklichkeit entsprechen. Doch ist ein unendlicher Mut und Realismus notwendig, um die Einheit festzustellen und danach zu handeln. Die Texte kommen nachher.« (aaO, S. 73)

Ein erstes Zeichen für das mutige Konstatieren bereits vorhandener Einheit sehen die Brüder in der allmählichen Lösung des leidigen Mischehenproblems. Frère Rudolf sagte mir am 5. April 1969: »Kein Theologe wäre früher auf den Gedanken gekommen, theologische Gründe zu suchen, um Mischehen theoretisch zu legitimieren, ohne daß es solche überhaupt gegeben hätte. Heute gibt es Mischehen. Die Theologen finden nun Gründe, die den kirchlichen Wert dieser Ehen nachträglich konstatieren. Ähnlich wird es sich auch mit der Einheit der Kirche verhalten. Niemand kennt heute die theologischen Formeln, die die Einheit der Kirchen ermöglichen können. Eines Tages wird man jedoch die Einheit der Kirche konstatieren und dann auch die theologischen Formeln finden, die die tatsächlich vorhandene Einheit der Kirche zutreffend beschreiben können.«

Um welche »mutigen Gesten« bitten die Brüder die Kirche? Von ihrer Bitte um Freigabe der gemeinsamen Kommunion haben wir schon gehört. An dieser Stelle soll von einem anderen Wunsch die Rede sein, dessen Erfüllung nur auf den ersten Blick wenig ertragreich scheint. Auf lange Sicht könnte seine Erfüllung nach Meinung der Brüder eine Bewegung in Gang setzen, die die getrennten Kirchen ihrer sichtbaren Einheit näher brächte.

1968 schreibt der Prior: »Wir warten darauf, daß unsere Mutter-Kirche, die katholische Kirche aus der Zeit vor der Reformation, sich mit unserer Vaterkirche aussöhnt: der Kirche, die uns über unsere Väter von der Reformation her den Glauben weitergereicht hat.

In dieser Situation – das wissen viele mehr oder minder klar – gibt es vielleicht einen einzigen, der über das Mittel verfügt, uns aus der Ausweglosigkeit einen Ausweg zu schaffen. Ein Papst hat im 16. Jahrhundert verurteilt. Der Papst kann heute jede Exkommunikation aufheben, ohne dafür von den Protestanten eine Abschwörung ihrer Gemeinschaften zu verlangen. In seinem Amt der Einheit würde er genügend Hochherzigkeit und geistigen Edelmut entdecken, um niemanden dazu zu veranlassen, seine

Väter zu verleugnen, die ihm in aller Ehrlichkeit und Aufrichtigkeit den Glauben mitgeteilt haben. Es wäre schmerzlich, wenn eine Kirche, deren Berufung darin besteht, universal und katholisch zu sein, Schranken des Ausschlusses errichten würde.

Der Bischof von Rom befindet sich in voller Gemeinschaft mit den orientalischen Katholiken. Doch betrachtet er sie nicht als römische Katholiken und verlangt von ihnen heute weniger denn je, daß sie ihre Besonderheiten ablegen. Weshalb könnte er nicht auf dieselbe Weise Männer und Frauen als ›Katholiken‹ erklären, die einen wahrhaft universalen und ökumenischen Glauben leben, und ihnen dabei die durch die Geschichte vererbten evangelischen Werte lassen?

Er verfügt als einziger über die Macht, die erforderlich ist, um alle diejenigen, die einen gleichen grundlegenden Glauben bekennen, als ›zur Kirche gehörend‹ zu erklären. Einen solchen Akt des Mutes wagen wir mit aller Gewaltsamkeit der Friedfertigen zu erbitten.« (aaO, S. 74)

Es bleiben bei dieser Bitte viele Fragen offen, vor allem, wie es Protestanten aber auch Orthodoxen möglich sein wird, sich mit dem Unfehlbarkeitsanspruch des Papsttums zu arrangieren. Auch die Brüder sehen dieses Problem und wissen nicht, wie sie zu seiner Lösung beitragen können. Schon 1965 richtete aber der Prior eine Gegenfrage an die nichtkatholischen Christen: »Um sich verwirklichen zu können, braucht das sichtbare Ebenbild der Einheit, das eine christliche Gemeinschaft ausstrahlt, ein Haupt, einen Menschen also, dem die Aufgabe gestellt ist, allen den Geist der Barmherzigkeit in Erinnerung zu rufen, ohne den es keine christliche Gemeinschaft geben kann. Wenn die Kirche an der Spitze jeder Gemeinschaft jemanden für erforderlich hält, der die Einmütigkeit hervorruft, der zusammenfaßt, was sich ständig zersetzt, muß sie sich dann nicht auch mit einem Pastor der Pastoren und der Gemeinschaften einverstanden erklären, der sie unermüdlich wieder zusammenführt?«[26]

Es spricht für die offenkundige Integrität der Brüder von Taizé, daß man sie – bis heute nicht – aufgrund dieser bemerkenswerten Sätze des Priors von 1965 des geheimen Papalismus beschuldigte.[27] Dies geschah erst 1972 nach einer Presseerklärung des Priors, die in Form von Fragen ähnliche Bitten an das Papstamt richtete. Wir werden davon noch hören.

Einzelnen »mutigen Gesten« der Communauté sind wir bereits

26 Roger Schutz: Dynamik des Vorläufigen, S. 75
27 Vgl. H. Fesquet in Le Monde, 21. 11. 1965

begegnet: der Gründung der landwirtschaftlichen Produktionsgenossenschaft COPEX in Taizé, der »Operation Hoffnung« in Lateinamerika, den Fraternitäten mit katholischen Brüdern zum Beispiel in Recife und Chicago. Eine andere mutige Geste ist die Eröffnung des »Konzils der Jugend« durch Brüder von Taizé zusammen mit Jugendlichen aller Länder. Auch davon werden wir noch hören.

Die wichtigste »mutige Geste« der Brüder sind sie selbst durch ihre Existenz als Communauté. Einzig wegen der noch ausstehenden sichtbaren Einheit der Kirche leben sie gemeinsam. Eine mutige Geste deswegen, weil die sichtbare Einheit der Kirche menschlich betrachtet wider alle Hoffnung ist.

Die Beziehungen der Communauté zu den Kirchen der Reformation

Seit ihren ersten Anfängen ist die Communauté ein Unikum. Sie ist weder eine Kirche, noch eine Ortsgemeinde, noch irgendeine andere Institution, die Teil einer bestimmten Kirche ist. Die Communauté lebt in einem kirchensoziologischen Niemandsland. Sie ist darum keiner Kirche Rechenschaft schuldig. Sie kann nicht einmal exkommuniziert werden. Die Communauté ist eine autonome Gemeinschaft von Brüdern verschiedener Kirchen.

Diesem Selbstverständnis widerspricht nicht die frühere Bezeichnung »Communauté réformée de Taizé-lès-Cluny«. Die Communauté konnte sich in ihren ersten Jahren bis 1952 »réformée« nennen, weil alle Brüder Glieder der reformierten Kirche Frankreichs waren.[28] Das besondere Verhältnis der Communauté zu den reformierten Kirchen versuchte frère Roger schon 1941 in seiner Broschüre »La Communauté de Cluny« folgendermaßen zu beschreiben: »Wir haben die Gewißheit, zum Volk der Glaubenden zu gehören, ein schwaches Organ des Leibes Christi zu bilden, der die Kirche ist. – Was unser Verhältnis zu einer christlichen Konfession angeht, so halten wir es in dieser Hinsicht nach der Gewohnheit des Christlichen Weltbundes der Studenten, indem wir jedem der unsrigen empfehlen, ein treues Glied seiner Kirche zu sein. Wir wollen so die gegenwärtige Erscheinung des getrennten Leibes Christi bewahren, um ein Ferment der Unruhe für die Christen zu sein, die die Trennung der universalen Kirche als normal betrachten. Unsere Communauté muß ein Haus des Ökumenismus sein.« (S. 15 f, Anm. 1)

28 Vgl. Roger Schutz: La Communauté réformée, S. 481

Die konfessionelle Einheit der Communauté änderte sich, als auch Brüder anderer Kirchen in die Communauté eintraten. Erst jetzt erhielt der Satz des Priors größere Wichtigkeit, jeder Bruder solle ein treues Glied seiner Kirche bleiben. Sonderbarerweise entstanden den Brüdern nie Schwierigkeiten daraus, daß in ihrer Gemeinschaft Brüder verschiedenster Konfessionen zusammenlebten und gemeinsam Gottesdienst feierten. Niemand bestritt ihnen das Recht zur Abendmahlsgemeinschaft. Gleichwohl blieben die Brüder aus den verschiedenen reformierten, lutherischen, anglikanischen und anderen nicht-römischen Kirchen Glieder ihrer Heimatkirchen. Diese Kirchen kümmerten sich meist gar nicht um solche theologischen oder kirchenrechtlichen Probleme wie die gemeinsame Kommunion ihrer Glieder, die in die Communauté de Taizé eintraten.

Eine Ausnahme von dieser Regel bildeten jene Brüder, die von ihren Kirchen zu Pastoren ordiniert waren. Für sie mußte eine besondere Regelung gefunden werden für das Verhältnis zwischen der Communauté und jenen Kirchen. Ein Beispiel dafür haben wir in dem dreiseitigen Vertrag zwischen der Evangelisch-lutherischen Kirche im Hamburgischen Staate, frère Rudolf (der Pastor dieser Kirche ist) und der Communauté.

Frère Rudolf war 1962 nach seiner Ordination als »neuer Bruder« in die Communauté eingetreten. Die Hamburger Kirche hatte ihn von ihrem Dienst beurlaubt. Ende 1965 – vor seiner Profeß – stellte frère Rudolf den Antrag, eine Form zu finden, »durch die er weiterhin in einer geistlichen Verbundenheit mit der Hamburgischen Kirche und ihrem Bischof verbleiben könnte«.[29]

Die Schwierigkeit der Hamburgischen Kirche, für frère Rudolf eine praktikable Lösung zu finden, war nicht eben gering. Der Kirchenrat konnte auf keinen Präzedenzfall der eigenen Kirche oder einer anderen deutschen Kirche zurückgreifen. Gleichwohl entschied man sich für eine mutige Lösung und schuf einen Präzedenzfall. Frère Rudolf wurde aus dem Dienst der Hamburger Kirche entlassen. Er blieb jedoch weiterhin Pastor dieser Kirche und untersteht bis heute dem Hamburger Bischof. Frère Rudolf wurde der erste Hamburger Pastor ohne Anspruch auf Pensionsberechtigung – eine Tatsache, die den Kirchenjuristen Hamburgs zunächst einige Schwierigkeiten bereitete. Auch dafür gab es keinen Präzedenzfall in Deutschland.

29 Zitat aus einem Brief (16. 12. 1965) Oberkirchenrat H. Scholtysseks an Bischof H.-O. Wölber.

Zur Profeß schrieb Bischof Wölber am 5. April 1966 an frère Rudolf: »Sie werden am ersten Ostertag ihre Profeß ablegen; damit entscheiden Sie sich für einen Weg in unserer Kirche, der noch ungewöhnlich ist, und der gewiß auch immer nur Einzelnen vorbehalten bleiben wird. Ich bin froh darüber, daß Ihr Noviziat dreieinhalb Jahre gedauert hat und Sie nach so langer Prüfung und in guter Gewißheit zu einem gemeinsamen Leben in einer Bruderschaft Ja sagen werden. Gott baut sein Reich und sammelt sein Volk auf Erden auf mancherlei Weise. Sie werden dabei auf Ihre Weise sein Werkzeug sein – Gott segne Ihr Tun.

Aufgrund der Vereinbarung, die wir geschlossen haben, bleiben Sie ja auch weiterhin Pastor unserer Kirche. Ich bin darüber besonders froh – Sie ganz zu entbinden, wäre mir schwer geworden.«

Der Vertrag zwischen der Hamburgischen Landeskirche, frère Rudolf und der Communauté hat folgenden Wortlaut:

»Pastor Rudolf Stökl, frère der Communauté de Taizé, ist am 31. Januar 1966 auf seinen Antrag und durch Beschluß des Kirchenrates am 10. Januar 1966 aus dem Dienst der Evangelisch-lutherischen Kirche im Hamburgischen Staate entlassen worden. Er verbleibt auf seinen Wunsch durch die Unterzeichnung nachstehender Erklärungen in einer geistlichen Zuordnung zu der Hamburgischen Landeskirche und ihrem Bischof.

Der Kirchenrat hat dieser Vereinbarung am 10. Januar 1966 seine Zustimmung gegeben.

Ich gelobe dem Bischof der Evangelisch-lutherischen Kirche im Hamburgischen Staate Reverenz und werde Gelegenheit nehmen, ihm bei Anwesenheit in Hamburg meine Besuche zu machen.

Ich unterstelle mich der Lehraufsicht der Evangelisch-lutherischen Kirche im Hamburgischen Staate und werde einmal im Jahr einen Bericht über meinen Dienst in der Communauté de Taizé geben.

Die Fürbitte für die Hamburgische Landeskirche und ihren Bischof ist für mich eine geistliche Verpflichtung.

Taizé, den 11. März 1966 (Rudolf Stökl)

Der vorstehenden Erklärung von frère Rudolf gegenüber der Evangelisch-lutherischen Kirche im Hamburgischen Staate und ihrem Bischof gebe ich meine Zustimmung.

Taizé, den 18. März 1966 (Roger Schutz)

Ich erteile Pastor Rudolf Stökl, frère der Communauté de Taizé, das Predigtrecht in Gemeinden unserer Landeskirche und das Recht, als Gast am Geistlichen Ministerium teilzunehmen.

Ich erwarte von ihm, daß er sich allezeit seiner Kirche würdig und dem von ihm in der Ordination abgelegten Gelübde treu erweist.

Hamburg, den 22. März 1966 (D. Wölber)
(Siegel des Bischofs)«

Die Beziehungen der Communauté zur Reformierten Kirche Frankreichs

Trotz ihrer inneren und äußeren Autonomie wollte die Communauté de Taizé nie isoliert von ihrer kirchlichen Umwelt für sich leben und arbeiten, sondern sich, soweit es ihre Möglichkeiten gestatteten, an der vielfältigen Arbeit der protestantischen Kirchen Frankreichs beteiligen. Einzelne Brüder arbeiteten schon jahrelang in den Gemeinden der Eglise Réformée de France (=ERF), vor allem auch in der XII. Region der ERF, in der Taizé liegt. Dennoch wurde allmählich eine Klarstellung der theologischen und kirchenrechtlichen Verhältnisse notwendig, die sich aus der Existenz der Communauté für die ERF ergaben, um unnötige Mißverständnisse und Unruhe innerhalb der reformierten Gemeinden zu vermeiden.

Im September 1954 begannen die Verhandlungen zwischen dem Nationalrat der ERF und der Communauté.[30] Die Communauté fertigte aus diesem Anlaß einen Text mit mehreren Thesen an, die in drei Abschnitten folgendes festlegten:

»1. Die innere Organisation der Communauté und ihre Stellung in der Kirche.

a) Das Engagement

b) Der Unterschied zwischen Engagement und Ordination.

c) Die kirchliche Stellung.

d) Die Beziehungen der Communauté zu ihren Freunden.

2. Die Erklärung der Communauté über ihr Verhältnis zu den Kirchen der Reformation.

3. Die Ordination eines Bruders von Taizé.«

30 Vgl. dazu den Rapport der 51. Nationalsynode der ERF in Poitiers, S. 43 ff

Die Verhandlungen über diese Thesen zogen sich ziemlich lange hin. Erst am 20. Juni 1957 versammelten sich in Neuchâtel zur letzten Verhandlungssitzung die Vertreter der Reformierten der Schweiz (Genf, Lausanne, Fribourg, Jura, Neuchâtel) und Frankreichs sowie Vertreter Taizés. Zum Schluß der Verhandlung wurde die Communauté vom Präsidenten der Versammlung, Pastor Cand, gebeten, den Text ihrer Thesen von 1954 noch einmal zu überarbeiten, entsprechend den Vorschlägen der Versammlungsteilnehmer.

Die Communauté ließ sich mit der Überarbeitung reichlich Zeit. Sie schickte die Neufassung der Thesen erst am 18. April 1958 an die Pariser Zentrale der ERF. Der Nationalrat der ERF erhielt darum erst am Vortag der 51. Nationalsynode in Poitiers Kenntnis vom Inhalt. Sie wurden auf der Synode zur allgemeinen Kenntnisnahme verlesen und zusammen mit einem kommentierenden Brief des Priors im Rapport der 51. Nationalsynode, S. 44 ff veröffentlicht. Der Wortlaut der Thesen von 1958:

»1. Die interne Organisation Taizés und die Stellung in der Kirche.

a) Das Engagement: Durch das Engagement der Brüder (Gütergemeinschaft, Zölibat, Anerkennung einer Autorität) will die Communauté diese Menschen nicht mit Beschlag belegen. Sie betrachtet sich nicht als Herrn und Richter der Gewissen. Der Bruder engagiert sich vor Gott für sein Leben. Er nimmt die Communauté als Zeugen.

b) Unterscheidung zwischen Engagement und Ordination eines Pastors: Das Engagement der Brüder in der Communauté bedeutet nicht, daß es in der Kirche zwei Kategorien von Christen gibt: Die Vollkommenen und die Menge. Das Engagement ist eine Willenserklärung, sich dem Dienste Jesu Christi und seiner Kirche hinzugeben in der Form einer besonderen Gemeinschaft, die Gütergemeinschaft, Zölibat und Anerkennung einer Autorität einschließt. Die Ordination eines Pastors überträgt diesem eine Aufgabe in der Kirche. Darum kann das Engagement nicht mit der Ordination verglichen werden.

c) Kirchliche Stellung: Die Communauté versteht sich als ›Familie‹ (patria, Epheser 3,15), nicht jedoch als Ortsgemeinde oder Kirche. Sie vereint in sich Männer, die frei das dreifache Engagement (Gütergemeinschaft, Zölibat und Anerkennung einer Autorität) eingegangen sind. Es ist die charakteristische Gestalt ihrer Berufung zum Dienst für Jesus Christus in der Kirche. Jeder von ihnen ist Glied einer einzelnen Kirche der Reformation. Entsprechend der authentischsten zönobitischen

Tradition bewahrt sich die Communauté das Recht, ihr internes Leben zu organisieren. Gleichzeitig achtet sie aufmerksam auf die Empfehlungen der Kirchen.
d) Beziehungen zu den Freunden Taizés: Weil die Communauté Sorge trägt, die Christen, die zu ihr kommen, in das Gemeindeleben einzufügen, bittet sie diese Christen, keine Konventikel zu gründen, sondern sich stets in eine wirkliche Ortsgemeinde vollkommen einzufügen. Diese ist die einzige Form, wo sie ihre Entfaltung finden und ihrer Kirche hinreichend dienen können. Die Ortsgemeinde ist für die Communauté der Ort, wo die Erneuerungen stattfinden sollen und wo diese eine sichere Fortsetzung finden werden.

2. Übereinkommen Taizés mit den Kirchen der Reformation:
a) Hinsichtlich der äußeren, nichtpastoralen Aktivitäten der Brüder in den Ortsgemeinden unterstellt die Communauté durch ihren Prior ihre Projekte den verantwortlichen Organen der interessierten Kirchen. Sie faßt ihre Beschlüsse in Übereinstimmung mit ihnen.
b) Der Bruder, der ein pastorales Amt in einer der reformatorischen Kirchen ausübt, verpflichtet sich, für die Dauer seines Dienstes, zu dem er gerufen wird, die oberste Autorität dieser Kirche anzuerkennen.

3. Die Ordination eines Bruders von Taizé:
a) Wenn ein Bruder seine Ordination erhält, anerkennt er durch diese die Ordnungsprinzipien der ordinierenden Kirche.
b) Die Ordination eines Bruders von Taizé wird durch eine Kirche vollzogen, ohne daß dadurch eine Vorentscheidung getroffen wird im Blick auf die theologischen und ekklesiologischen Probleme, wie sie die Verfassung der Communauté stellt.«

In einem Begleitbrief ergänzte der Prior, was der Wortlaut der Thesen möglicherweise offenließ: »Was den Punkt -a- des Kapitels 1 betrifft, so betonen wir nachdrücklich, daß er kein restriktives Element enthalten soll. Wir meinen, Gott erwarte von uns, zum Ziel zu blicken, ohne uns nach rückwärts umzuschauen. Wie wir bereits mündlich genauer dargelegt haben, ist es die Absicht der Communauté, über den Bruder, der sie verläßt, keine Verurteilung auszusprechen, weil sie ›die Menschen nicht mit Beschlag belegt‹ und ›sich nicht als Herrn und Richter der Gewissen betrachtet‹. Der gleiche Ernst und die unerläßliche Überlegung werden verlangt in der Zeit der Berufung, wie sie das Noviziat darstellt.« (aaO, S. 46)

Die Beziehungen der Communauté zur Fédération Protestante de France

Lange Zeit trug das Verhältnis der Communauté zum Protestantenbund Frankreichs (=FPF) nur einen sehr indirekten und inoffiziellen Charakter. Die Communauté wurde bei der FPF durch jene reformierten bzw. lutherischen Kirchen vertreten, zu denen die ordinierten Brüder der Communauté gehörten. »Dieses informelle Verhältnis nur durch das Band des Amtes«[31] wurde 1963 durch ein offizielles Abkommen abgelöst. Allerdings nicht durch einen Einzelvertrag zwischen der Communauté und der FPF, sondern durch die Einrichtung einer »Abteilung für kommunitäre Forschung« (département de recherche communautaire). Die Gründung dieser Institution ermöglichte es den verschiedenen Gruppen des kommunitären Typs, innerhalb der FPF Stimme und Gehör zu finden.

Die XI. Vollversammlung der FPF in Aix-en-Provence 1963 gründete das Département, um die besonderen Erfahrungen aller kommunitären Gemeinschaften für den französischen Protestantismus nutzbar zu machen. Es entstand auf den besonderen Wunsch der Glieder, aus denen es sich gegenwärtig zusammensetzt: Vertretern der Diakonissengemeinschaften, der Communauté de Taizé, der Communauté Pomeyrol und einiger anderer »familles spirituelles«.

In den Statuten des Départements definieren sich die Mitglieder selbst als Vertreter von zwei Gemeinschaftstypen:

a) »Die Gemeinschaften von Männern und Frauen, die aufgrund eines Auftrages Gottes sich für ihr Leben verpflichten zum Engagement der Gemeinschaft spiritueller und materieller Güter, des Zölibats und der Anerkennung einer Autorität.«[32]

b) »Geistliche Familien eines kommunitären Typs, deren Glieder sich zu einer gleichen Gebetsordnung verpflichtet haben.« (aaO, S. 91)

Grundsätzlich verschließen sich die gegenwärtigen Mitglieder des Départements nicht anderen Gruppen mit einer noch unbekannten kommunitären Verfassung. Über die Zulassung solcher neuen Gruppen entscheidet der Rat der FPF auf Vorschlag der gegenwärtigen Mitglieder des Départements.

31 Max Thurian, 5. 4. 1969, mündlich

32 Actes de la XIème Assemblée Générale du Protestantisme Français, Aix-en-Provence, 1–3 novembre 1963, S. 90 f

Die Statuten des Départements legen folgende Aufgaben fest:

»a) Zwischen den Gliedern des Départements den Wettstreit und wechselseitige geistliche Hilfe unterstützen, die sie in ihrer gemeinsamen Berufung, ihren besonderen Engagements, ihr Gebet und Retraite stärken.
b) Forschungen betreiben über ihre Verkündigung und ihren Dienst in der Kirche und in der Welt.
c) Den Austausch zwischen diesen Gemeinschaften und der Gesamtheit des Leibes Christi aufrechterhalten und weiterentwickeln.
d) Insbesondere auf eine gute Verbindung achten zu den übrigen Départements (sc. der FPF) und der protestantischen Presse.«

Das Département ist im Rat der FPF durch seinen Exekutivsekretär vertreten. Als solchen wählten die Mitglieder des Départements einen Bruder von Taizé.

Die Beziehungen der Communauté zum Ökumenischen Rat der Kirchen

Die Beziehungen der Communauté zum Ökumenischen Rat der Kirchen (=ÖRK) haben sich in zwei Bereichen entwickelt: durch die Mitarbeit einzelner Brüder im ÖRK und durch die Zusammenarbeit von Communauté und ÖRK.

Besonders durch die langjährige Beteiligung von frère Max an der theologischen Arbeit der »Abteilung für Glauben und Kirchenverfassung« (=Faith & Order) entstanden allmählich engere Beziehungen zwischen dem ÖRK und der Communauté. Seit der Konferenz von Lund (1952) nahm frère Max an allen Sitzungen und Konferenzen von Faith & Order als Berater (Consultant) teil. Als Forschungsassistent arbeitete er vor allem in der ökumenischen Forschung dieser Kommission über Probleme der Eucharistie, Mariologie, Interkommunion und des geistlichen Amtes.[33]

Von 1969 bis zu seinem Tod 1973 arbeitete frère Christophe (von Wachter) als Assistent von P. George Dunne SJ im »Sekretariat für Gesellschaft, Entwicklung und Frieden« (= Sodepax), dem gemeinsamen Organ der ÖRK-Abteilung »Kirche und Gesellschaft« und der päpstlichen Kommission »Iustitia et Pax«.[34]

33 Max Thurian, 5. 10. 1969, mündlich
34 Vgl. Ökumenischer Pressedienst Nr. 9, 6. März 1969, S. 11

Die direkte Kooperation des ÖRK und der Communauté wurde am 7. Januar 1967 auf einer Konferenz in Genf geregelt.[35] Die wichtigsten Stabsmitglieder des ÖRK und Vertreter der Communauté hatten sich auf den besonderen Wunsch von Eugene C. Blake versammelt, der den bisherigen Beziehungen mit der Communauté über die persönlichen Kontakte hinaus einen offiziellen Status geben wollte. Maßgeblich an der Planung und am Zustandekommen der Konferenz war Philippe Maury beteiligt, der Direktor der Informationsabteilung des ÖRK.

Themen des gemeinsamen Gesprächs waren die verschiedenen Aktivitäten der Communauté in Taizé und Lateinamerika sowie die Gefahr einer möglichen Institutionalisierung der Communauté durch Aufteilung in mehrere Gemeinschaften.[36] Einen besonderen Akzent erhielt die Konferenz durch die Diskussion über die Wechselbeziehungen zwischen der nördlichen und der südlichen Welthälfte. Sie bestätigte eine ökumenische Konzeption, die von der Communauté schon seit vielen Jahren verfolgt worden war. Danach ist für die Zukunft der ökumenischen Arbeit weniger die traditionelle Kirchenzersplitterung als vielmehr die soziale Trennung zwischen christlichem Norden und christlichem Süden der Welt entscheidend. Der Süden leidet nicht nur unter der finanziellen, sondern auch unter der theologischen Vorherrschaft des Nordens. Als eine Möglichkeit, diese Kirchenspaltung auf Grund sozialer Differenz zu verhindern, ergab sich in der Diskussion: »Die Kirchen der südlichen Welthälfte, vor allem die Jugend, sollen die Initiative ergreifen für eine Dienstaktion in der nördlichen Welthälfte.« Welche Folgen diese Umkehrung der traditionellen Bewegung des reichen Nordens in den armen Süden in eine Bewegung des Südens in den Norden haben sollte, werden wir im Zusammenhang mit dem »Konzil der Jugend« sehen.

Das Ergebnis der Konferenz war schließlich eine Erklärung, in der 1. die Art der Beziehung zwischen dem ÖRK und der Communauté und 2. die Formen konkreter Zusammenarbeit zwischen beiden Organisationen beschrieben wurden. Wegen der Aufnahme formeller Beziehungen zwischen Taizé und dem ÖRK – entsprechend den Beziehungen des CVJM zum ÖRK – sollte die Communauté einen Antrag stellen. Der Antrag wurde 1967 vom Zentralkomitee angenommen, das besondere Verhältnis ÖRK –

35 Den Konferenzbericht entnahm ich einer undatierten, hektographierten, vierseitigen Zusammenfassung des ÖRK.

36 1966 hatten amerikanische Christen die Communauté gebeten, eine »subsidiary community« in New York zu gründen.

Communauté in zwei (französischen) Dokumenten beschrieben, die hier zum ersten Mal vollständig veröffentlicht werden:

Die brüderlichen Beziehungen zwischen dem Ökumenischen Rat der Kirchen und der Communauté de Taizé

Aufgrund ihrer ökumenischen Berufung und ihres internationalen Charakters (ihre Glieder gehören zu reformierten, lutherischen, anglikanischen, methodistischen und anderen Kirchen in verschiedenen Ländern Europas und Amerikas) hat die Communauté das Verlangen nach geordneten Beziehungen zum Ökumenischen Rat.

Ohne über die verschiedenen Formen der praktischen Zusammenarbeit zu sprechen, wie sie bereits praktiziert bzw. noch geplant wird, scheint es wünschenswert, daß die Communauté den Status einer Ökumenischen Organisation erhält, deren brüderliche Beziehungen zum Ökumenischen Rat eine Aufnahme in die Liste jener Organisationen rechtfertigt, die das Zentralkomitee festlegt (Verfassung, VII, 1).

Es wird darum empfohlen, daß – nach Konsultation und günstiger Beurteilung durch kompetente französische Autoritäten – die Communauté vom Zentralkomitee eingeladen wird, dieselben Rechte zu genießen wie andere ökumenische Organisationen (YMCA, YWCA, WSCF, UBS, WACB, etc.); das heißt, sie soll das Recht haben, Vertreter als Berater zu den Konferenzen der Vollversammlung und des Zentralkomitees zu schicken, und zwar nach einem Zahlenverhältnis, das vom Zentralkomitee zu bestimmen ist.

Im besonderen Fall wird empfohlen, die Communauté einzuladen, einen Vertreter zu den Sitzungen des Zentralkomitees und der Vollversammlung zu schicken.

Bemerkung für die Communauté de Taizé: Allein die Mitgliedskirchen des Ökumenischen Rats sind durch Delegierte in den Vollversammlungen vertreten. Auf andere Weise nehmen an den Vollversammlungen teil: Die Berater, die persönlich eingeladen werden, die brüderlichen Delegierten der Organisationen, zu denen der Rat ständige brüderliche Beziehungen unterhält, die Beobachter-Delegierten oder die Beobachter der Kirchen, die nicht Mitglieder sind. Mit der Erlaubnis des Präsidenten haben die brüderlichen Delegierten das Recht, das Wort zu ergreifen, aber nicht, abzustimmen, ein Recht, das allein den Delegierten zukommt. Die Beobachter-Delegierten können nur das Wort ergreifen, wenn sie hierzu vom Präsidenten der Sitzung eingeladen werden. Die Beobachter haben kein Recht, das Wort zu ergreifen.

Praktische Zusammenarbeit zwischen der Communauté de Taizé und dem Ökumenischen Rat der Kirchen

Außer den offiziellen brüderlichen Beziehungen, die in einem getrennten Dokument der Entscheidung des Zentralkomitees unterliegen, werden die folgenden Formen der Zusammenarbeit zwischen beiden Organisationen der Zustimmung der Communauté de Taizé einerseits und des Ökumenischen Rats der Kirchen andererseits unterbreitet:

1. Um die bestehenden brüderlichen Beziehungen zwischen dem Rat und Taizé zu erhalten und regelrecht auszubauen, ist es wünschenswert, daß zumindest einmal jährlich eine Zusammenkunft zwischen dem Generalsekretär sowie einigen Stabsmitgliedern des Rats einerseits und dem Prior von Taizé sowie einigen Mitgliedern der Communauté andererseits in Taizé oder in Genf stattfindet.

2. Der Prior von Taizé soll einen Genfer Laien, der eng verbunden ist mit dem Leben der Communauté, zum ständigen Vertreter beim Ökumenischen Rat der Kirchen bestimmen.

3. Es ist vorgesehen, daß frère Max seine Tätigkeit als Berater bei der Abteilung für Glauben und Kirchenverfassung fortsetzt und daß er ganz besonders an allem teilnimmt, was den Fortgang der Verhandlungen zwischen dem Ökumenischen Rat der Kirchen und der römisch-katholischen Kirche betrifft (gemischte Arbeitsgruppe etc).

4. Die Jugendabteilung des Ökumenischen Rats soll – unter einer noch zu bestimmenden Form – eine fruchtbare Zusammenarbeit mit der Communauté de Taizé im Hinblick auf die Organisation internationaler Jugendkonferenzen in Taizé betreiben, besonders derjenigen, die für September 1967 vorgesehen ist.

5. Die Communauté de Taizé wird im Hinblick auf ihre Ökumenischen Kollekten, besonders für den Dienst in Lateinamerika, mit der Abteilung für Zwischenkirchliche Hilfe Kontakt aufnehmen. Sie soll mit der genannten Abteilung die Möglichkeit untersuchen für die Teilnahme eines Vertreters Taizés an den Verhandlungen zwischen der Abteilung für Zwischenkirchliche Hilfe und den entsprechenden römisch-katholischen Organen.

6. Der Generalsekretär des Ökumenischen Rats der Kirchen und die Communauté de Taizé sollen, was alle möglichen Formen der Zusammenarbeit zwischen der Communauté de Taizé und der Ecumenical Review sowie von Verbum Caro anlangt, in Verbindung bleiben.

7. Die Zusammenarbeit auf anderen Gebieten, in der Abteilung für Mission, der Abteilung für Kirche und Gesellschaft und dem Ökumenischen Institut, wird der Gegenstand späterer Untersuchungen sein.

8. Der Ökumenische Rat wird, soweit es ihm irgend möglich ist, Gebrauch machen von den ökumenischen Ausbildungsmöglichkeiten, die das panorthodoxe Zentrum in Taizé für junge Orthodoxe jeder Herkunft anbietet. Der Ökumenische Patriarch hat seine Errichtung angeregt und ihm seinen Segen gegeben. Es kann als Ausbildungszentrum für einen speziellen ökumenischen Dienst dienen, sei es im Rahmen des Sekretariats des Ökumenischen Rats oder in jeder anderen Form.«

Die Beziehungen der Communauté zu den orthodoxen Kirchen

Im Februar 1962 fuhren frère Roger und frère Max nach Istanbul. Sie folgten mit dieser Reise einer Einladung des Ökumenischen Patriarchen von Konstantinopel, Athenagoras I. In den gemeinsamen Gesprächen entstand der Plan, in Taizé ein orthodoxes Kloster zu gründen. Es sollte nach der Absicht Athenagoras I. einer doppelten Aufgabe dienen: 1. als orthodoxes Zeichen der Einheit neben der Communauté de Taizé; 2. als Ort für Retraiten und Zusammenkünfte der Orthodoxen und ihrer rund 250 Priester, die in Westeuropa leben.

Ende 1962 entschied der Heilige Synod des Ökumenischen Patriarchats die Modalitäten für dieses orthodoxe Kloster in Taizé. Am 21. Dezember besuchte Erzbischof Nikodim, der Präsident der Abteilung für auswärtige Beziehungen des Moskauer Patriarchats, die Communauté. Er informierte den Prior vom Einverständnis des Patriarchen Alexius mit der Gründung des panorthodoxen Zentrums. Wer die tiefgreifenden Differenzen zwischen den einzelnen orthodoxen Kirchen kennt, weiß, wie wenig selbstverständlich diese gemeinsame Aktion der Patriarchate von Konstantinopel und Moskau war.

Ostern 1963 wurde unweit der Versöhnungskirche der Grundstein des Klosters gelegt, am 30. August 1965 das orthodoxe Zentrum während der Feier des 25jährigen Jubiläums der Communauté eingeweiht. Zahlreiche orthodoxe, römisch-katholische und anglikanische Bischöfe, sowie Vertreter des ÖRK und des europäischen Protestantismus waren in Taizé versammelt. In der

Versöhnungskirche konzelebrierten Bischof Meletios, der Exarch des Patriarchats von Konstantinopel, und Bischof Antoine, der Exarch des Moskauer Patriarchats in Westeuropa, die eucharistische Liturgie zur Einweihung der orthodoxen Kapelle. Während der Liturgie wurde die Grußbotschaft Athenagoras I. verlesen: »Dieser Ort soll der westlichen Welt ein authentisches Bild des liturgischen Lebens und der orthodoxen spirituellen Reichtümer vermitteln. Das innere Leben dieses Ortes, die panorthodoxen und interkonfessionellen Zusammenkünfte, die hier stattfinden werden, sollen die Grundlage der Mission des Zentrums bilden. Das Patriarchat von Konstantinopel und alle orthodoxen Kirchen sind dazu bestimmt, den Dialog der Liebe mit der katholischen Kirche, den protestantischen Kirchen und allen anderen christlichen Kirchen fortzusetzen.«[37]

Am gleichen Tag wurde durch ein Telegramm des Ökumenischen Patriarchen der neue Rektor des orthodoxen Zentrums bestimmt: Archimandrit Damaskinos Papandreou, ein Absolvent der orthodoxen Theologenschule auf Chalkis, der nach seinem theologischen Diplom seine Studien an der Bonner Universität fortsetzte. Obwohl er Rektor des Zentrums in Taizé bleiben soll, wurde Archimandrit Damaskinos 1969 als Generalsekretär mit der Vorbereitung der panorthodoxen Synode betraut. Er lebt darum zur Zeit vornehmlich in Genf.

Das orthodoxe Zentrum wurde sehr viel kleiner als ursprünglich geplant. Statt der »großen Bauanlage des orthodoxen Zentrums«, die G. Heinz-Mohr gesehen haben will[38], entstand nur eine winzige Kapelle unmittelbar neben der Krypta der Versöhnungskirche. In ihrer äußeren Gestalt gleicht sie kaum dem gewohnten Baustil orthodoxer Kirchen. Nur mit großen Mühen hatten die Brüder der Communauté die Orthodoxen davon überzeugen können, daß ein traditionelles Kirchlein mit Kuppeldach nicht unbedingt das Rechte in Taizé war.

Abgesehen von den spektakulären Ereignissen der Grundsteinlegung und Einweihung des orthodoxen Zentrums haben die Beziehungen der Communauté zu den Orthodoxen keinen auffallend sensationellen Charakter. Sie zeigen sich vielmehr in dem schlichten, alltäglichen Neben- und Miteinander der Brüder von Taizé und den drei Brüdern des Orthodoxen Klosters. Diese nehmen an den Gottesdiensten und dem regelmäßigen Bruderrat der Communauté teil, sofern sie nicht wie gewöhnlich auf Rei-

37 In: Aujourd'hui, 11. September 1965, S. 2
38 In: Kommunitäten, S. 83

sen sind, um sich um ihre verstreuten Glaubensbrüder in Westeuropa zu kümmern.

Die Communauté steht in regelmäßigem Briefwechsel mit den verschiedenen orthodoxen Patriarchaten, auch mit einzelnen Priestern und Laien. Von Zeit zu Zeit begibt sich der Prior zu Gesprächen mit dem Ökumenischen Patriarchen nach Istanbul. Zu einem letzten Gespräch mit Athenagoras I. fuhr er im Frühjahr 1970 zusammen mit Thadée Matura, dem Leiter der Franziskanerfraternität in Taizé. Während dieser letzten Unterredung vor dem Tod Athenagoras I. sprach man vor allem über die Fragen der Infallibilität (Unfehlbarkeit) und des Primats des Papstes. »›Sie sind in der Kirche notwendig‹, sagte der Patriarch und verwies auf seine Erfahrungen mit dem Heiligen Synod. Der Synod beschließt nach dem Majoritätsprinzip. Das führe zuweilen zu einer ›Blockierung seines Amtes‹.«[39]

Noch zwei weitere recht freimütige Äußerungen des Patriarchen während desselben Gespräches berichtet frère Thadée. Nachdem der Patriarch von frère Roger eingehend über die verschiedenen Interpretationen der Eucharistie und des geistlichen Amtes innerhalb des Protestantismus unterrichtet worden war, sagte Athenagoras I. zu frère Roger: »Ich möchte Ihnen ein Geständnis machen: Sie sind ein Priester. Ich könnte aus Ihren Händen den Leib und das Blut Christi empfangen.« Und etwas später: »Ich könnte bei Ihnen beichten.«

Die Beziehungen der Communauté zur römisch-katholischen Kirche

Seit ihren Anfängen bemühte sich die Communauté um ökumenische Kontakte zu einzelnen römisch-katholischen Christen ebenso wie zur römisch-katholischen Kirche, wie sie durch Bischöfe und Papst repräsentiert wird.

Die ersten vorsichtigen Schritte auf diesem beschwerlichen, oft mißverstandenen und an Enttäuschungen reichen Weg wagten die Brüder in den interkonfessionellen »Gesprächen von Dombes« und durch die Zusammenarbeit mit Abbé Paul Couturier, die der ökumenischen Gebetswoche für die Einheit der Christen diente. Ein erstes konkretes Ergebnis wurde die Umwandlung der katholischen Dorfkirche Taizés in ein Simultaneum für evangelische und katholische Gottesdienste.

39 In: Le Monde, 21. 5. 1970

Die Erlaubnis zur Einrichtung des Simultaneums in Taizé mußte 1948 um so erstaunlicher wirken, als sie vom Sanctum Officium zu einer Zeit gegeben wurde, als der Vatikan der nichtrömischen ökumenischen Bewegung noch betont reserviert gegenüberstand. Am 5. Juni 1948 – drei Monate vor der ersten Vollversammlung des Ökumenischen Rates der Kirchen – hatte das Sanctum Officium das Monitum »Cum compertum« veröffentlicht. Es untersagt allen Katholiken, Laien ebenso wie Klerikern, an der genannten Vollversammlung teilzunehmen und gemeinsame Gottesdienste mit Nichtkatholiken zu feiern (communicatio in sacris). Ebenso wurde die Teilnahme von Katholiken an ökumenischen Zusammenkünften ausgeschlossen – es sei denn, der Heilige Stuhl gestatte eine Ausnahme.

Die protestantischen und katholischen Kommentare waren durchweg negativ. Sie bemängelten die Schwäche bzw. Angst des Vatikans, der sich weigerte, an der nichtkatholischen ökumenischen Bewegung teilzunehmen. Ein protestantischer Kommentar unterschied sich durch Stil und Inhalt vom kritischen Unisono. Frère Max beschrieb in seinem Aufsatz »A propos de ›l'Avertissement‹ du Saint-Office du 5 juin 1948« das Monitum als das, was es sein sollte: eine einfache »Erinnerung« an bereits bestehende Ordnungen des Codex Iuris Canonici (731, 2; 1325, 3).

Die subtile Erklärung von frère Max führte ihn zu dem Schluß: Erstens sei zwar die Vollversammlung, nicht aber jede ökumenische Zusammenkunft für Katholiken verboten, wenn sie wie bisher die Autorisierung des zuständigen Bischofs hätte. Zweitens bedeute das Verbot der »Communicatio in sacris« nur den Ausschluß der Nichtkatholiken von der Eucharistie, nicht aber vom gemeinsamen Gebet. Nichts hindere also, wie bisher auch in Zukunft die gemeinsamen Gespräche und Gebete von Katholiken und Nichtkatholiken fortzusetzen.

Trotz seines recht gemäßigten Kommentars schreibt frère Max zur gleichen Zeit an Abbé Couturier: »Auf ökumenischem Gebiet bringt das Monitum unerfreuliche Konsequenzen mit sich ... Ich bin über den mißtrauischen und zurückhaltenden Geist betrübt, den solche Ratschläge entstehen lassen. Beten wir doppelt soviel.«[40]

40 In: M. Villain: L'Abbé Paul Couturier, S. 243

Die erste Romreise 1949

Gleichwohl hatte der vorsichtige Kommentar unvorhersehbare Folgen. Abbé Couturier unterrichtete Kardinal Gerlier von Lyon über die Sorge der Brüder, die ökumenischen Gespräche könnten durch das Monitum in einen Engpaß geraten. Daraufhin ergriff Kardinal Gerlier die Initiative und vermittelte den Brüdern die Möglichkeit zu mehreren Gesprächen mit den entscheidenden Autoritäten im Vatikan. Überdies sollten sie im Auftrag des Kardinals Exemplare des Kommentars von frère Max an Kardinal Montini (heute Papst Paul VI.) und Papst Pius XII. überreichen.

»Bevor wir selber daran dachten«, schreibt frère Roger 17 Jahre später, »forderte er (sc. Gerlier) uns auf, uns nach Rom zu begeben, um dort mit den höchsten Autoritäten, unter ihnen auch Papst Pius XII., über die ökumenischen Schritte, wie sie sich in Frankreich verwirklichten, zu sprechen. Er (sc. Gerlier) hatte selbst für die Vorbereitung der Gespräche gesorgt.«[41]

Am 16. März 1949 wurden frère Roger und frère Max von Papst Pius XII. zu einer Privataudienz empfangen. Im Gespräch legten die Brüder dar, wie unerläßlich notwendig die ökumenischen Kontakte zwischen verantwortlichen Vertretern der katholischen Kirche mit Vertretern der orthodoxen, anglikanischen und protestantischen Kirchen seien. Nur so könnte es zu einem besseren wechselseitigen Verständnis und zur Annäherung kommen. Ebenso wichtig sei die Beteiligung katholischer Vertreter an der ökumenischen Bewegung der Kirchen des ÖRK. Diesem Verlangen wollte der Papst durch Entsendung von Beobachtern entsprechen.[42]

Die zweite Romreise 1950

Die zweite Romreise frère Rogers und frère Max' folgte im Juni 1950 unter ökumenisch schwierigen Vorzeichen. Sie endete mit einem Fehlschlag. In seiner Weihnachtsbotschaft hatte Papst Pius XII. das Heilige Jahr 1950 zum »Jahr der Rückkehr« der nichtkatholischen Christen in die Arme der »einzig wahren Kirche« erklärt. Zur Enttäuschung über diese wenig ökumenische »Einladung« kam das Unbehagen vieler Protestanten, die –

41 In: Aujourd'hui 13, Januar 1966, S. 12
42 Vgl. M. Villain: aaO, S. 243 f

nicht ohne Ursache – die Dogmatisierung der leiblichen Himmelfahrt Mariens befürchteten. Auf der anderen Seite stand verwirrend genug die ausgesprochen ökumenische Erklärung des Monitums durch die Instruktion des Sanctum Officium »Ecclesia catholica«.[43]

Zum ersten Mal nahm Rom die ökumenische Bewegung der nichtkatholischen Kirchen positiv zur Kenntnis. Es erklärte sie zu einer »Quelle der heiligen Freude im Herrn und zu einer Einladung, allen jenen zu helfen, die ehrlich die Wahrheit suchen, indem sie Gott durch inständige Gebete um Erleuchtung und die notwendige Kraft bitten« (aaO, S. 165). Von nun an trugen die Lokalbischöfe die ökumenische Verantwortung. Sie sollten nicht nur auf die ökumenische Bewegung achten (veiller), sondern sie auch fördern (promouvoir) und mit Klugheit lenken (diriger). Auch über das Ausmaß des Verbots der Communicatio in sacris gab die Instruktion hinreichend Auskunft. Sie bestätigte den Kommentar von frère Max: Das gemeinsame Vaterunser und bestimmte andere Gebete, Psalmen und Lieder waren erlaubt.

Wie schon im Jahr zuvor hatte Kardinal Gerlier die Gesprächsmöglichkeiten im Vatikan vorbereitet. Überdies hatte Kardinal Montini kurz vorher den letzten Aufsatz von frère Max gelesen (»Les grandes orientations actuelles de la spiritualité protestante«) und frère Max für diese umfassende Information gedankt. Erfreut über dieses unerwartete Echo hatte frère Max kurz vor der Romreise an Abbé Couturier geschrieben: »Wir freuen uns sehr und sind voller Hoffnung. Das ist ein weiterer Schritt. Beten Sie, daß uns der Heilige Geist erfülle und uns den Inhalt und die Form für diese Unterredungen sage!«[44]

In Rom erhielten die beiden Brüder Audienzen bei den Kardinälen Montini und Ottaviani. Punkt für Punkt konnten frère Roger und frère Max ihr Programm (Instruktion – gemeinsames Gebet – theologische Berater – Mariologie) mit Ottaviani durchsprechen. Er hörte ihre Sorgen an, gab auch die notwendigen Erklärungen und entwarf vorläufige Lösungen. Stets behielt das Gespräch seinen herzlichen Ton, wie uns M. Villain berichtet (aaO, S. 248).

Im Blick auf die Faith-and-Order-Konferenz in Lund 1952 erhielten die Brüder die Zusage, der Vatikan werde kompetente

43 Vgl. den ausführlichen Kommentar von frère Max: Le Saint-Siège et le mouvement œcuménique

44 In: M. Villain, aaO, S. 247

Theologen als offizielle Beobachter entsenden. Beim Gespräch über die Mariologie gestand Kardinal Ottaviani zwar offen die Exzesse marianischer Devotion zu, kritisierte jedoch die rationalistischen Irrtümer protestantischer Kirchen, die oft genug die Göttlichkeit Jesu in Frage stellten. Eine etwas merkwürdige Legitimierung eigener Fehler durch die Fehler anderer.

Ottavianis Antwort nahm jedenfalls nicht die Sorge über die unevangelisch übersteigerte Mariologie innerhalb der römischen Kirche. Aber es sollte noch schlimmer kommen. Aus dem Mund des Papstes selbst vernahmen sie den Entschluß, die leibliche Himmelfahrt Mariens dogmatisch zu definieren. Denn, so sagte der Papst, die Kirche verlange danach durch die fast einmütige Stimme der Bischöfe. Der Papst müsse auf die Kirche hören, denn durch sie spreche der Heilige Geist.[45]

Die Enttäuschung der Brüder war groß, wie wir an einem der umfangreichsten Aufsätze frère Max' erkennen können, den er Anfang 1951 unter dem Titel veröffentlichte: »Le dogme d l'Assomption.« Trotz der von den Brüdern oft wiederholten Forderung, im ökumenischen Dialog auf jede Polemik zu verzichten, widerspricht frère Max in diesem Aufsatz von der ersten bis zur letzten Seite in unerhörter Schärfe dem neuen Mariendogma.

Seine Einwände gipfeln in den Sätzen: »Die Definition der Assumptio ist ein Irrtum.« (S. 246) »Wir haben es hier nicht mehr mit dem Christentum ... zu tun ..., sondern mit einer Religion, die man Papalismus nennen muß.« (S. 247) »Sollte nicht in der katholischen Theologie ein verborgenes unreines Ferment sein, das trotz des Zusammenhanges und der Reinheit gewisser Abschnitte der Dogmatik in übertriebener Weise die parasitäre Pflanze der Mariologie wachsen ließ? Hier liegt für uns in der Tat ein häretischer Auswuchs vor.« (S. 249 f) Wer die Mariologie von frère Max kennt, die bereit ist, »bis zu den« für Evangelische »äußersten Grenzen« zu gehen[46], weiß, wie kompromißlos er an dieser Stelle redet.

Für viele protestantische Freunde der Communauté hatte sich ein altes Vorurteil bestätigt: Ein ökumenisches Gespräch mit der katholischen Kirche ist unmöglich. Man entscheidet dort willkürlich, ohne auf die nichtkatholischen Partner Rücksicht zu nehmen. Wozu dienen dann aber solche unfruchtbaren Unternehmungen der Communauté, durch Romreisen einen ersten ökumenischen »kleinen Grenzverkehr« zu fördern? Tatsächlich schrieb

45 Zitiert von M. Villain: aaO, S. 248
46 In: Position de l'œcuménisme (Catholicité 1947), S. 24

selbst frère Roger damals an einen Freund: »Wir haben uns im Verlauf des Jahres 1950 Rechenschaft gegeben, daß das Vertrauen, das einige Freunde auf uns gesetzt haben, im Schwinden war. Von diesem Augenblick an verloren viele Protestanten, die bis dashin unserer ökumenischen Hoffnung vertrauten, ihr Interesse.«[47]

Dennoch wurden die ökumenischen Gespräche der Brüder fortgesetzt. 1954 und 1955 trafen sich frère Roger und frère Max in Rom mit mehreren katholischen Priestern – unter ihnen Ch. Boyer und P. Florit, der spätere Erzbischof von Florenz. Begleitet wurden die beiden Brüder von mehreren Professoren der protestantischen theologischen Fakultät in Rom. Diese Tatsache ist beachtenswert, weil sie jeden Verdacht über die theologische Integrität der Brüder nehmen muß.

Aus Anlaß dieser beiden ökumenischen Gespräche veröffentlichte frère Roger mehrere Aufsätze. Im Juli 1954 in der von den Jesuiten herausgegebenen Zeitschrift »Unitas« den Aufsatz: »Pour un bon œcuménisme«; im Januar 1955 in der gleichen Zeitschrift »Facteurs non théologiques dans les divisions avec l'Eglise catholique romain«. Im März 1957 folgte ein dritter Aufsatz, in dem frère Roger seine Erfahrungen mit ökumenischen Gesprächen zusammenfaßte: »Résultats théologiques et spirituels des rencontres œcuméniques avec les catholiques romains«. Noch immer klang sein Ton gedämpft und vorsichtig abwartend, ja »beinahe entmutigend«, wie Ch. Boyer in seiner Einleitung zu diesem Aufsatz notierte. Das unökumenische Jahr 1950 hatte noch nichts von seiner ernüchternden Wirkung auf die Brüder verloren, und von einer theologischen Öffnung des offiziellen römischen Ökumenismus war noch nichts zu verspüren.

Der Umschwung unter Johannes XXIII.

Eine Wende trat erst 1958 ein unter dem Pontifikat Johannes XXIII. Wieder war es Kardinal Gerlier, der den Brüdern den Zugang zum Vatikan ebnete. Im Januar 1966 berichtete frère Roger in »Aujourd'hui« über den verheißungsvollen Umschwung, der sich Ende 1958 in den Beziehungen zwischen der Communauté und dem Heiligen Stuhl anbahnte (S. 12): »Dann wurde Johannes XXIII. Papst. Nach dem Konklave empfing er Kardinal Gerlier in Audienz. Weil dieser ein feines Empfinden für die

47 Zitiert in: J.-M. Paupert: Taizé, S. 157

eiligen Dinge besaß und sein Ende nahen fühlte, vertraute er dem Papst an, was er für das Wichtigste hielt: seine zwei großen Sorgen. Der Ökumenismus war die eine von ihnen. Als er dem Papst seine ökumenische Sorge darlegte, drang er darauf, daß der Papst die Brüder von Taizé empfinge. Das war nicht ganz einfach, weil die Audienzen zum Zeitpunkt der Papstkrönung sehr zahlreich sind. Gleichwohl stimmte Johannes XXIII. zu – unter der Bedingung, daß sie mir keine zu schwierigen Fragen stellen, wie er sagte.

Der Kardinal schickte uns ein Telegramm nach Taizé, um uns nach Rom zu rufen. Ich begab mich dorthin, begleitet von frère Max. Ich sagte dem Kardinal gleich, daß unser Aufenthalt 14 Tage dauerte, wir also genügend Zeit zum Warten hätten. Aber der Kardinal entgegnete, die Audienz sollte unverzüglich stattfinden; denn der neue Papst sei ein betagter Mann. In 14 Tagen werde er zu viele Gesichter gesehen haben, um sich noch an unsere Audienz entsinnen zu können. Dieses Gespräch müsse darum ganz am Anfang seines Dienstes stehen.

Als praktisch denkender Mann unternahm der Kardinal alles, damit unsere Begegnung mit dem Papst nicht inmitten anderer Delegationen, sondern mit ihm allein stattfand. Noch in letzter Stunde sprach er in diesem Sinne vor. Diese erste Audienz mit Johannes XXIII. wurde für uns ein neuer Anfang für unsere ökumenische Berufung. Johannes XXIII. übte seitdem auf uns einen unerwarteten Einfluß aus und, ohne es zu wissen, erweckte er einen ›kleinen Frühling‹ für Taizé.«

Die guten Beziehungen der Brüder zu Johannes XXIII. blieben bis zu dessen Tod erhalten. Jahr für Jahr wurden einige der Brüder vom Papst in Privataudienz empfangen. In seinem Nachruf schrieb der Prior unter anderem: »Vielleicht werden wir eines Tages etwas von diesem Gespräch (sc. mit Johannes XXIII.) veröffentlichen. Er zeigte immer ein tiefes Verständnis und wahre Freundschaft für unsere Berufung. Jedesmal wenn er den Bischof von Autun bei sich empfing, ließ der Papst durch ihn seine stete Freundschaft zu Taizé ausrichten.«[48]

Das II. Vatikanische Konzil

Frère Roger und frère Max konnten als offizielle Beobachter und Gäste des Sekretariats zur Förderung der Einheit der Christen an allen vier Sitzungsperioden des Konzils teilnehmen. Leider kön-

48 In: Aujourd'hui, Juli 1963, S. 2

nen wir nicht im einzelnen feststellen, welche Folgen die Anwesenheit der Brüder für die Formulierung der Konzilstexte hatte. Die Konzilsväter ebenso wie die geladenen Beobachter und Gäste wurden zum Schweigen verpflichtet über den internen Ablauf der Konzilsverhandlungen. Hinsichtlich des besonderen Beitrages, den die beiden Brüder dem Konzil gegeben haben, hat es niemand gebrochen.

Aus Presseberichten erfahren wir lediglich, daß Bischof Lebrun von Autun am 28. November 1963 in einer Intervention während der Ökumenismusdebatte ein positives Votum zugunsten der Communauté abgab. Nachdem er in großen Zügen die bisherige Geschichte der Communauté vor den Konzilsvätern dargelegt hatte, sprach er von der ökumenischen Bedeutung dieser damals noch ausschließlich protestantischen Gemeinschaft: »Man konnte feststellen, daß alles, was während der Debatte über den Ökumenismus gesagt wurde, das Gefühl der Hoffnung in die Zukunft berechtigt. Unter den Zeichen der Hoffnung erwähnte man die Ausstrahlung der monastischen Gemeinschaft der Brüder von Taizé, unweit der alten Abtei von Cluny. Bischöfe, Pastoren und Orthodoxe begegnen einander dort seit mehreren Jahren mit der Zustimmung des Sanctum Officium und der Ermutigung durch die Päpste Pius XII. und Johannes XXII. Diese Erfahrung zeigte die Bedeutung solcher Gespräche in Offenheit und Vertrauen. Die Vorurteile lösen sich auf und machen wechselseitiger Erbauung (édification) Platz.«[49] Lebrun erwähnte auch die Vorbehalte, die er zunächst gegen die Brüder gehabt hatte. Durch die vielen Begegnungen mit diesem Kloster verschwanden sie aber. Er schloß mit dem Wunsch, »daß überall ähnliche Initiativen gefördert werden.«[50]

Die besondere Wirkung, die von der Gegenwart der Brüder während des Konzils ausging, hatte ihre Ursachen im gemeinsamen Leben der kleinen Fraternität, die während der vier Sitzungsperioden in einem Mietshaus Roms ihr Quartier bezogen hatte. Diese Fraternität ergänzte die »Anwesenheit der beiden Brüder durch das Gebet« (présence de prière) bei den Konzilsverhandlungen durch die Gastfreundschaft, in der sie andere Menschen bei sich empfing. »Beobachter, Zuhörer, Laien, Bischöfe, Kardinäle. Wir haben allein während der vierten Sitzungsperiode beinahe 500 Personen bei den Mahlzeiten als Gäste gehabt.«[51]

49 Zitiert in: La documentation catholique, 19. 1. 1964
50 In: Les humbles débuts de Taizé, S. 16
51 Roger Schutz, in: Aujourd'hui, Januar 1966, S. 1

Wer wie der Verfasser Gast bei diesen Mahlzeiten sein durfte, weiß, wie allein durch das gemeinsame Essen, das gemeinsame Gebet, das gemeinsame Schweigen Spannungen zwischen einzelnen Konzilsvätern sich lösten, Offenheit und Zuhören ermöglicht wurden.

Hier in der offenen Gemeinschaft der Fraternität bildeten sich die Freundschaften der Communauté mit vielen Bischöfen und Theologen der katholischen und auch nichtrömischer Kirchen, die als Beobachter am Konzil teilnahmen. Die »Operation Hoffnung« und die ökumenische Kollekte zum Kauf von 1 Million Neuer Testamente für Lateinamerika wurden zum ersten Mal in der römischen Fraternität zwischen Brüdern und katholischen Bischöfen besprochen.

Auch die Freundschaft des Prior mit Dom Helder Camara, dem Erzbischof von Recife und Olinda, rührt aus dieser Zeit. 1970 schreibt frère Roger in seinem Tagebuch: »Dom Helder und ich haben einander vor acht Jahren entdeckt. Kein Schatten ist seitdem auf diese seltene Freundschaft gefallen. Er ist ein Mensch mit vielen Gesichtern, beweglich wie Quecksilber, voll Wärme in den bunten Bildern seiner Sprache, in seinen Gesten. Ich sehe ihn vor uns, wenn er in Rom bei uns zu Tische war, ein Papier aus der Tasche zog, seine Brille aufsetzte und uns etwas aus der Rede vorlas, die er gerade vorbereitete. Da verwandelte er sich in einen anderen Menschen, der seine Überzeugungskraft einsetzt, um etwas Wesentliches weiterzugeben. Ich glaube, alle Reden, die er während des Konzils gehalten hat, wurden vorher an unserem Tisch vorgelesen.«[52]

Römisch-katholische Präsenz in Taizé

Mönche. Seit der Eröffnung des II. Vatikanischen Konzils hatte die Zahl der katholischen Besucher und Gäste der Communauté ungeahnte Ausmaße angenommen. Die ständige Präsenz eines Priesters in Taizé wurde erforderlich. Die bisherige Praxis, durch gerade anwesende Priester die Gottesdienste für die katholischen Besucher feiern zu lassen, genügte nicht länger. 1963 übernahm ein Benediktinerpater von Ligugé zusammen mit einigen Seminaristen die Aufgabe, während der Sommermonate regelmäßig Gottesdienste in der katholischen Krypta der Versöhnungskirche zu feiern und auch für Gespräche und Beichten zur Verfügung zu stehen.

52 In: Kampf und Kontemplation, S. 13 f

6 Auf dem Zweiten Vatikanischen Konzil: frère Max, frère Roger, Kardinal Bea und Papst Johannes XXIII.

Im Frühjahr 1964 wurde diese provisorische Arbeitsgruppe durch eine Franziskanerfraternität abgelöst. Der Franziskanerprovinzial von Lyon, ein alter Freund der Communauté schon seit 1945, hatte dieses Experiment vorgeschlagen und die Zustimmung der Brüder von Taizé gefunden. Zunächst begann die Arbeit der Franziskaner unter recht einfachen, ja primitiven Verhältnissen, die sich erst im Laufe der letzten Jahre etwas konsolidierten. Die Communauté stellte ihnen eines der alten Häuser von Taizé zur Verfügung und übernahm auch ihre materielle Versorgung.

Alle Franziskaner nahmen ebenso wie die orthodoxen Brüder in Taizé am gemeinsamen Gebet der Communauté teil. Diejenigen Franziskaner, die ständig in Taizé lebten, beteiligten sich am abendlichen »kleinen Bruderrat« ebenso wie am alljährlichen

»großen Bruderrat«, zu dem sich alle Brüder für mehrere Tage in Taizé versammeln. Trotz dieser sehr selbstverständlichen Teilnahme am gesamten Leben der Communauté – mit Ausnahme der gemeinsamen Kommunion natürlich – behielt die Franziskanerfraternität ihre volle Autonomie. Sie sollte nicht durch eine schleichende Integration ihrer Gemeinschaft in die Communauté aufgehoben werden.

Das vertrauensvolle Verhältnis der beiden Gemeinschaften war so gut, daß eine Zeitlang der Plan bestand, in Cormatin, einem Nachbardorf Taizés, ein Novizenhaus der Franziskaner zu errichten. Dieser Plan zerschlug sich jedoch, weil ihn die Franziskaneroberen Frankreichs nicht akzeptierten.

Nonnen. Auch verschiedene Fraternitäten von Nonnen leben zeitweilig oder ständig in Taizé. Den Anfang machten 1962 die Schwestern von Saint-Charles. Mit der Erlaubnis Kardinal Gerliers kümmern sie sich um das »Management« des Ökumenischen Zentrums zunächst in Cormatin und – nach seiner Verlegung – in Ameugny und schließlich in Taizé selbst. Sie werden unterstützt, zuzeiten auch abgelöst durch die Franziskanerinnen und Dominikanerinnen von Bonnay. Sie sorgen für die Unterkunft und das Essen der Gäste des Ökumenischen Zentrums und helfen auch bei der Versorgung der zahlreichen Jugendlichen, die in einem alten Haus Ameugnys und in Zelten auf den umliegenden Wiesen ihre Unterkunft finden.

Einen wichtigen Anteil an der ökumenischen Arbeit in Taizé haben die Schwestern von Saint-André. Die Nonnen dieses belgischen Ordens arbeiten in der »Exposition«, dem kleinen Laden, in dem die Communauté Töpferwaren, Graphiken und Bücher eigener Produktion verkauft. Meist werden die Schwestern von Saint-André nicht als solche von den Besuchern erkannt, weil sie schon lange keine besondere Tracht mehr tragen. Während ihrer Tätigkeit in der »Exposition« stellen die Schwestern – nur scheinbar inoffiziell – die ersten Kontakte zwischen der Communauté und interessierten Besuchern her. Viele von diesen trauen sich nicht, gleich mit den Brüdern selbst zu sprechen und entscheiden sich für eine »Zwischenlösung«, wenn sie die Schwestern um Informationen bitten. Überdies haben die Schwestern einen kleinen »Mittagstisch« (»table des pélérins«) für jene Besucher, denen ein Essen im Gasthof zu teuer ist.

Keine der Fraternitäten der Schwestern nimmt am Bruderrat teil oder sitzt mit den Brüdern während des gemeinsamen Gebets im Kreis der Communauté wie die Franziskaner oder orthodoxen Brüder. Der engen Gemeinschaft mit der Communauté bereitet diese beabsichtigte Trennung keinen Abbruch. Die Schwestern halten die Verbindung aufrecht durch einzelne Brüder, mit denen sie zusammenarbeiten, und auch durch den Prior, der sie regelmäßig aufsucht. Eine stärkere Integration der Schwesternfraternitäten mit der Communauté ist zur Zeit von beiden Seiten nicht geplant. Die bestehenden Formen der Zusammenarbeit genügen für die gemeinsame ökumenische Arbeit. Dazu schreibt der Prior in »Einmütig im Pluralismus«: »Wenn es dazu kommt, daß in der Nachbarschaft einer Communauté die Anwesenheit von Frauen – getragen von der verborgenen Opfergabe eines ganzen Lebens – eine Ergänzung der Aufgaben zuläßt, dann ist es plötzlich möglich geworden, Gäste in großer Zahl freizügig zu empfangen. Ohne jene Frauen wäre das unmöglich gewesen.« (S. 75)

Römisch-katholische Brüder innerhalb der Communauté. Ostern 1969 erlaubten die Brüder von Taizé zum ersten Mal Katholiken, als »neue Brüder« in die Communauté einzutreten. Die katholischen Brüder nehmen am gesamten Leben der Communauté teil.

Für die katholischen Brüder mußte eine kirchenrechtliche Definition ihres Status gefunden werden, der ihnen überhaupt ein gemeinsames Leben in der Communauté gestattete. Zunächst hatte die Communauté an die Gründung eines Säkularinstituts gedacht, wie mir frère Roger Ostern 1969 erklärte. Dieser Plan wurde in der Zwischenzeit wieder verworfen. Um ihn zu verwirklichen, hätten die Brüder in Rom um die Erlaubnis der Religiosenkongregation ersuchen müssen, die die Aufsicht über die Säkularinstitute führt. Die Brüder scheuten jedoch die langwierigen Gespräche und Schwierigkeiten, die sich aus den Verhandlungen mit den vatikanischen Behörden notwendigerweise ergeben hätten.

Darum gründeten die ersten katholischen Brüder auf den Rat eines katholischen Kirchenrechtlers aus Mailand einen »frommen Verein« (Union pieuse). Die »pia unio« ist eine religiöse Gemeinschaftsform, die der Codex Iuris Canonici für Katholiken erlaubt (Can. 716). Sie untersteht nicht der römischen Religiosenkongregation, sondern »nur« dem zuständigen Bischof. Für die katholischen Brüder hat Kardinal Marty von Paris dieses Aufsichtsamt übernommen. Seit Ostern 1973 gehört ein katholischer Priester aus Deutschland – frère Klaus – zur Communauté de Taizé.

X
Die ökumenischen Jugendtreffen und das Konzil der Jugend

Die ökumenischen Jugendtreffen und »der lange Marsch zum Konzil der Jugend«[1]

Junge Menschen stellen bei weitem den größten Anteil der mehr als 200 000 Menschen, die jetzt jährlich die Communauté in Taizé besuchen. Allein oder in Gruppen strömen sie in hellen Scharen nach Taizé. Die über dreißigjährigen Besucher sind heute in Taizé entschieden in der Minderheit. Wer sind die jungen Menschen, die so zahlreich nach Taizé kommen, daß ihretwegen die Brüder ihre große Kirche erweitern mußten? Ostern 1971 wurde an die teilweise abgebrochene Fassade der Kirche ein großes Zelt angebaut, damit über 6500 Jugendliche mit den Brüdern den Ostergottesdienst feiern konnten.

Die Communauté hat die soziale Herkunft ihrer jugendlichen Besucher nie im einzelnen untersucht. Die meisten von ihnen sind offenkundig Schüler und Studenten; junge Arbeiter und Bauern kommen kaum nach Taizé. Es sind junge Christen der verschiedensten Kirchen und Nationen der ganzen Welt, aber auch zahlreiche Jugendliche, die sich ausdrücklich als Nichtchristen bezeichnen. Wieder andere »sind auf der Suche«. Auffällig ist ferner, daß Jugendliche aus Mittel-, West- und Nordeuropa keineswegs überwiegen. Ein großer Teil der Jugendlichen kommt aus Südeuropa und außereuropäischen Ländern vor allem Afrikas und Lateinamerikas.

Mit welchen Erwartungen kommen junge Menschen nach Taizé? Sind die Jugendlichen durch bestimmte, allen gemeinsame Eigenschaften geprägt? Roger Schutz verneint diese Frage. Nur in groben Umrissen wagt er eine Beschreibung. »Bei unserem steten Bemühen, ihnen zuzuhören, erahnen wir hier in Taizé in den Tausenden junger Menschen, die in unseren Mauern an uns vorüberziehen, widersprechendste Bestrebungen. Es ist unmöglich, einen beherrschenden Zug zu finden, der an allen sichtbar wird. Was sie charakterisiert, ist gerade ihre große Verschiedenheit. Die Jugend ist vielgestaltig. Im äußersten Falle

1 Vgl. dazu A. Stökl: Jugendretraite in Taizé, S. 71 ff

7 Ökumenisches Jugendtreffen in Taizé, August 1969

8 Ostern in Taizé 1971

könnte man bei ihr zwei große Strömungen herausfinden: die Indifferenz und die Gewaltsamkeit (violence).

Die Indifferenten sind Gefangene irgendwelcher unmittelbarer Interessen und vollkommen egozentrisch. Sie sind nicht den Menschen zugewandt. Der Aufbau der menschlichen Gesellschaft bedeutet ihnen wenig. Wenn sie die Büros oder die Fabrik hinter sich gelassen haben, zieht sie nichts anderes mehr an als ihre Sportwettkämpfe, mit denen Presse und Fernsehen sie überschütten. Andere, besser situierte, haben kein anderes Interesse als die Freizeitbeschäftigungen von ›Kindern besserer Familien‹. Das Gemeinwohl, das Wohl der Gesellschaft und die Politik lassen sie vollkommen kalt, sofern sie diese nicht zu einem zusätzlichen Spiel machen.

Die Gewalttätigen (violents) bilden den anderen Strom. Sie sind besessen von dem Willen, den Sinn des Lebens zu erfassen. Die einen suchen mit einer Ehrlichkeit, mit der sich manchmal die der Älteren nicht vergleichen läßt. Andere – Christen oder Nichtchristen – steuern gleich auf das Konkrete zu. Manche gehen bis zur Bereitschaft, ihr Leben zu geben, und wenden sich spontan den Ärmsten zu. Die jungen Menschen der südlichen Hemisphäre sehen aus der Nähe oder von Ferne das Bild unserer reichen Gesellschaften vor sich. Aber sie sind davon ausgeschlossen. Daraus erwächst bei ihnen ein Gefühl der Bitterkeit, das Auflehnung erzeugt.

Gewaltsamkeit oder Auflehnung sind häufig Ausdrücke des glühenden Verlangens, mit der großen Masse in Verbindung zu treten. So besteht für viele junge Christen das unbestrittene Ziel darin, Verbindung zu dem säkularen Menschen unserer Zeit zu finden. Sie wollen Christus leben – mit jedem Menschen und für jeden Menschen. Jeden Menschen möchten sie in den Genuß der Freundschaft Gottes bringen.«[2]

Wie begegnete die Communauté der Vielfalt ihrer jugendlichen Besucher, ohne ihnen Gewalt anzutun? Wie gelang es den Brüdern, den unerwarteten Zustrom der Jugendlichen aufzufangen? Dieser Zustrom hatte die Communauté unvorbereitet getroffen, weil er nicht das Ergebnis zielstrebiger Aktionen der Brüder war. Die Anwesenheit so vieler Jugendlicher erforderte von den Brüdern eine besondere »ökumenische Pädagogik«. »Ökumenisch« wird hier verstanden als Ausdruck all dessen, was die Gemeinschaft der Christen, also Einheit der Kirche fördert und sichtbar darstellt.

2 In: Gewalt der Friedfertigen, S. 16 f

Der Besuch sollte nicht zu einem fruchtlosen Besichtigungsunternehmen entarten, in dem sie zwar »das Kuriosum von Taizé« bestaunten[3], diesen Ort aber ohne irgendeine Veränderung wieder verließen. Der Communauté erschien es überdies unerläßlich, in unserer Zeit alles zu verhindern, was die Trennungen zwischen den Generationen verstärken und so die sichtbare Einheit der Kirche bereits im Keim ersticken mußte.

Damit war von vornherein ausgeschlossen, daß sich die Brüder der Jugendlichen bemächtigten, um diese den Zielen der Communauté nutzbar zu machen. Die gefährliche Verlockung, durch geschickte Manipulation nicht nur das Interesse, sondern auch das Herz der Jugendlichen für sich zu gewinnen, um eine von Taizé ausgehende Bewegung in der Kirche in Gang zu bringen, war nicht gering. Die Brüder haben darauf verzichtet. Aus Prinzip. Auch für den Umgang mit den Jugendlichen gilt der Satz frère Rogers: »In der gegenwärtigen Phase der Menschheitsgeschichte ist es von Bedeutung, Gratuität zu zeigen und niemals im Namen der Kirchenräson jemand einzufangen oder festzuhalten.«

Von den ersten internationalen Baugemeinschaften bis zu den interkontinentalen Jugendtreffen und dem Konzil der Jugend hat sich die grundlegende Konzeption der Brüder, in welcher Form auch immer Gratuität zu zeigen, durchgehalten.

Baugemeinschaften

Vorläufer der großen Jugendtreffen waren die sogenannten Baugemeinschaften (communautés de travail). In den ersten Jahren nach 1960 bestanden diese Baugemeinschaften meist aus geschlossenen Gruppen, die von den Brüdern zur Arbeit nach Taizé eingeladen wurden. Die bekanntesten solcher Baugemeinschaften waren die beiden Gruppen der »Aktion Sühnezeichen«, die 1961/62 die Versöhnungskirche bauten. Seitdem die Baugemeinschaften sich auch aus einzelnen Jugendlichen zusammensetzten, animierten die Brüder sie, in eigener Regie in Gruppen ein gemeinsames Leben zu konzipieren und zu leben. Sie sollten den Stil ihres täglichen Lebens selbst entdecken, ohne daß die Communauté dirigistisch eingriff. Sie wollte den Jugendlichen kein Modell gemeinsamen Lebens als verpflichtend hinstellen. Die Jugendlichen bildeten so »eine autonome Gemeinschaft, die

3 Vgl. den gleichnamigen Artikel von H. Hohmann in: Christ und Welt, 12. 6. 1970

das Gleichgewicht in sich selbst zu finden hat, deren Sorge es ist, daß es zu einer echten Begegnung aller ihrer Glieder kommt in einem Tageslauf, wo körperliche Arbeit und Studien recht verteilt sind, innerlich bestimmt von intensivem geistlichem Leben.«[4]

Vormittags arbeiteten die Jugendlichen am Bau zum Beispiel des Ökumenischen Zentrums, später folgten die orthodoxe Kapelle und »Tenietz«[5], das Empfangshaus der Brüder zwischen Versöhnungskirche und dem eigentlichen Dorf Taizé. 1970 wurde das »Maison carrée« gebaut. Ursprünglich als Unterkunft für portugiesische Gastarbeiter geplant, dient es heute als Kommunikationszentrum für die Jugendlichen. Am Nachmittag folgten Diskussionen in kleinen Gruppen über Themen des Ökumenismus, der Dritten Welt und des persönlichen Lebensstils. Am Ende der Baugemeinschaften konnten die Jugendlichen ihre frischen Erfahrungen in einer Retraite vertiefen.

Damit sich die Jugendlichen nicht in einem selbstgewählten Ghetto isolierten, luden die Brüder mehrere befreundete Ehepaare ein, die parallel zu den Baugemeinschaften lebten. Sie nahmen an den »Studien« der Jugendlichen teil, luden sie zu gemeinsamen Mahlzeiten und Gesprächen in ihre Häuser ein. Sie schufen so für viele Jugendliche den oft schwierigen Kontakt zur Welt der Erwachsenen. Überdies war das Leben dieser Familien ein »Zeichen« ökumenischer Existenz, das beredter als Worte sprach. Im Herbst 1965 schrieben die Brüder: »Diese Familien haben, weil sie vor allem als Familien lebten, zugleich aber ihre Türen weit öffneten, durch ihre Präsenz einen unaufhebbaren Bezug hergestellt, der das Zeugnis der Brüder ergänzte. Die Zusammenarbeit von Communauté und diesen kleinen Gemeinschaften an der Seite der Jugendlichen war eine sehr bereichernde Erfahrung dieses Sommers.«[6]

Internationales Jugendtreffen 1966

Die guten Erfahrungen der Communauté mit den Baugemeinschaften führten die Brüder 1966 zu einem neuen Weg »ökumenischer Pädagogik«, an dem sie bis heute trotz vielfach abgewandelter Gestalt festhalten: zu den großen internationalen Ju-

4 In: Aujourd'hui, Januar 1965, S. 4

5 Genannt nach dem polnischen Benediktinerkloster Tynice bei Krakau.

6 In: Aujourd'hui, September 1965, S. 3

gendtreffen, deren möglicher Massenbetrieb durch die vielen kleinen Gruppen, aus denen sie sich zusammensetzen, verhindert wird.

Zum ersten dieser ökumenischen Jugendtreffen versammelten sich im September 1966 rund 1500 Jugendliche aus mehr als dreißig Nationen aller Kontinente in Taizé. Die organisatorischen Probleme der Unterbringung und Versorgung so vieler Menschen wurde mit dem den Brüdern eigenen Sinn für das Provisorische gelöst. Bis heute hat sich am einfachen Lebensstil der Jugendtreffen nichts geändert. Man schläft in Zelten und Baracken, bei Regen und Kälte zuweilen auch in der Versöhnungskirche. Feste Unterkünfte wurden nie gebaut aus Sorge, man könnte eines Tages vor einer Geisterstadt stehen, wenn die Jugendlichen ebenso plötzlich wegblieben, wie sie gekommen waren.

Zum erstenmal wurden die Jugendlichen in viele kleine Gruppen von jeweils 20 bis 30 Teilnehmern eingeteilt. Erstmalig auch übernahmen Jugendliche selbst die »Animation« dieser Gruppen. Parallel fand zur gleichen Zeit in Taizé ein internationales Theologengespräch statt, das maßgebliche Ökumeneexperten zahlreicher Kirchen vereinte. Zu seinen Teilnehmern zählten neben anderen auch sechs katholische Bischöfe und Kardinäle – unter ihnen Kardinal Bea –, zwei orthodoxe Erzbischöfe, sowie sieben anglikanische und protestantische Bischöfe, Superintendenten und Präsidenten.

Hinter beiden Versammlungen stand die gleiche Absicht der Brüder. Ihre »ökumenische Pädagogik« galt ja nicht ausschließlich den Jugendlichen, sondern in gleichem Maße den ökumenischen Fachleuten der älteren Generation. Denn für die Brüder wird Kirchenspaltung nicht allein durch die bekannten historischen und theologischen Faktoren bestimmt, sondern auch durch die Trennung zwischen den Generationen und – dadurch mitbedingt – die Trennung zwischen ökumenischen Technikern, die ökumenische Strategien entwickeln, einerseits, und dem Kirchenvolk, das rasche konkrete Schritte erwartet, andererseits. Durch gemeinsame Gespräche beider Gruppen in Taizé wollte die Communauté die einen von den Planspielen zu konkreten Schritten locken, die anderen aus der brennenden Ungeduld der Opposition befreien.

Eigentlich hätte alles mit einem totalen Fiasko enden müssen. Der Vortrag Kardinal Beas über die Eucharistie als Zeichen der Einheit verneinte die erhoffte Möglichkeit zur gemeinsamen Kommunion. Gerade die hatten die Jugendlichen erhofft. Eine

Hoffnung, die sich auch gegen die erklärten Absichten der Brüder richtete. »In Taizé wird die Interkommunion nicht akzeptiert«, schrieb der Prior später. »Ihr Vollzug begünstigt leidenschaftliche Gegensätze, die dem Wunsch der Getauften zuwiderlaufen. Sie verletzt auf eine bestimmte Weise die Liebe, die viele der Eucharistie entgegenbringen; wer aber die Liebe verletzt, baut nicht die Kirche Gottes.«[7]

Warum es auf dem Jugendtreffen gleichwohl nicht zu einem Fiasko kam, erklärt die Communauté durch ihr gemeinsames Gebet, zu dem sie die Jugendlichen dreimal am Tag einlud. Überdies wirkte das Gebet der Brüder offenbar ansteckend. Tag und Nacht sah man Gruppen Jugendlicher, die einander bei einem ununterbrochenen Gebet in der Krypta oder der orthodoxen Kapelle ablösten. »Diese Fähigkeit einer großen Anzahl, ein solches Gebet zu beginnen, hat die Atmosphäre des Treffens stark geprägt. Ohne Zweifel ermöglichte es, daß alles in bemerkenswertem Frieden ablief trotz der brennenden Fragen, für die man sich engagierte.«[8] Als die Brüder später mehrere Hundert Teilnehmer des Jugendtreffens nach ihrem wichtigsten Eindruck fragten, erhielten sie meist dieselbe Antwort: das ununterbrochene Gebet und das gemeinsame Gebet mit den Brüdern.

Die Interkommunion war nicht die einzige ökumenische Frage, über die die Jugendlichen diskutierten. Angeregt durch ein kurzes Referat von M. Beuve-Méry, dem Herausgeber von Le Monde, über die gesellschaftliche Situation der Gegenwart, war das Generalthema aller Diskussionen: Was können wir heute tun, um christliche Einheit sichtbar zu verwirklichen? Ein nicht zu unterschätzender Beitrag zur Meinungsbildung aller waren die Äußerungen einzelner Vertreter der Dritten Welt. Unter starkem Beifall aller Anwesenden äußerten Jugendliche nichteuropäischer Länder denselben Gedanken in immer neuen Variationen: Viele Christen verwechseln christliche Gemeinschaft mit dem Wunsch, anderen zu helfen. Wir brauchen Menschen, die einfach mit uns leben wollen, ohne bestimmte europäische Absichten zu verwirklichen.

Diese sehr einfache Wahrheit blieb nicht ohne Folgen. Im Januar 1967 veröffentlichten Jugendliche, die sich zur ökumenischen Gebetswoche in Taizé versammelt hatten, einen Appell an alle Jugendlichen, ihr Gebet für die Einheit zu konkretisieren. »Für die Einheit beten, bedeutet, das Risiko eingehen, als In-

7 In: La documentation catholique, 19. 1. 1967, S. 357
8 In: Aujourd'hui, November 1966, S. 1

strument für die Erhörung dieses Gebets gebraucht zu werden ... Für die Einheit beten, von Versöhnung sprechen, bedeutet, dem Teilen (partage) zustimmen. Zum Teilen mit Gott, um mit anderen Menschen teilen zu können.«[9]

Auf Grund dieses Appells bildeten sich mehr als 80 Gruppen und Fraternitäten Jugendlicher. Die meisten dieser Gemeinschaften waren übereingekommen, nur für einen befristeten Zeitraum beieinander zu bleiben. Sie wollten ein gemeinsames Leben führen mit Gebet und Gütergemeinschaft. Mehrfach veröffentlichten die Brüder in ihrem Mitteilungsblatt »Aujourd'hui« (= Heute) die Erfahrungsberichte solcher Fraternitäten und christlichen Kommunen.

Internationales Jugendtreffen 1967

In diesem Kontext des sozialen und spirituellen Engagements stand das zweite internationale Jugendtreffen 1967 in Taizé. Sein Thema »leben« (vivre) war darum für viele Teilnehmer nichts Neues mehr, sondern schon durch die Erfahrungen eines gemeinsamen Lebens vertraut. Diese Erfahrungen galt es jetzt zu sammeln, auszutauschen und gemeinsam zu durchdenken.

Die äußeren Umstände waren ähnlich wie 1966. Etwa 1700 Jugendliche aller Kontinente versammelten sich in Taizé. Sie lebten in 60 Gruppen miteinander. Parallel zum Jugendtreffen fand wieder ein ökumenisches Theologengespräch statt. Neben Carson Blake, der auf Grund der im Januar 1967 geregelten freundschaftlichen Beziehungen zwischen dem ÖRK und der Communauté nach Taizé kam, nahmen zahlreiche Kardinäle, Exarchen, Bischöfe, Kirchenpräsidenten und 150 Pastoren und Priester aus der ganzen Welt teil.

Zum erstenmal gab es keine Vorträge und Referate mehr. Von Anfang an hatten die Jugendlichen selbst das Wort. Das bedeutete: »Persönliche Reflektion von 1700 Jugendlichen wie eine riesige Retraite, verbunden mit der Absicht zum Miteinander-Teilen, zu gemeinsamer Suche.«[10] Der Weg der Meinungsbildung sah jetzt so aus:

1. Vollversammlung: Eine Frage wird den Jugendlichen gestellt und mit wenigen Sätzen kommentiert.
2. Stille: In den Diskussionsgruppen zunächst etwa 15 Minuten

9 In: Aujourd'hui, Februar 1967, S. 1
10 In: Aujourd'hui, Oktober 1967, S. 3

Stille. Jeder notiert sich die Frage und das, was ihm als Antwort einfällt.

3. Bericht: Jeder berichtet in den Diskussionsgruppen seine Reaktion auf die Frage. Maximum der Redezeit: jeweils 2 Minuten.
4. Dialog: Man stellt Fragen und meldet Widerspruch an.
5. Weil eine Synthese aller Meinungen einer Diskussionsgruppe sich ausschließt, wenn man nicht für eine fade Mittelmäßigkeit plädieren will, wählt jede Gruppe einen Vertreter (témoin) für die Vollversammlung. Er sagt dort, was ihm als charakteristisch in der Reflektion seiner Gruppe erschien. Ein kurzes Treffen der »animateurs« erlaubt die Auswahl etwa eines Dutzend dieser 60 »témoins«. So werden Überschneidungen und dadurch entstehende Langeweile vermieden.

Dieses gruppendynamische Vorgehen gestattet nach Meinung der Brüder ein lebendiges Nachdenken aller. Bloßes Nachreden von Formeln und Gedanken eines fremden Referates wird verhindert. Ein niedrigeres Niveau der Ergebnisse wird durch das selbständige Nachdenken jedes einzelnen ausgeglichen. Die Tyrannei der Fachleute findet kein Wirkungsfeld.

Vier Fragen sollten den Jugendlichen helfen, eine Antwort zu finden:

1. Was erwarte ich vom Leben?
2. Erinnern wir uns an das Wort Christi: ›Wer sein Leben verliert um meinetwillen und um des Evangeliums willen, wird es retten.‹ Welche Beziehung besteht zwischen diesem Wort und dem, was ich heute morgen (sc. als Antwort auf Frage 1) gesagt habe.
3. Christus für die Menschen leben? Gemeinsam leben? Als Kirche leben?
4. Und danach?

Das gemeinsame Gespräch zwischen Theologen und Jugendlichen verlief unterschiedlich. Nicht wenige Theologen – unter ihnen auch ein evangelischer Bischof aus Deutschland – wurden durch rhythmisches Klatschen der Jugendlichen zu einem raschen Ende ihrer unkonkreten Reden aufgefordert. Gehör fanden eigentlich nur Kardinal Lefèbvre von Bourges, Generalsekretär C. Blake vom ÖRK und Erzbischof Antoine.

Kardinal Lefèbvre äußerte sich positiv über die überall entstehenden kleinen Gemeinschaften von Christen verschiedener

Konfessionen. Sie seien ein »prophetisches Zeichen« für die Einheit der Kirche, wenn ihre Glieder ihren Kirchen treu blieben.

C. Blake erinnerte an die Aufgabe der Kirchen zur Versöhnung, wie sie das Evangelium meine: »Es ist nicht mehr möglich, daß eine Kirche das Evangelium zuweilen mit Worten proklamiert, wo sie es mit Taten mitteilen muß ... In einer Welt der Ungerechtigkeit, wo ein Drittel der Weltbevölkerung immer reicher wird, während zwei Drittel arm bleiben, muß die Kirche ihre alten Forderungen zur Armut in Begriffe der Gerechtigkeit für die ganze Welt übersetzen.« (aaO, S. 6)

Die stärkste Aufmerksamkeit fand jedoch der orthodoxe Erzbischof Antoine, der über das Gebet und dessen Einheit mit dem Leben der Christen sprach. Der langanhaltende Beifall der Jugendlichen konnte nur jene Theologen überraschen, die nichts von dem »spirituellen Durst« (soif spirituelle) der Jugendlichen wußten. Ihr feines Gespür für die Differenz zwischen Theorie und Praxis des Gebets der Erwachsenen war offenkundig. Das Tag und Nacht durch verschiedene Gruppen fortgesetzte gemeinsame Gebet Jugendlicher in der Krypta, ihre aufmerksame Teilnahme an den Gottesdiensten der Brüder waren der augenfällige Beweis, daß junge Christen und Nichtchristen keineswegs die Aufgabe der Kirche mit gut gemeinter Entwicklungshilfe identifiziert sehen wollten. Ein heilsames Erlebnis für viele der anwesenden Kirchenführer und Theologen.

Internationale Jugendtreffen 1968

Die Communauté ist ökumenischer Euphorie gegenüber stets nüchtern und zurückhaltend. Deshalb verzichteten die Brüder 1968 darauf, ein drittes großes Jugendtreffen im Stile der ersten zu organisieren.

Trotz aller unverkennbar positiven Ergebnisse der Jugendtreffen – die nahezu unausweichliche Suggestion der großen Menge leistete einer unreflektierten Sentimentalität und Kritiklosigkeit Vorschub, so daß nach den Treffen bei vielen Jugendlichen eine jähe Ernüchterung einsetzte. Wenn sie vom »Berg Tabor« in Taizé in den so wenig verklärten Alltag ihrer Gemeinden zurückkehrten, entstanden bei ihnen Resignation und Verbitterung, die größer waren als die, mit der sie bereits nach Taizé gefahren waren. Auch hatten Sprachschwierigkeiten viele Nichtfranzosen gehindert, dem zu folgen, was in den Vollversammlungen gesagt wurde.

Statt eines großen wurden acht kleine Jugendtreffen organisiert, die großen Diskussionsgruppen radikal verkleinert in sogenannte »Siebenergruppen«. Die Sprachbarrieren wurden abgebaut durch eine Simultanübersetzungsanlage des ÖRK. Sie ermöglichte eine Übersetzung ins Englische, Spanische, Italienische, Deutsche und – 1968! – ins Tschechische.

Das Thema »glauben« (croire) wurde nicht abstrakt durchdacht, indem man zum Beispiel dem Wortlaut des Glaubensbekenntnisses folgte oder verschiedene dogmatische Kapitel durchdachte. Von Anfang an verband sich die Reflektion der Jugendlichen mit Fragen des täglichen Lebens als Christen. Das Thema lautete ja »glauben« und nicht »Glauben«.

Zum erstenmal verzichteten die Jugendlichen auf eine zusammenfassende Schlußresolution. Die Reaktionen auf das Thema erwiesen sich als zu verschieden, als daß sich ihre Meinungen einfach hätten zusammenfassen lassen. Eine gewisse Ratlosigkeit war nicht zu leugnen. Ihr Grund lag sicher in der Ungewißheit, wie man christlichen Glauben in einer Welt des Krieges und Hungers sinnvoll leben könnte. Überdies war dieses Treffen stark gekennzeichnet durch die politische Resignation jener, die sich vergeblich an den Pariser Mai-Unruhen beteiligt hatten.

Internationale Jugendtreffen 1969

Zu Pfingsten 1969 begann die Vorbereitung der Treffen mit einem Gottesdienst in der Versöhnungskirche, der von Eurovision übertragen wurde. Vier Gruppen von Jugendlichen wurden an die (damaligen) Krisenpunkte der Welt entsandt: in den Vorderen Orient und nach Biafra. Jede Gruppe sollte für drei Monate jeweils auf einer Seite der Fronten leben: Israel – arabische Länder; Nigeria – Biafra. Sie sollten keine Lösungen vorschlagen oder Frieden stiften, sondern einfach »zuhören, um zu verstehen, um dann zu berichten, was sie dort erkannt und verstanden hätten«.[11]

Parallel zu dieser Aktion sollten junge Lateinamerikaner nach Europa kommen. »Haben nicht die Lateinamerikaner durch ihren Sinn für die Vorsehung (providence) Gottes und wegen ihres Gespürs für Gastfreundschaft und Offenheit einen Zugang zu Realitäten des Evangeliums gefunden, die zu erkennen uns unser Sinn für Effektivität hindert? Darum werden sie fähig sein,

11 In: Aujourd'hui, Juni 1969, S. 1

in uns so viele Gebiete unserer Person zu ›evangelisieren‹, die sich weigern, sich an Christus zu halten.«

Gründlich verändert wurde der Ablauf der Jugendtreffen. Durch ihre Verlängerung auf 10 Tage wurde das sonst dem Jugendtreffen folgende Ernüchterungserlebnis antizipiert und in das Treffen mit einbezogen. Es erhielt seinen Platz im gemeinsamen Leben der Gruppen. Die konkrete Erfahrung des Gruppenlebens war das Ziel aller gruppendynamischen Veränderungen. Jedes Treffen verlief in drei Phasen:

Phase 1: Vier Tage Begegnung aller Teilnehmer in Taizé. Man entdeckt sich selbst und andere. Man stellt Fragen und wird in Frage gestellt. Man dringt »theoretisch« in das gestellte Thema ein.

Phase 2: Vier Tage Einsamkeit (solitude): Die Gestaltung dieser Zeit bleibt jedem selbst überlassen: Einzel- oder Gruppenretraite, Gründung einer kleinen Gemeinschaft, die das zu verwirklichen sucht, was in Phase 1 theoretisch erarbeitet wurde. Ihren Lebensstil muß jede dieser »fliegenden Fraternitäten« (fraternités volantes) selbst entdecken: die Form des gemeinsamen Lebens, der gemeinsamen Arbeit (bei Bauern, in Betrieben oder Fabriken der Umgebung), der Gütergemeinschaft und des Gebets.

Phase 3: Die Ergebnisse der theoretischen und praktischen Erkenntnisse werden zusammengetragen und ausgewertet.

Ein greifbares Ergebnis zum Thema »hoffen, eine Herausforderung« konnte dieses Jugendtreffen nicht vorweisen. Ratlosigkeit und ein Gefühl hilfloser Schwäche angesichts der Ungerechtigkeit in der Welt und in der Kirche verhinderten ein allzu einfaches Reden von christlicher Hoffnung, Strukturenveränderung, sozialer Veränderung durch Revolution. Viele sprachen zwar von ihrer Hoffnung durch den auferstandenen Christus. Die Entgegnungen anderer – ebenfalls Christen – blieben indessen gleichfalls vernehmbar. Wie soll man auf Frieden und Gemeinschaft hoffen dürfen, wenn die Kirche in sich selbst uneins ist, und durch Streit bzw. liebloses Nebeneinander der Liebe und Hoffnung fortgesetzt widersprochen wird?

Im Schlußdokument heißt es: »Von 1500 Jugendlichen, die sich vom 28. bis 31. August 1969 in Taizé versammelten, schlossen sich 1450 einem Appell an, der gemeinsam von Mgr. Avelar, Präsident der Lateinamerikanischen Bischofskonferenz, und frère Roger, Prior von Taizé, ausging. Sie fordern: ›Beenden wir den Krieg zwischen Christen! Beenden wir unseren Krieg, um Kirche und Welt bewohnbar zu machen! Es existieren Unterdrückung, Mißverständnis und Oppositionen unter Christen, Krieg zwischen den Menschen. Der Streit (contestation) selbst wird bereits zu einer Ideologie und bleibt nicht mehr schöpferische Kritik. Wenn er seinen Sinn in sich selbst findet, bewirkt er sektenhaftes Verhalten. Am Ende seines Weges findet sich dann zwar eine Fülle von Ideen, aber nichts Konkretes für die Menschen.‹

Diese Jugendlichen wollen die Erde bewohnbar machen. In ihrem Namen begaben sich einige von ihnen nach Biafra, Nigeria, in die arabischen Länder und nach Israel. Nicht um dorthin Lösungen zu bringen, sondern um zuzuhören.

Sie wollen die Kirche bewohnbar machen. Sie ist der Leib Christi. Sie kann zu einem unvergleichlichen Ferment der Brüderlichkeit für die ganze Gemeinschaft der Menschen werden. Sie wollen nicht die Kirche zerstören, sondern sich in ihrer Mitte halten, um das prophetische Wort zu hören. Es führt die Kirchen ständig zu einer Neugeburt und Neuschöpfung, nicht aber zu ihrer Zersetzung. Ist nicht die Zerstörung das Werk dessen, der in unserem dunklen Inneren herrscht?

Um die Hoffnung zu stützen und um sich nicht vom Pessimismus der schlechten Nachrichten über das Volk Gottes beeindrucken zu lassen, die von allen Seiten verbreitet werden, geben sie sich sieben Monate Zeit, um nach einem Weg zu suchen, wie sie eine frohe Nachricht ankündigen können.«[12]

Das Konzil der Jugend

Die »fröhliche Nachricht« (joyeuse nouvelle), von der das Schlußdokument der Jugendtreffen 1969 sprach, wurde Ostern 1970 in Taizé bekanntgegeben zugleich mit dem »Mittel, dem Instrument, um die ›fröhliche Nachricht‹ zu leben«.[13] Beides, die fröhliche Nachricht und das Mittel setzten nach der Ankündigung in den Kirchen aller fünf Kontinente eine Bewegung, einen »langen Marsch« in Gang, dessen Ziel und »Erfolg« noch ausstehen. Einzig die ungestüme Bewegung selbst ist heute schon zu beobachten. Sie ruft bei den einen Zustimmung, bei den anderen Ablehnung hervor. Wieder andere verharren in her-

12 In: La documentation catholique, 5. 9. 1969, S. 849 f

13 Quelle für den Bericht über das Ostertreffen 1970 sind, wenn nicht anders angegeben, eigene Tonbandaufzeichnungen. Vgl. auch Communion 1970/2, S. 4 ff; Suchen, warten, wagen, S. 38 ff

gebrachter Gleichgültigkeit und Skepsis gegenüber dem, was ihnen seit 1970 aus Taizé bekannt wird.

Anfang Januar wurden die Einladungen für das internationale Jugendtreffen zu Ostern 1970 verschickt. Die Erwartung und Spannung, die sie hervorrufen mußten, waren beabsichtigt: »Um 16 Uhr am Ostersonntag wird eine frohe Nachricht verkündet werden. Sie wird im Zentrum aller Gespräche und aller Überlegungen stehen. Sie wird Jugendliche der ganzen Welt betreffen; aber auch die Communauté wird selbstverständlich davon mitbetroffen werden.

Zur Vorarbeit an dieser frohen, eindringlichen und ungewöhnlichen Nachricht wird eine breitangelegte Befragung in Gang gesetzt. Um die Hoffnung zu stützen und um sich nicht vom Pessimismus der schlechten Nachrichten über das Volk Gottes beeindrucken zu lassen, haben sich viele Jugendliche eine Frist von einigen Monaten gesetzt. Während dieser Zeit machen sie sich Gedanken, wie sie diese Nachricht mitteilen können. Mit dieser Zielsetzung haben sie sich bis Ostern vorgenommen, drei Wirklichkeiten zu ergründen und sie zu leben: das Gebet, die Liebe zur Kirche, die Suche nach der Gerechtigkeit.

Mit der Leidenschaft für die brüderliche und sichtbare Einheit des Leibes Christi möchten wir, daß die Kirche wieder zur Freude findet, jenseits der augenblicklichen Schwierigkeiten und Traurigkeit, auch jenseits der neuen gesetzlichen und puritanischen Einstellung bei manchen.

Die vielen jungen Menschen, die am Ostermorgen in Taizé sein werden, vertreten alle Kontinente. Jugendliche aus Lateinamerika (Margarita Moyano), Nordamerika, Afrika und Asien beteiligen sich an der Ankündigung der frohen Nachricht.«[14]

Als die Communauté diese Nachricht verschickte, wußte niemand außer dem Prior und einigen seiner Brüder etwas vom Inhalt der frohen Nachricht. Weder die meisten Brüder noch die Jugendlichen der Vorbereitungsgruppe ahnten etwas von der Ankündigung eines »Konzils der Jugend«. Sie erfuhren davon erst wenige Tage vor Ostern! Die Geheimhaltung war perfekt und blieb es für alle Teilnehmer des Jugendtreffens bis zu jenem denkwürdigen Nachmittag des Ostersonntags 1970.

15 Tage vor Ostern trat das internationale Vorbereitungsteam in Taizé zusammen, um das inzwischen eingelaufene Arbeitsmaterial und die Ergebnisse der Befragung zu sichten. Zur Vorbereitungsgruppe gehörten ein Landarbeiter aus dem Nord-

14 In: Aujourd'hui, Januar 1970, S. 1

osten Brasiliens, eine portugiesische Gastarbeiterin, zwei schwarze Nordamerikaner aus einem Ghetto Chicagos, ein Wirtschaftswissenschaftler aus Afrika, ein Astrophysiker aus Indien und die »Animatrice« des Jugendtreffens, Margarita Moyano.

Ihre Aufgabe war es, mit den Ergebnissen der Umfrage die Vorstellungen, Pläne und Forderungen der Teilnehmer der früheren Jugendtreffen komprimiert zu formulieren und nach einem Mittel zu suchen, wie sich diese Vorstellungen verwirklichen lassen könnten. Die Vorbereitungsgruppe einigte sich auf einen Text, in dem sie erklärte, wie sie zur Formulierung der frohen Nachricht gekommen war. Dieser Text, sowie die frohe Nachricht und das Mittel, wie sie zu verwirklichen sei, wurden am Nachmittag des Ostersonntags in der Versöhnungskirche den Jugendlichen bekanntgegeben.

Mehr als 2500 Jugendliche aus 35 Ländern aller fünf Kontinente versammelten sich vom 28. bis 31. März 1970 in Taizé. Obwohl die Unterkünfte so primitiv waren wie zuvor, bereiteten dieses Mal die große Teilnehmerzahl und das extrem schlechte Frühlingswetter einige Schwierigkeiten. Sie wurden von den Jugendlichen und den Brüdern mit bemerkenswerter Gelassenheit ertragen. Außer in den einfachen Unterkünften in Ameugny, Cormatin und der weiteren Umgebung Taizés schliefen die Jugendlichen dichtgedrängt auf dem Boden der Zimmer einzelner Brüder, sie lagerten in Fluren und Versammlungsräumen von »Tenietz«, dem Empfangshaus der Communauté. Mehr als 300 Jugendliche nächtigten sogar in der Versöhnungskirche, nachdem Schnee und Regen sie aus ihren Zelten vertrieben hatten.

Noch nie war die Versöhnungskirche so voll gewesen wie am Ostermorgen 1970. 2500 Jugendliche preßten sich in die Kirche. Hinzu kamen die ohnedies zahlreichen Besucher der Communauté, die wie in vergangenen Jahren am Ostergottesdienst der Brüder teilnehmen wollten. Die lange Osterliturgie mit Abendmahl und Profeß eines Bruders blieb nicht ohne Wirkung. Unerklärbar verbreitete sich die Osterfreude unter den Jugendlichen. Ihre Auswirkungen zeigten sich nach dem Gottesdienst in Formen, die auf kühle mittel- und nordeuropäische Besucher einigermaßen verwirrend wirkten. Manche Jugendliche tanzten und sangen auf dem Platz vor der Kirche, auf dem die Brüder als Agape Brötchen und Kakao an alle austeilten. Andere schrieben auf die Hüllen ihrer Gitarren, die Rücken ihrer Jacken und die Schiebedächer ihrer 2-CV's: »Le Christ est ressuscité« (Christus ist auferstanden). Freude und Enthusiasmus gingen eine merkwürdige Verbindung ein.

9 Europas Jugend kommt nach Taizé zum Konzil der Jugend, September 1974

Am Osternachmittag versammelten sich die Jugendlichen ein zweites Mal in der Versöhnungskirche zum Gebet. Anschließend wurde ihnen die »frohe Nachricht« mitgeteilt. Abwechselnd lasen Teilnehmer der Vorbereitungsgruppe den Text, den sie vor dem Jugendtreffen gemeinsam redigiert hatten, auf französisch, englisch, portugiesisch und italienisch:

»Im letzten Jahr haben wir uns vorgenommen, von Taizé aus eine frohe Nachricht für die Jugend bekanntzugeben: eine Herausforderung der Hoffnung in einer Zeit der Verwirrung in der Kirche, in einer Zeit, da Unterdrückung einen Teil der Menschheit entfremdet, in einer Zeit, in der die nicht mehr tragbaren Privilegien der einen es den anderen nicht einmal ermöglichen, sich als Menschen zu verstehen.

Wir haben aufmerksam den jungen Menschen aus fünf Kontinenten zugehört. Wir haben begriffen, daß viele Durst nach Gott haben, zugleich aber auch die entschiedene Absicht, im Dienst des Menschen voranzukommen. Für sie gibt es nur ein alles oder nichts. Wenn sie Christus begreifen, dann vor allem als Leben. Wenn sie die Kirche begreifen, dann wollen sie sie als schöpferische Kraft.

Am stärksten haben wir herausgehört, daß sie einen neuen Ansatz jenseits alles Gewohnten erwarten, der sie bis zum letzten für Christus engagiert und ihre Energien freisetzt, der in ihnen einen Elan hervorruft, Schöpferkraft, um die Erde bewohnbar zu machen. Dann kann sich Gewalt aus Haß noch in ›Gewalt der Friedensstifter‹ umwandeln.

Um die Nachricht zu finden, die den Erwartungen der meisten entspricht, haben wir zugehört, nachgedacht, gebetet. Bei unseren Bemühungen um wechselseitige Beziehungen (réciprocité) zwischen den beiden Welthälften haben wir die wesentlichen Anstöße aus den südlichen Kontinenten erhalten. Junge Lateinamerikaner haben gespürt, wie ›dringend notwendig es ist, daß die Kirche immer stärker von Ostern geprägt wird, daß sie sich allen Mitteln der Macht verweigert, daß sie glaubwürdig ein Evangelium bezeugt, das den Menschen befreit‹ (Lateinamerikanische Bischofskonferenz von Medellin 1968). Jugendliche aus den afroasiatischen Ländern sehen, wie die für sie wichtigen Werte der ›Gemeinsamkeit‹ (communion), des ›Miteinander-Teilens‹ (partage) und auch des ›Festes‹ (fête) von den Menschen der nördlichen Welthälfte beiseite gedrängt werden.

Die Kirche zieht durch eine Wüste. Die Erde wird für viele unbewohnbar. Da wir nach einer Antwort auf die Hoffnung vieler suchen, haben wir uns an die ersten Christen erinnert. Im Anfang ›hatten sie alles gemeinsam; sie waren ein Herz und eine Seele‹. Jedermann konnte sehen, wie sie in brüderlicher Einmütigkeit lebten. Als ihnen jedoch die Einmütigkeit verlorenging, als die wechselseitigen Spannungen in Spaltungen umzuschlagen drohten, beschlossen sie, zusammenzukommen, um einen Bruch zu vermeiden und die Gemeinschaft zu erhalten.

Die Nachricht, die wir nun bekanntgeben, ist eine Osternachricht. Hier ist sie:

›Der auferstandene Christus kommt, um im Innersten des Menschen ein Fest lebendig werden zu lassen.
Er bereitet uns einen Frühling der Kirche, einer Kirche, die über keine Machtmittel mehr verfügt, bereit, mit allen zu teilen, ein Ort sichtbarer Gemeinschaft für die ganze Menschheit.
Er wird uns genügend Phantasie und Mut geben, einen Weg zur Versöhnung zu bahnen. Er wird uns bereit machen, unser Leben hinzugeben, damit der Mensch nicht mehr Opfer des Menschen sei.‹«

Dann sprach der Prior, umgeben von einer Schar kleiner Kinder: »Aber das ist noch nicht alles. Um zu versuchen, diese Wirklichkeiten zu leben, um sie in unser Leben als Männer, Mädchen, Jungen, Frauen zu integrieren, um uns zu versöhnen, um unsere Gegensätze zu versöhnen, haben wir ein Mittel gesucht. Ein Instrument, das uns erlaubt, für mehrere Jahre zusammen zu bleiben, hat sich uns aufgedrängt. Ich gebe es Ihnen jetzt bekannt:

›Wir werden ein Konzil der Jugend halten.‹«

Die Reaktion auf diesen Satz des Priors war unbeschreiblich: Nach einer kurzen Pause betroffenen Schweigens erhob sich ein donnernder, lang anhaltender Beifall in der Versöhnungskirche, Klatschen, das sich rhythmisch steigerte, langsam wieder verebbte und sich von neuem steigerte, Rufe, Getrampel. Dann fuhr der Prior fort: »Junge Menschen werden bei diesem Konzil die Mehrheit bilden, doch wollen wir keine Diskriminierung. Darum werden auch Erwachsene, alte Menschen und sogar Kinder daran teilnehmen.

Das Konzil der Jugend wird ein langer Marsch durch die Wüste sein: ›Aufbruch, ohne zu wissen, wohin es gehen wird, im Warten auf die Verwirklichung einer Verheißung.‹ Das Konzil ist damit heute angekündigt, eröffnet wird es erst später. Das wird dann der zweite Schritt sein.

Da nun einmal ohne ein Mindestmaß an Zeit sich nichts Beständiges verwirklichen läßt, beginnt heute nur eine erste Phase. Bevor es in einem Konzil der Jugend etwas zusammenzutragen gibt, gilt es, nachzudenken und zu leben: das ›Fest‹, die ›Gemeinschaft‹, das ›Miteinander-Teilen‹ und ›Hoffen gegen alle Hoffnung‹. In diesem Augenblick treten wir also ein in eine Art permanenten konziliaren Zustands. Das bedeutet für jeden, daß er versucht, von nichts anderem auszugehen, als von seiner inneren Armut, den Blick auf Christus, den Auferstandenen, gerichtet, das Licht, das mitten in unserer Dunkelheit leuchtet.«

Gleich nach dem Prior ergriff der Generalsekretär des Ökumenischen Rats der Kirchen, C. Blake, das Wort: »Ich kann hier zu Ihnen nicht im Namen des ÖRK sprechen. Ich selbst freue mich aber über die Ankündigung dieser Bewegung zur Versöhnung. Und weil Sie dieses Konzil auch für ältere Menschen offenhalten wollen, möchte ich meine Kandidatur anmelden.« Dann bot der Generalsekretär dem Konzil der Jugend die Zusammenarbeit an mit der nächsten Vollversammlung des ÖRK.

Nach ihm sprachen Kardinal Renard von Lyon im Namen der anwesenden katholischen Bischöfe und Archimandrit Damaskinos, der den Jugendlichen die Grüße des Patriarchen Athenagoras I. übermittelte. Schließlich wurde noch ein Grußtelegramm des Papstes verlesen.

Als die Jugendlichen nach der Ankündigung des Konzils der Jugend die Versöhnungskirche wieder verließen, wurden an sie hektographierte Zettel verteilt. Außer einer Zusammenfassung dessen, was sie gerade durch das Vorbereitungsteam und den Prior vernommen hatten, war auf den Zetteln ein Text mit der Überschrift abgedruckt:

»Leben auf dem langen Marsch, der uns bis zum Konzil der Jugend führen wird.
Wir werden Christus, den Auferstandenen, in einer dreifachen Feier leben; Christus ist die sprudelnde Quelle, die in uns lebendige Kräfte in Bewegung setzt.
Wir feiern Christus, den Auferstandenen, in der Eucharistie.
In ihr teilen wir das Leben des auferstandenen Christus untereinander und haben Anteil am Ostergeheimnis. Wir nehmen teil an den Prüfungen Christi, der bis ans Ende der Welt leidet in seinem Leib, der Kirche, und in den Menschen, unseren Brüdern. Wir feiern tief in unserem Inneren das Fest, zu dem uns der auferstandene Christus immerzu einlädt: er, der allein die Tiefen des Menschseins verwandelt. Die Eucharistie

ist da für uns, die wir schwach und wehrlos sind. Wir empfangen sie im Geist der Armut und der Umkehr des Herzens. Wir sind auf einem Marsch durch die Wüste, auf eine Kirche zu, die mit allen teilt. Die Eucharistie gibt uns den Mut, das Manna nicht aufzuhäufen, keine materiellen Reserven anzusammeln und nicht nur das Brot des Lebens, sondern auch die Güter der Erde zu teilen.

Wir feiern Christus, den Auferstandenen, durch unsere Liebe zur Kirche.

Es ist eine Liebe, die auf Erden ein Feuer entzündet. Die Kirche ist einmal wie ein unterirdischer Strom, der in geheimer, verborgener Bewegung seit dem ersten Pfingstfest weite Fernen fest verbindet. Aber sie ist auch die ›Stadt auf dem Berg, die von allen Menschen gesehen werden soll‹. Die Kirche hat den Auftrag, durch unsere sichtbare, brüderliche Liebe, durch ihre wiedergefundene Einheit ein unersetzliches Ferment der Brüderlichkeit, der Gemeinschaft und des Teilens für die ganze Menschheit zu werden. Hier liegt das Wesen ihrer ökumenischen Berufung. Am Abend vor seinem Tod betete Christus, unsere Einheit möge den Menschen zum Glauben verhelfen.

Wir feiern Christus, den Auferstandenen, im Menschen, unserem Bruder.

Wenn wir von den Schätzen Armer leben, von Gebet und gegenseitigem Vertrauen, so entdecken wir, daß ›der Mensch geheiligt ist durch die in seiner Kindheit unschuldig erlittenen Wunden, durch das Geheimnis seiner Armut‹. Wir sehen im Menschen das Antlitz Christi, ›vor allem wenn dieses Antlitz durch Tränen und Leiden transparenter geworden ist‹. Deshalb werden wir so weit gehen, unser Leben hinzugeben, damit der Mensch nicht mehr Opfer des Menschen sei.«[15]

Wie zu erwarten, rief die Ankündigung eines Konzils der Jugend die gegensätzlichsten Stellungnahmen in den verschiedenen Kirchen hervor.

Als einer der ersten reagierte Papst Paul VI. während seiner Sonntagsansprache am 19. April. Als er zu der am Petersplatz versammelten Menschenmenge über den gegenwärtigen Stand des Ökumenismus sprach, versicherte er, es gäbe gute Gründe zur Hoffnung. So bestünden jetzt enge Beziehungen zu den orthodoxen Kirchen. Dann fügte er hinzu: »Die Vorzeichen sind

15 Französischer Originaltext in: Communion 1970/2, S. 12 f; deutsche Übersetzung in: suchen, warten, wagen, S. 47 ff

gut: Wir schauen mit Achtung und innerer Teilnahme nach Taizé.« (aaO, S. 44) Das Urteil von Réforme, der Kirchenzeitung des französischen Protestantismus, über diese Vertrauenserklärung des Papstes gegenüber der Communauté: ». . . das sei nicht die beste Empfehlung für Protestanten« (30. 5. 1970).

Verschiedene Priester und Laien der katholischen Kirche Frankreichs kritisierten die »manipulierte Atmosphäre Taizés«, die Emotionen und Sentimentalitäten Jugendlicher unkontrolliert hervorbrechen ließe.[16] Pariser und Straßburger Pastoren bemängelten den unqualifizierten Gebrauch des Wortes »Konzil«, der zu gefährlichen Mißverständnissen und Enttäuschungen führen müßte. Vor allem wandten sie sich gegen ein Konzil der *Jugend*, weil ein solches die Grenzen zwischen den Generationen vertiefen würde. Andererseits begrüßte J. Maury, der Präsident des Nationalrats der Reformierten Kirche Frankreichs, während der 63. Nationalsynode der ERF im Mai 1970 nachdrücklich diese »ermutigende Initiative Taizés«. Er wünschte der Communauté eine möglichst zahlreiche Teilnahme von Jugendlichen an dem angekündigten Konzil.[17] In Westdeutschland war Landesbischof Dietzfelbinger einer der ersten, der den Brüdern einen zustimmenden Brief schickte. Dagegen blieb eine Rundreise, die frère Léonard und frère Rudolf Ende Juni durch die westdeutschen evangelischen Landeskirchenämter unternahmen, ohne vernehmbares Echo.

Die Communauté selbst verhielt sich gegenüber allen positiven wie negativen Stellungnahmen zur Ankündigung des Konzils der Jugend schweigend, wie frère Roger einem französischen Journalisten ausdrücklich erklärte.[18] Die Urteile anderer wurden gleichwohl sehr sorgfältig in Taizé zur Kenntnis genommen. Die dort einlaufende Post hatte sich seit Ostern 1970 um ein Vielfaches vermehrt. Dennoch konnten alle Reaktionen die Brüder zunächst zu keiner öffentlichen Zustimmung oder Ablehnung bewegen.

Der Vorwurf, die Brüder begünstigten durch ein Konzil der *Jugend* die Trennung zwischen den Generationen, muß dem absurd erscheinen, der die Brüder kennt. Es gibt wenig Orte wie Taizé, wo vom Frieden zwischen den Generationen nicht nur geredet wird, sondern wo er auch sichtbar gelebt wird. Und wenn

16 In: Le Monde, 20. 5. 1970
17 In: Le Monde, 3./4. Mai 1970
18 In: Le Monde, 20. Mai 1970

10 Meditation und immerwährendes Gebet in der Versöhnungskirche, Taizé 1974

sowohl Erwachsene wie Kinder am Konzil der Jugend teilnehmen werden, wird man es kaum mit einem Kinderkreuzzug juveniler Exklusivität gegen die Welt der Erwachsenen verwechseln können.

Der Vorwurf der »manipulierten Atmosphäre Taizés« läßt sich schwerer widerlegen, weil sie nicht eindeutig erkennbar ist. Eindeutiges Erkennungszeichen wäre das Auftreten gleichförmiger Gefühle und Reaktionen auf seiten der Jugendlichen. Genau das Gegenteil läßt sich in Taizé beobachten. Statt Uniformität Pluriformität der Ausdrucksformen. Zum Beispiel das selbständige Gebet Jugendlicher in der Krypta: »Während des nächtlichen Gebets war ich von der vollkommenen Stille in der Krypta stark beeindruckt. Überdies umfaßte das Gebet verschiedene Formen: Lieder, Litaneien, gesprochenes Gebet, Musik und – welch eine Überraschung – selbst den Rosenkranz! In einer Ecke der Kirche improvisierte eine Gruppe eine Art liturgischer Feier. Kerzen und Weihrauch brannten. Es war eine ergreifende Atmosphäre. Große Stille, von einem Rezitativ, einem Guitarrenstück unterbrochen, und wieder Stille. Manche schliefen zeitweise ein; aber zweifellos zählte, wenn der Herr des Evangeliums gekommen wäre, nur noch die Freude, ihn erwartet zu haben.«[19] Wenn man also tatsächlich noch von einer »manipulierten Atmosphäre Taizés« sprechen mag, dann nur, wenn man jenes Klima schöpferischer Freiheit und Phantasie meint, das der Untergang aller uniformen Verhaltensweisen ist. Diese Beobachtung wird bestätigt durch das Buch »suchen, warten, wagen«, das eine Fülle verschiedener Äußerungen Jugendlicher zum Thema Konzil der Jugend zusammenfaßt.

Bleibt noch der Vorwurf eines verwaschenen Gebrauchs des Wortes »Konzil«. In der Tat ist es auffällig, daß bis heute weder die Brüder noch Jugendliche diesen Begriff eindeutig festlegten. Weder Struktur noch Programm liegen fest. Selbst das Datum der Eröffnung (30. 8. – 2. 9. 1974) wurde erst nach dreijähriger Vorbereitung Ostern 1973 bekanntgegeben. »Das Konzil hat kein definiertes Programm«, zitiert H. Fesquet am 20. Mai 1970 die Brüder. »Es handelt sich um eine Verheißung, um einen ›langen Marsch‹. Wir möchten ihm nicht zu viele Strukturen geben, damit der schöpferischen Phantasie genügend Spielraum erhalten bleibt.«[20]

19 In: Brief aus Taizé, November 1970, S. 6
20 In: Le Monde, 20. 5. 1970

Der außenstehende Beobachter ist einigermaßen verwirrt. Wie kann man zu einem Konzil aufrufen, dessen Strukturen und Programm niemand kennt? Wie soll es der Einheit der Kirche dienen können, wenn alle wesentlichen Voraussetzungen zu seiner Durchführung ungewiß sind? Auf diese durchaus verständlichen Fragen gab nun die Communauté 1970 eine Antwort, die den beunruhigten Frager erneut verwirren mußte, stellte sie doch alles auf den Kopf, was man sich bisher unter einem Konzil vorstellen konnte.

»Ein Konzil der Jugend hat es bisher noch nie gegeben ... Normalerweise wird zuerst die Versammlung durchgeführt, dann geht man an die Ausführung der Beschlüsse. Beim Konzil der Jugend wird der umgekehrte Weg eingeschlagen: *Die Ausführung liegt vor dem Konzil.* Das Konzil selber, für das weder der Zeitpunkt, noch die genaue Form bisher festgelegt sind, wird zusammenfassen und universal zum Ausdruck bringen, was bisher während der Vorbereitungsphase an den einzelnen Orten und in den verschiedenen Kontinenten realisiert worden ist. Die Texte und Erklärungen werden also der Realisierung folgen. Bevor es auf diesem Konzil etwas zusammenzutragen gibt, gilt es, nachzuforschen, zu reflektieren und – vor allem – zu *leben.*«[21]

Diese Konzeption des Jugendkonzils verwirrt nur auf den ersten Blick. Bei genauerem Hinsehen erweist sie sich als überaus bestechend durch die geniale Vertauschung der postkonziliaren mit der präkonziliaren Phase. Bietet doch ein so konzipiertes Konzil endlich die unvergleichliche Chance, daß seine Texte tatsächlich mit dem Leben ihrer Verfasser übereinstimmen und nicht erst nach dem Konzil mühsam mit der Wirklichkeit in Einklang gebracht werden müssen. Das Konzil der Jugend soll die Formen faktisch gelebter Einheit und Gemeinschaft der Christen zum Ausdruck bringen, nicht aber durch eine entsprechende Planung allmählich zustande bringen.

Diese Konzeption des Konzils der Jugend ist nicht ohne Verheißung. Es steht in einer Lücke zwischen allen bisherigen Konzilen, Kirchenkonferenzen und Synoden, zu deren Ansprüchen und Legitimität es weder in Konkurrenz treten kann noch will. Die kirchenrechtliche Stellung des Konzils der Jugend zwischen allen einschlägigen kanonistischen Normen Roms, Genfs und Konstantinopels gewährt der Communauté die wohlwollende Unterstützung eben dieser drei Zentren des Ökumenismus.

21 Dieses Zitat ist einem undatierten, hektographierten Papier entnommen, das die Communauté im Oktober 1970 verschickte.

Welche andere Gemeinschaft oder Kirche als die Communauté könnte zu einem solchen Unternehmen aufrufen? Die Communauté steht – gewissermaßen »reichsfrei« – zwischen allen Kirchen. Die Communauté ist nicht kompromittiert von konfessioneller Eigenbrötelei oder Machtanspruch. Niemand wird die Communauté ernsthaft beschuldigen wollen, sie verfolge mit dem Konzil der Jugend eigene Interessen. Setzt doch die Communauté seit Ostern 1970 alles wieder aufs Spiel, was sie sich an Reputation mühsam in 30 Jahren aufgebaut hat. Das Risiko, sich vor aller Welt lächerlich zu machen, wenn das Konzil der Jugend ausgeht wie das Hornberger Schießen, ist nicht gering. Anders als durch absichtsloses Handeln im Geist der Gratuität läßt sich dieses verwegene Engagement der Communauté nicht erklären. Unter den Jugendlichen selbst fand die Ankündigung des Konzils der Jugend ein starkes Echo. Seit Ostern 1970 nahm die Zahl derer ständig zu, die zur Konzilsvorbereitung nach Taizé kamen. 1970 waren es bereits 20 000, die sich an den Jugendtreffen beteiligten, nicht gerechnet jene, die nur für einen Tag in Taizé weilten.[22] 1971 kamen 35 000, 1972 50 000, 1973 70 000, 1974 über 100 000 Jugendliche. Wer die Gegebenheiten Taizés kennt, weiß, welche verborgenen Mühen es kostete, diese großen Treffen mit einem Minimum äußerer Organisation und ohne den Einsatz der örtlichen Polizei zu ermöglichen.

Woche für Woche vom Frühjahr bis zum Spätherbst kommen jeweils 1000 bis 2500 Jugendliche zu den Treffen nach Taizé. Die große Zahl scheint jede Kommunikation im Keim zu ersticken. Durch das dreimalige gemeinsame Gebet in der Versöhnungskirche, durch die Gemeinschaft in den zahllosen Siebenergruppen, den »Zellen«, entgeht man den Gefahren eines erdrückenden Massenbetriebs. Ein »Woodstock in Taizé« (Christ und Welt) hat es in Taizé selbst bei den großen Ostertreffen nie gegeben. In weiten Bereichen Taizés – zum Beispiel um die Versöhnungskirche, auf benachbarten Wiesen – sind »Zonen der Stille« (zone de silence) eingerichtet für die, »die mehr das Schweigen suchen möchten. Dort stehen Zelte zum Lesen, zur Meditation, zum Gebet. Man kann dort auch sein eigenes Zelt aufbauen, wenn man dort schlafen möchte.«[23]

»Und überall zu jeder Zeit zahlreiche Gespräche in allen Sprachen, eine stille Freude, nichts Lautes, nichts Aufsehenerregendes. Bei seiner Ankunft wählt jeder unter den verschiedenen

22 Vgl. im Brief aus Taizé, November 1970, S. 4
23 Brief aus Taizé, Mai 1971, S. 6

Möglichkeiten, die ihm angeboten werden, ein Treffen aus. Er lernt diejenigen kennen, mit denen er eine Woche zusammen sein wird. Jeden Tag wird von den Jugendlichen, die das Treffen vorbereitet haben, ein Thema vorgeschlagen, das zum Nachdenken und zum Engagement anregt.

Einander zuhören und sich gegenseitig Fragen stellen, das sind zwei Momente dieses Austausches. Es geht nicht darum, Schlußfolgerungen zu ziehen ... Vielmehr soll jede Begegnung ein Anstoß zur Befreiung sein. Eine gewisse Armut wird von uns verlangt: Wir verzichten darauf, den Gesprächspartner zu überzeugen. Im Gegenteil, die Erfahrungen der anderen gleichen die eigene Einseitigkeit aus ... Im Laufe der Treffen werden die verschiedenen Aspekte unserer ›frohen Nachricht‹ in ›Ateliers‹ vertieft, zu denen man sich mehrmals in der Woche trifft. Themen der Gespräche sind beispielsweise: Der Kampf für den Menschen und die Kontemplation. Im gewerkschaftlichen, politischen, beruflichen Einsatz unser Leben hingeben. An die Auferstehung glauben. Das Glück der Seligpreisungen in unserer Gesellschaft. Studieren – wozu, für wen? Der Kirche ein neues Gesicht geben. Was können Christen und Nichtchristen für einander bedeuten? Möglichkeiten des Austausches zwischen Menschen verschiedener Kulturen und Milieus. Nach den Fundamenten des Glaubens suchen. Seinen Glauben im politischen Engagement leben.«[24]

Immer wieder gibt es Gruppen, die von den Gesprächen in den kleinen Gruppen oder »Ateliers« etwas anderes erwarten: Resolutionen, Empfehlungen, Aktionen. So heißt es zum Beispiel in dem Bericht einer Jugendgruppe der braunschweigischen Landeskirche, die im Frühjahr 1973 in Taizé war: »Den Tag verbringen die Jugendlichen in sogenannten Ateliers oder Workshops bei ausuferndem Wortgeräusch über so alles- und nichtssagende Themen wie: ›Konfliktsituationen durchstehen (Schule, Familie, Gesellschaft)‹, ›Der Kirche ein neues Gesicht geben‹ oder ›Wie soll man sich auf Ostern vorbereiten?‹« (Peter Bick)

»Die dreimal am Tag angebotenen gottesdienstlichen Handlungen reichen kaum zur Begegnung mit den Brüdern aus. Gewiß haben die Brüder – wenigstens einige von ihnen – sich nach Kräften um die Jugendlichen bemüht. Aber gerade diese Bemühungen haben leider nicht wenig zu der aggressiven Atmosphäre beigetragen. Unverständlicherweise fehlte den Brüdern die geistliche Sicherheit, die man von ihnen erwartet hatte. Echte

24 suchen, warten, wagen, S. 65 ff

Fragen der Jugendlichen wurden oft mit ärgerlichen und nichtssagenden Antworten bedacht. Ein Gespräch mit den Brüdern kam kaum zustande, da diese immer irgendwelche Fallen und Aggressionen witterten. Warum wich man eigentlich dem ›geistlichen Wort‹ aus?

Zu den jungen Menschen, die in Scharen nach Taizé gekommen waren, hatten die Brüder ein seltsames Verhältnis. Auf der einen Seite war man nicht wenig stolz darauf, daß die Communauté eine solche Anziehungskraft hatte. Andererseits wurde jedoch immer wieder betont, man habe die Jugendlichen nicht gerufen, sei dementsprechend auch nicht verantwortlich für das Treiben in Taizé. Daß man zwar die Vielzahl der jungen Menschen als positives Kennzeichen der Bruderschaft gegenüber den organisierten Kirchen für sich verbuchen wollte, für die schlechte Qualität des Angebots am Ort aber die jungen Menschen verantwortlich machen wollte, ist bedenklich.

Auch fiel mir auf, daß man einige kritisch fragende Jugendliche gleich bestimmten Gruppen zuordnen wollte, die offensichtlich nicht die angenehmsten ›Gäste‹ sind: Deutsche und Schweizer, weil sie oft in Gruppen kommen und gelegentlich von staatlicher oder verbandlicher Seite eine Finanzierungshilfe erhalten haben. Gern gesehen sind dagegen die von Taizé bereits Vorgeprägten. Sie haben oft für den Besuch Taizés lange gespart und kommen meistens mit fertigen Antworten.« (Landesjugendpfarrer O. Hesse).

»Die Kastengesellschaft Taizés (Jugendliche – Meditierer – Brüder – Prior) kann unbedingt solchen als Reiseziel empfohlen werden, die einmal ganz gefühlsbetont eintauchen wollen in ein zunächst fremd anmutendes Fluidum, die zu lernen bereit sind, daß in Gottesdienst und Gebet praktizierte Frömmigkeit bis zu einem Grad, der an Überstrapazierung grenzt, in das menschliche Leben integriert werden kann.

Wenn zu der so umschriebenen Erwartungshaltung noch ein gesunder Sinn für die Reize des sich über die Landes- und Sprachgrenzen erhebenden Gesprächs kommt, ist man in Taizé goldrichtig; sucht man aber eine gedankliche Bereicherung und Auseinandersetzung, dann stellt man mit trauriger Resignation fest, daß die Mönche weniger geduldige, ganz für die Vermittlung ihres Christseins freigestellte Brüder der fragenden Menschen als vielmehr christliche ›Eskimos‹ (sc. eine geschlossene Gruppe mit Idealnorm) sind.« (O. Bick)[25]

25 Alle Zitate aus: Nachrichten 2/1973

Gratuität zu vermitteln ist offenbar schwierig, wenn dem Gegenüber Offenheit – auch kritische Offenheit – fehlt, weil Reichtum erwartet wird, wo man eigenen Reichtum mit anderen teilen könnte. Armut, innere und äußere Armut, sind die konstitutiven Mittel der Konzilsvorbereitung. Nur die freiwillige Armut bewahrt die Freiheit der Gnade, die niemanden zwingt.

»Freiheit muß teuer bezahlt werden. Kürzlich wollten uns einige großzügige Männer der Kirche ihre Sympathie bezeugen und boten uns Geld an, um die vielen Reisen von jungen Leuten quer durch die Welt zu bezahlen. Wir haben es vorgezogen, diese Spenden abzulehnen, um unsere Freiheit nicht aufs Spiel zu setzen.«[26]

Nicht nur für die Reisen, auch für die Vorbereitung und Durchführung der Jugendtreffen in Taizé verzichten die Jugendlichen auf Unterstützung und praktizieren eine ungewohnte Form freiwilliger Armut durch Gütergemeinschaft. »Die Vorbereitung des Konzils der Jugend beruht in materieller Hinsicht auf der Eigenfinanzierung der Jugendlichen; öffentliche oder kirchliche Zuschüsse werden nicht angenommen. Weil das Geld in den einzelnen Ländern einen verschiedenen Wert hat, werden je nach Land unterschiedliche Unkostenbeiträge vorgeschlagen; alle teilen miteinander, je nach Möglichkeiten: zwischen 12 und 15 FF pro Tag.«[27]

Die direkte Teilnahme der Communauté an der Vorbereitung des Konzils der Jugend blieb lange geringer, als viele vermuteten. Erst seit 1974 beteiligten sich mehr Brüder an der Planung und Durchführung der Jugendtreffen. Bis dahin waren nur etwa 10 Brüder in dieser Arbeit engagiert. Sie arbeiteten teils in Taizé zusammen mit dem jeweiligen Vorbereitungsteam, teils organisierten sie zusammen mit Jugendlichen anderer Länder und Kontinente örtliche Jugendtreffen. Die übrigen Brüder arbeiteten wie schon vor 1970 in ihren Berufen, damit die Communauté nicht vom Zustrom der Jugendlichen oder dem Konzil der Jugend abhängig würde. Andererseits sollte durch diesen Verzicht auf größeres Engagement der Communauté auch das Konzil der Jugend vor dem Reichtum der Gaben der Brüder bewahrt bleiben. Kennzeichen der Konzilsvorbereitung und des Konzils sollte Gratuität sein, also Verzicht auf jede Form von Machtausübung einzelner Menschen über andere Menschen.

Kennzeichnend für den Verzicht der Brüder, im Blick auf das

26 Roger Schutz: Kampf und Kontemplation, S. 17 f

27 In: Brief aus Taizé, Februar 1974, S. 15

Konzil der Jugend Macht auszuüben, ist zum Beispiel ihre Zurückhaltung dem Fernsehen gegenüber. Nicht, daß man in Taizé das Licht der Öffentlichkeit scheut; man fürchtet nur jene Macht des Fernsehens, die sich in seinen Manipulationsmöglichkeiten zeigt. Selbst wenn sich einmal – selten genug – die Türen Taizés dem Fernsehen öffnen, kann es geschehen, daß sie sich unverhofft wieder schließen. So verzichtete die Communauté Ostern 1970 auf die Fernsehübertragung der Ankündigung des Konzils der Jugend, obwohl Eurovision (!) bereits die Zusage hatte.[28] Welch Entschluß, freiwillig auf die attraktiven Einflußmöglichkeiten des Fernsehens zu verzichten, wenn man mit Eurovision seine Absichten einer internationalen Öffentlichkeit mitteilen könnte!

Es scheint, als ob die Gespräche der Jugendlichen in Taizé sich vor allem im Bereich der Innerlichkeit abgespielt hätten. Viele meinten, man rede in Taizé gar zu viel von »innerem Abenteuer«, »das verklärte Antlitz Christi erkennen ...«, »Glauben und Suchen«, »Kontemplation«,[29] und zu wenig von konkreten Nöten dieser Welt. Wie wenig dies zutrifft, zeigt ein Artikel des Priors, den er am 20. Januar 1972 in Le Monde veröffentlichte. Das Aufsehen und vor allem die Ablehnung, die der Artikel besonders in Deutschland fand, zeigen, daß frère Roger den Finger in offene Wunden gelegt hatte. Er faßte die wesentlichen Punkte dessen zusammen, was die Jugendlichen seit Ostern 1970 in Taizé durchdachten und lebten.

Leben in der Kirche, zehrendes Feuer

Die Berufung der Jugend zum Universellen. Die Jugend von heute hat ungeheuer verschiedene Erwartungen. Einige aber sind vorherrschend, der feste Wille, sich einzusetzen, damit der Mensch nicht mehr Opfer des Menschen sei, ein Suchen nach menschlicher Kommunikation, was in der Sprache der Christen heißt: ein Suchen nach Gemeinschaft.

Die jungen Christen wollen dieses Suchen nach Gemeinschaft – mit den Menschen und mit Christus –, jedoch ohne starren Rahmen. Den Institutionen der Kirche gegenüber sind sie gar nicht mehr so feindlich eingestellt, wie einst die Jugend von

28 Vgl. in Roger Schutz: Fest ohne Ende, S. 111 f
29 Vgl. das Inhaltsverzeichnis von »suchen, warten, wagen«

1950 bis 1965, sie sind den kirchlichen Institutionen gegenüber gleichgültig geworden, sie rechnen nicht mehr mit ihnen. Sie interessieren sich nicht für die Reformen, sie wollen, daß etwas Neues geboren wird. Ihr Vertrauen richtet sich in erster Linie auf Personen, und wenn sie sich manchmal einem Menschen zuwenden, der für eine Institution verantwortlich ist, dann darum, weil sie in ihm eine Persönlichkeit sehen, die Gemeinschaft ermöglicht. Untragbar finden sie kalte Berechnung und schlaue Wendigkeit in der Kirche. In den nichtssagenden Streitgesprächen, im innerkirchlichen Kampf, der immer noch weiter geführt wird, in dem hartnäckigen Festhalten am parallelen Nebeneinander der Konfessionen sehen sie nur Nachhutgefechte. Wenn die konfessionellen Institutionen bei ihnen einen Annäherungsversuch machen, betrachten sie dies nur als ein vergebliches Bemühen, sie nachträglich wieder einzugliedern und verlorenes Terrain zurückzuerobern.

Sie haben einen ausgeprägten Sinn für die Notwendigkeit ihrer Integration in eine menschliche Gemeinschaft von planetarischen Ausmaßen. Daraus läßt sich schließen, daß in ihnen ein neues Bewußtsein für das Universelle wächst. Viele junge Menschen suchen sich selber zu verwirklichen in einer politischen Gesellschaft, die auf Weltebene sozialisiert ist. Sollte etwa in ihrem Bewußtsein diese Gesellschaftsform den ehemaligen Platz der Kirche schon eingenommen haben?

Ein Frühling der Kirche. Warum sollen wir uns angesichts der Tatsache, daß zahlreiche junge Leute die Kirche ablehnen, selber zur Unbeweglichkeit verurteilen, indem wir mit Angst auf die Ereignisse reagieren und auf das Geschehen pessimistisch oder polemisch reagieren?

Käme es nicht jetzt vielmehr darauf an, daß wir uns nachdrücklich selbst befragen, um jenseits des vordergründigen Geschehens jene Ansätze neuen Wachstums zu sehen, die den bereits wahrnehmbaren Frühling der Kirche andeuten? In drei großen Problemkreisen, in die wir heute gestellt sind, läßt sich zeigen, wie sehr aus einer schwierigen Situation neue Möglichkeiten erwachsen können: Der rasche Rückgang der Berufungen in der Kirche – und zwar in allen Kirchen – ist ein *erster* Problemkreis, voll sicher schwerwiegender Bedeutung. Aber gleichzeitig tun sich gewaltige unausgeschöpfte Quellen auf, um das Dienstamt der Kirche in neuen Formen auszuüben. Allein gelassen, sehen nun manche Laien sich plötzlich in der Lage, den ihnen kraft der Taufe zukommenden Anteil am allgemeinen Amt der Kirche viel ausdrücklicher wahrzunehmen. Und mit einem Schlage entdeckt man auch wieder die Grundlinien im Verständnis des besonderen Amtes in der Kirche (Priestertum und Pfarramt). Das besondere Amt und das Amt der Laien können nur in einer unaufgebbaren wechselseitigen Ergänzung ausgeübt werden.

Ein *zweiter* Problemkreis ist der Einsatz für den Dienst am Menschen, der für viele Jugendliche ein politisches Engagement mit einbezieht, wobei sich manche für revolutionäre Wege entscheiden. In dieser Hinsicht müssen wir zugeben, daß die Geschichte des Christentums durch das Erbe der langen Kette offenkundiger Inkonsequenzen schwer belastet ist. Anstatt die Praxis der ›Vergesellschaftung‹ (= socialisation) zu leben, die in der Urkirche praktiziert wurde, sind die Christen dazu übergegangen, ihren Besitz zu kapitalisieren. Vom 16. Jahrhundert an haben sie Geldverleih auf Zins zugelassen. In der Folge haben sie eine Gesellschaftsform akzeptiert, in der der Profit aus der Arbeit nicht mehr unter alle aufgeteilt, sondern einer Minderheit vorbehalten wurde. Bedurfte es wirklich des Marxismus als eines Pfahls in unserem Fleisch, um uns aus unserem Schlaf zu reißen und die Kirche aufzurütteln, zu einer Gemeinschaft des Miteinanderteilens zu werden, frei von jeglichen Machtmitteln, solidarisch mit den Menschen, die unterdrückt werden?

Das Feuer der Einheit. Ein *dritter* Problemkreis: Viele machen heute die Feststellung, daß sich die ökumenische Bewegung nach einem Sprung nach vorn in den interkonfessionellen Institutionen wieder festgerannt hat, die jetzt die Bewegung durch den konfessionellen Parallelismus blockieren. Dieser Konfessionsparallelismus kann die Verwirklichung jeder konkreten Einheit verhindern. Angesichts dieser Blockade sind viele Menschen, die einst eine gewaltige Haffnung auf den Ökumenismus gesetzt haben, dazu übergegangen, ihre Kräfte anderweitig einzusetzen. Die Jugend beachtet ihn ohnehin nicht mehr. Und was mich selbst angeht, denke ich an dunklen Tagen, an denen ich mit allem, bis zur repressiven Intoleranz, konfrontiert bin, an Johannes XXIII., der einmal sagte: ›Fröhlich sein, nach dem Guten suchen und die Spatzen pfeifen lassen.‹ Die Unschuld seines Herzens wirkt wie eine Brise frischen Windes.

Daß sich viele Jugendliche heute auf einen Christus beziehen und ihn lieben, der losgelöst ist von seinem Leib, der Kirche, und daß in ihrem Bewußtsein eine politische Gesellschaftsform den ehemaligen Platz der Kirche eingenommen hat, daß andererseits die ökumenische Bewegung blockiert ist, all das wäre für mich kein Problem, hätte nicht Christus vor seinem Tode für die sichtbare Einheit der Seinen gebetet. Keiner kann ableugnen: Für Christus steht und fällt die Glaubwürdigkeit der Christen mit ihrer Einheit, die sie konkret untereinander verwirklichen. An unserer sichtbar gewordenen Gemeinschaft können die Menschen den erkennen, der unser Leben ist. Die Einheit der Kirche, ihre Ökumenizität, ist wie ein Feuer, das auf der ganzen Erde brennt, ein verzehrendes Feuer.

Wie sollen wir aus dieser Sackgasse herauskommen, damit die Kirche auf ihre ökumenische Berufung eine Antwort finden kann? Ihre ökumenische Berufung besteht darin, daß sie eine Stätte der Katholizität und der universalen Gemeinschaft für alle werden kann, wo sich auch der aufgenommen weiß, der nicht glaubt, ohne unter dem Gefühl irgendeines Zwanges zu stehen.

Unsere sichtbare Einheit setzt Stätten der Einmütigkeit voraus, Quellorte, an die wir immer wieder gemeinsam zurückkommen. Ebenso wäre zu fragen, wie der Ökumenismus aus seiner festgefahrenen Lage wieder freikommen soll, ohne sich auf einen universalen pastoralen Dienst an der Einmütigkeit zu beziehen, und zwar auf konkrete Weise, da wir nun einmal Menschen sind mit Ohren zum Hören und Augen zum Sehen? Was mich persönlich betrifft, so hat mir ein Mensch mit Namen Johannes diese Perspektive für meinen Weg aufgezeigt und einen tiefen Einfluß auf mich geübt. Durch die Art und Weise, wie Papst Johannes XXIII. seinen Dienst versah, hat er mir die Augen geöffnet für einen neuen Weg der Ökumenizität.

Wird der Bischof von Rom als universaler Hirte uns mitreißen auf den Weg zu einer Kirche der Gemeinschaft, die sich weigert, auf wirtschaftliche und politische Mächte zu bauen? Was anderes erwarten wir von diesem Hirten, der berufen ist, ein armer Hirte zu sein, als daß er uns hilft, in jeder Generation neu aus den unmittelbaren Glaubensquellen zu leben, daß er die lebendige Gemeinschaft unter allen Ortskirchen fördert, und daß er schließlich mit wenigen Worten nicht nur die Christen, sondern überhaupt viele Menschen, die auf ihn hören, aufruft, gegen alle Unterdrückung zu kämpfen.

Und hier auf der Suche nach Verwirklichung der Einheit befinden wir uns nun mitten in einem tiefen Dilemma: Auch im Blick auf eine universalere Gemeinschaft können wir nicht mit der Gemeinschaft unserer Herkunft brechen. In der Negation ruht nicht die Dynamik des modernen Menschen. Könnten wir etwa als Schlüsselgeneration so etwas wie die Möglichkeit einer doppelten Zugehörigkeit finden? Werden wir, ohne von irgend jemand zu verlangen, daß er dem Glauben absagt, den seine Väter ihm ehrlichen Gewissens vermittelt haben, werden wir genug Phantasie und Mut haben, um unsere Einheit wiederherzustellen und so Ferment der Gemeinschaft und des Friedens zu werden für alle Menschen dieser Erde?«[30]

Dieser Artikel erregte in der evangelischen Publizistik der Bundesrepublik erhebliches Aufsehen, um nicht »Ärgernis« zu sagen. Woran stieß sich die ablehnende Kritik? An frère Rogers Plädoyer für eine Kirche »des Miteinanderteilens, frei von jeglichen Machtmitteln, solidarisch mit den Menschen, die unterdrückt werden«? An seiner Frage: »Wird der Bischof von Rom als universeller Hirte uns mitreißen auf den Weg einer Kirche der Gemeinschaft, die sich weigert, auf wirtschaftliche und politische Mächte zu bauen?« Der »Stachel des Marxismus«, der sich in diesen Fragen regte, hatte niemand verletzt. Den Anstoß entdeckte man an einer anderen Stelle.

Obwohl die Communauté gebeten hatte, diesen Text entweder ganz oder gar nicht zu zitieren »im Hinblick auf die darin angeschnittenen besonders heiklen Fragen«[31], veröffentlichte die Zentralausgabe des Evangelischen Pressedienstes nur eine willkürliche Zusammenfassung des Artikels. Nicht irgendein kirchlicher Außenseiter, sondern F. C. Schilling, stellvertretender Chefredakteur des epd, vergröberte die vorsichtigen Fragen in die »erneute Anerkennung des ›Bischofs von Rom als universellen Hirten‹ durch den Prior von Taizé«.[32] Viele evangelische Zeitungen übernahmen Schillings Behauptungen ungeprüft. So zum Beispiel Christ und Welt (28. 1. 1972): »Geht der Prior von Taizé auf Romkurs?« Schillings Behauptung, frère Rogers Erklärung folge »kurz auf die Akkreditierung seines Stellvertreters, des Subpriors Max Thurian, als ›ständigen Botschafters‹ der Communauté beim Heiligen Stuhl«, setzte Christ und Welt auf eigene Weise fort: »Einen Vertreter von Taizé beim Weltkirchenrat hat es bis jetzt nicht gegeben.«

Die Tatsachen, die auch Schilling kannte, sahen anders aus. Am 7. August 1971 notierte frère Roger in seinem Tagebuch: »Ferngespräch aus dem Vatikan. Montag wird im ›Osservatore Romano‹ verlautbaren, daß ›von nun an der Prior von Taizé ei-

30 Deutsche Übersetzung in: Brief aus Taizé, Februar 1972 (Beilage). Vgl. auch: suchen, warten, wagen, S. 99 f

31 In einem offenen Brief der Communauté vom 14. März 1972.

32 epd ZA Nr. 15, 21. Januar 1972

nen Vertreter beim Heiligen Stuhl haben wird‹.«[33] Einen Vertreter beim Ökumenischen Rat der Kirchen hatte die Communauté bereits seit 1967 (s. o.). Die Communauté bat Schilling um Richtigstellung seiner Meldung. Sie ist nie erschienen.

Schillings entstellender Kommentar bewirkte heftige Reaktionen gerade der katholischen Presse. So schrieb die sonst eher friedlich formulierende Zeitung Christ in der Gegenwart (13. 2. 1972): »Eine unerfreuliche Polemik, die in Stil und Inhalt ins vorökumenische Zeitalter gehört und den brüderlichen Geist, der uns im Blick auf die Einheit der Christen beseelen sollte, verletzt. Die Vorwürfe Dr. Schillings gipfeln in Sätzen, in denen das Wort ›katholisierend‹ als Schimpfwort gebraucht wird. Es ist die Sprache des evangelischen Bundes vor fünfzig Jahren.«

Als epd sich weigerte, die offenbare Falschmeldung zu korrigieren, reagierte die Communauté zum erstenmal in ihrer Geschichte mit einem offenen Brief auf eine Pressemeldung. »Seit Bestehen unserer Communauté haben wir niemals über die Presse auf Angriffe antworten wollen: innerhalb einer Gemeinschaft ist es immer möglich, untereinander den wahren Sachverhalt aufzuklären. Jetzt aber geht es um Zehntausende von Jugendlichen, die sich bei der Vorbereitung des Konzils der Jugend engagiert haben. Viele unter ihnen drängten uns, eine Klarstellung zu veröffentlichen, weil unser Schweigen als eine Bestätigung der verschiedenen Behauptungen und Beurteilungen gewertet werden könnte, die gegen uns vorgebracht werden. So hat es sich als notwendig erwiesen, einige berichtigende Angaben zu machen ...« Außerdem bat die Communauté in einem Gespräch epd, F. C. Schilling nicht mehr zur Berichterstattung nach Taizé zu schicken. Man wollte mit ihm nicht mehr verhandeln.

Der offene Brief und die Zurückweisung Schillings als Berichterstatter nützten nichts. So wurde zum Beispiel 1973 ein Redakteur des epd zum Ostertreffen nach Taizé geschickt. Ohne sich direkt bei einem Bruder über die Sachlage zu informieren, schrieb er später: »Das Fest in Taizé hatte am Abend des Gründonnerstag mit symbolischen Fußwaschungen und interkonfessionellen Abendmahlsfeiern begonnen, an denen sich Prior Roger Schutz und alle Mitglieder der Bruderschaft beteiligten.«[34] Die »interkonfessionellen Abendmahlsfeiern« waren frei erfunden. Weder an Interkommunionen noch an Konzelebrationen

33 In: Kampf und Kontemplation, S. 85
34 In: epd ZA Nr. 79, 24. April 1973

von Geistlichen verschiedener Kirchen hatte sich die Communauté beteiligt.

Das distanzierte Verhältnis vor allem auch deutscher Kirchen und ihrer offiziellen Presse zur Communauté änderte sich erst zum Guten, als man den sich unaufhörlich verbreiternden Strom Jugendlicher nach Taizé nicht mehr übersehen konnte. Taizé war nicht länger zu ignorieren. Inzwischen herrscht zwischen der Leitung des epd und der Communauté ein freundlich-sachliches Verhältnis. Selbst die Lutherischen Monatshefte vertauschten ihre hergebrachte Distanz mit betontem Wohlwollen und Verständnis.[35] Diesen Umschwung unterstützten der wiedererwachende Konservativismus innerhalb der Kirche und das inflationistisch uferlose Neuangebot von Kursen für Meditationen und Retraiten. Taizé war plötzlich »in«. Es schien eine Marktlücke zu schließen. Bemerkenswert blieb allerdings, daß man noch immer nicht sah oder sehen wollte, wie sehr die sichtbare Seite des Gebets der Jugendlichen in Taizé von Worten wie Sozialisierung, Kampf, Engagement und Armut der Kirche geprägt wurde. Auch den »Stachel des Marxismus« in den Worten des Prior übersah man weiterhin geflissentlich. Kontemplation ja, Kampf nein.

Kampf und Kontemplation. In diesen beiden Worten, besser Bereichen, Erscheinungsformen christlichen Lebens preßte sich alles zusammen, was die Jugendlichen zusammen mit der Communauté in den viereinhalb Jahren der Konzilsvorbereitung entdeckt und gelebt hatten. Die Erfahrungen der Gesprächsgruppen, das gemeinsame Leben in den »Zellen«, alles, was Jugendliche während ihrer Kontaktreisen durch die ganze Welt zu einzelnen Gruppen gehört hatten, sollte bei der Eröffnung des Konzils vom 30. August – 1. September 1974 in Taizé zusammengetragen und ausgetauscht werden. Es soll während der Jahre des Konzils vertieft und in vielfältiger Gestalt gelebt werden.

»Auf der Suche nach Gemeinschaft (communion) mit Gott und den Menschen werden wir sogleich in ein Spannungsverhältnis gesetzt: Kampf und Kontemplation. Zwei Verhaltensweisen, die einander auszuschließen scheinen, während sie sich in Wirklichkeit gegenseitig bedingen und in einem beständigen Wechsel ineinander übergehen.

Kampf in uns selbst, um uns von unseren inneren Gefängnissen zu befreien, sowie von unserem Drang, andere für uns ge-

35 Vgl. aaO, 1973, S. 401 f; 1974, S. 430 f, 492 f

fangenzunehmen, und um alles auszuschlagen, was die Gemeinschaft bricht. Kampf an der Seite der armen Menschen, damit ihre Stimme gehört werde, damit die Unterdrückungen gesprengt werden, und damit wir zusammen zu neuen Gemeinschaftsformen fähig werden.

Kontemplation, um aufzubrechen und nach Gemeinschaft mit dem auferstandenen Christus zu suchen, um dort die Gabe unseres Lebens fest einwurzeln zu lassen und um nach und nach unseren Blick umwandeln zu lassen, bis wir schließlich auf die Menschen und die ganze Welt mit den Augen Christi sehen können.«[36]

Die Sprache dieser Sätze ist unverkennbar die Sprache des Priors. Es bleibt eigenartig, wie wenig in den Formulierungen der Texte vor und während des Konzils der Jugend die Stimme der Jugendlichen vernehmbar wird. Viele Fragen werden zur Zeit in Taizé nicht beantwortet. Wer wählt aus der Fülle aller Äußerungen der Jugendlichen jene Gedanken aus, die allen mitgeteilt werden? Von wem werden jene bestimmt, die diese Texte wie den eben zitierten oder den »Brief an das Volk Gottes« (s. u.) zusammenstellen? Kurz: Wessen Autorität verbirgt sich hinter den Worten des Konzils der Jugend? Ist der Prior von Taizé das Echo, die Stimme, die die Stimmen der Jugendlichen aufnimmt und öffentlich bekanntmacht, oder geben ihm die Jugendlichen nur jeweils das Stichwort, das frère Roger dann meditiert, wie man es während des Gesprächs anläßlich der Friedenspreis-Verleihung in Frankfurt denken mochte?

Ungefähr 40 000 Jugendliche aus über 100 Ländern der ganzen Welt kamen zur Eröffnung des Konzils der Jugend nach Taizé.[37] Obwohl sie an einer Massenveranstaltung teilnahmen, brauchten sie nichts von den üblichen Erscheinungsformen einer solchen zu spüren. Ein Heerlager bunter Campingzelte bedeckte ein über 20 Hektar großes Feld der COPEX. Fünf buntgestreifte Zirkuszelte, einander zugeordnet wie die einzelnen Teile eines Kastanienblattes, bildeten die Kirche. Die Kirche der Versöhnung war längst zu klein geworden für so viele Menschen. Trotz des wahrhaft babylonischen Sprachgewirrs: Verständigung aller wie zu Pfingsten.

36 In: Fêtes et Saisons 1974, S. 8

37 Als Quelle für den Bericht der Konzilseröffnung dienen eigene Tonbandaufzeichnungen und ein hektographiertes Papier der Communauté vom 2. 9. 1974.

Die Gottesdienste in der Zeltkirche wurden von den Liturgiestücken des gemeinsamen Gebets der Brüder und dem Gebet der Jugendlichen bestimmt. Dabei konnten die Jugendlichen ausdrücken, was sie in den Jahren der Vorbereitung entdeckt hatten und durch das Konzil der Jugend erreichen wollten. Vier große Gottesdienste bestimmten die Konzilseröffnung.

Das Gebet für die Menschen auf der ganzen Erde stand im Mittelpunkt des Eröffnungsgottesdienstes am Freitagabend. In einem (fast zu) langen Fürbittengebet wurden die Not, die Stimmlosigkeit, die Unterdrückung naher und ferner Völker lebendig. Jeder sprach das Gebet in der Sprache seines Landes: eine Indianerin Nordamerikas, ein Palästinenser, Chilene, Vietnamese, Ureinwohner Australiens usw.

Der Gottesdienst am Samstagmittag faßte dann in einer eindrucksvollen Kreuzwegprozession die Leiden dieser Welt zusammen. Unterdrücker und Unterdrückte beteten gemeinsam den Klageruf Jesu vom Karfreitag: Mein Volk, was habe ich dir getan ..., und du hast mich geschlagen ...

Am Ende des Gebets kündigte frère Roger an, er werde nach Chile reisen. »Ich bin von seiten der Jugendlichen dringend gebeten worden, dorthin zu gehen, wo die Situation am schwersten ist. Zusammen mit Jugendlichen oder allein – je nach Situation und Umständen. Spontan sagte ich mir: Ich bin nicht nur ein Mensch ohne Macht und ohne Mittel, sondern auch fest davon überzeugt, die meiste Zeit in Taizé sein zu müssen, um zuzuhören und nochmals zuzuhören, den jungen aber auch den älteren Menschen. Ich muß versuchen, im persönlichen Gespräch alle zu verstehen. Aber weil hartnäckig darauf bestanden wurde, habe ich begriffen, daß jetzt der Augenblick gekommen ist, diesem Ruf zu antworten, den viele von euch an mich richteten. Wohin sollte ich jedoch als erstes gehen? Das Land, in das ich gehen werde, ist Chile. Ich werde mit Vertrauen aus Liebe nach Chile gehen, um zuzuhören und zu beten. Ich werde versuchen, sowohl die Armen, als auch die Menschen, die ich wegen des Einsatzes ihres Lebens bewundere, zu verstehen.«

Keine bloßen Worte und mehr als eine schlecht imitierte Papstreise, weil wir hier schon auf ein erst später folgendes Ereignis hinweisen können: Während der Friedenspreis-Verleihung am 13. Oktober 1974 wurde frère Roger von einem jungen Demonstranten auf seine eigenen Worte von Ostern 1974 angesprochen. Der Prior hatte gesagt: »Die Ereignisse von Chile haben sich uns wie ein Brandmal eingeprägt und uns fast niedergeschlagen. Wir konnten allerdings durch Intervention zur Ret-

11 Gottesdienst zur Eröffnung des Konzils der Jugend, September 1974

tung eines Menschenlebens beitragen: es ging um das Leben von Luis Corvalan, des Generalsekretärs der Kommunistischen Partei Chiles. Ich habe mich für ihn eingesetzt als freier Mensch, der ich auch bleiben will.«[38]

Was nicht in den Zeitungen stand: Nachdem die Polizei den jungen Mann und seine Freunde mit Gewalt aus der Paulskirche geführt hatte, sprachen Jugendliche – Freunde des Priors – mit den Demonstranten. Man traf sich im Quartier der Jugendlichen und diskutierte mehrere Stunden die Fragen, die die Demonstranten wegen des Unmutes des Publikums nicht diskutieren durften: Behandlung bestimmter politischer Häftlinge in der BRD. Man einigte sich nicht. Dennoch hatte man das wechselseitige Bewußtsein, sich zugehört und verstanden zu haben. Sichtbare Konsequenzen des Gebets am zweiten Tag der Konzilseröffnung.

Der dritte Gottesdienst am Samstagabend: Zeichen der Auferstehung. Sein Höhepunkt: Die Jugendlichen zündeten nach

38 In: Brief aus Taizé, April 1974, S. 3 f

der Lesung des Evangeliums Tausende von Kerzen aneinander an. Währenddessen drückten Jugendliche verschiedener Länder ihre Hoffnungen in kurzen Texten aus, eine Portugiesin, ein Bauer aus Paraguay, Jugendliche aus Nordost-Brasilien, Zaire u. a. Während der Nacht blieben viele Jugendliche im Gottesdienstzelt und in der Versöhnungskirche. Sie wollten in einer Nacht des Gebets in Gemeinschaft sein mit allen Menschen, die zum Schweigen verurteilt sind.

Merkwürdig blieb die nächtliche Kommunionfeier. Die Communauté war vor der Konzilseröffnung von Rom unter Druck gesetzt worden, keine gemeinsamen Abendmahlsgottesdienste mit Evangelischen und Katholiken zu feiern. So wurde während der Eröffnung des Konzils der Jugend keine Eucharistie gefeiert, nur Brot und Wein einer im Verborgenen gefeierten Eucharistie verteilt. Sicher war es ein, im Blick auf Rom, wirksameres Zeichen, kein Abendmahl zu feiern und der Welt zu sagen, warum man es nicht könne, als trotzig auf der gemeinsamen Eucharistie zu bestehen. Eine mutige Geste der Machtlosigkeit!

Thema des vierten Gottesdienstes am Sonntagmorgen: Ein Feuer auf Erden entzünden. Eine Gruppe von Jugendlichen aus verschiedenen Kontinenten las den »Brief an das Volk Gottes« vor. In ihm werden alle Erfahrungen, Gespräche, Hoffnungen der Konzilsvorbereitungen zusammengefaßt. In ihm drückt sich das Leben der Communauté der letzten drei Jahrzehnte ebenso aus wie das Leben jener Jugendlichen, die seit 1970 das Konzil der Jugend vorbereiteten. Gewiß, die Sprache des Priors ist vorherrschend. Die Absichten dieses Briefes werden in den typischen Formulierungen frère Rogers ausgedrückt. Gleichwohl ist dieser Brief jene merkwürdige Mischung, jenes untrennbare Miteinander, das die Gemeinschaft der Communauté mit den Jugendlichen in Taizé keinnzeichnet. Alles ist noch offen, nichts ist festgelegt. Keine bürokratischen Organisationsformen, sondern provisorisches Leben, Gebet und Leben, Kampf und Kontemplation, jene poetische Sprache, die eine Vielfalt verschiedener Auslegungen ermöglicht und so enge Ideologie hindert:

Brief an das Volk Gottes

Wir sind auf einer Erde geboren, die für die Mehrzahl der Menschen nicht bewohnbar ist. Durch eine unerträglich privilegierte Minderheit wird ein großer Teil der Menschheit ausgebeutet. Zahlreich sind die Polizeiregime, die die Mächtigen schützen. Multinationale Konzerne schreiben ihre Gesetze vor und setzen sie durch. Profit und Geld regieren. Wer die Macht hat, hört fast nie auf die Stimmen der Stimmlosen.

Und welchen Weg zur Befreiung erschließt das Volk Gottes? Es kann dieser Frage nicht ausweichen.

Als die Christen der ersten Zeit vor einer unlösbaren Frage standen, und sich zu trennen drohten, beschlossen sie, sich in einem Konzil zusammenzufinden. Daran erinnerten wir uns, als wir Ostern 1970 nach Antworten für unsere Zeit suchten. Wir haben uns weder für ein Diskussionsforum noch für Kongresse entschieden, sondern für ein Konzil der Jugend, das heißt für eine Realität, die Jugendliche aller Länder zusammenführt und uns unmißverständlich für Christus und das Evangelium engagiert.

Die Mitte des Konzils der Jugend ist der auferstandene Christus. Ihn feiern wir, der in der Eucharistie gegenwärtig ist, in der Kirche lebt und in den Menschen, unseren Brüdern, verborgen ist.

Während der Vorbereitungszeit von viereinhalb Jahren haben wir uns laufend untereinander besucht. Wir haben die Erde in allen Richtungen durchstreift, obwohl wir nur sehr spärliche Mittel hatten. An mehreren Orten mußten wir auf Grund der politischen Verhältnisse schwierige Situationen durchstehen.

Dadurch hat sich allmählich ein gemeinsames Bewußtsein herausgebildet. Es wurde ganz besonders durch die Stimmen derjenigen unter uns geprägt, die der Abhängigkeit und Unterdrückung unterworfen oder zum Stillschweigen gezwungen sind.

Eine Gewißheit haben wir bereits heute: Der auferstandene Christus bereitet sein Volk zu gleicher Zeit darauf vor, ein kontemplatives Volk, das nach Gott dürstet, zu werden, ein Volk der Gerechtigkeit, das den Kampf der ausgebeuteten Menschen und Völker mitlebt, und ein Volk der Gemeinschaft, in dem auch die Nichtglaubenden einen schöpferischen Platz finden.

Wir gehören zu diesem Volk dazu. Deswegen richten wir diesen Brief an das Volk Gottes, damit es unsere Erwartungen und Beunruhigungen erfährt, die uns auf der Seele brennen.

Zahlreiche Kirchen, in der südlichen wie in der nördlichen Erdhälfte, werden überwacht und sind ständigen Behinderungen, sowie Verfolgungen ausgesetzt. Einige unter ihnen geben den Beweis, daß die Kirche, wenn sie an kein politisches Regime gebunden ist, weder Machtmittel noch Reichtum besitzt, eine Neugeburt erfährt, befreiende Kraft für die Menschen wird und damit Gott widerspiegeln kann.

Ein anderer Teil des Volkes Gottes, in der nördlichen wie in der südlichen Erdhälfte, verbündet sich mit dem System der Ungleichheit. Sowohl Christen auf individueller Basis, als viele Institutionen der Kirche, haben ihre Besitzungen als Kapital angelegt und ungeheure Reichtümer an Geld, Boden, Gebäuden und Aktien angehäuft. Es gibt Länder, in denen die Kirche immer noch an die Macht im Bereich der Politik und an die Finanzmacht des Kapitals gebunden ist. Sie geben aus ihrem Überfluß riesige Summen als Entwicklungshilfe, ändern jedoch keineswegs ihre eigenen Strukturen. Institutionen der Kirche setzen alles daran, mit zugkräftigsten Mitteln ihre Sendung zu erfüllen, ihre Aktivitäten zu beleben und ihre Ausschüsse und Arbeitskreise zu versammeln. Aber viele stellen fest, daß das Leben immer mehr aus der Kirche schwindet, die Institutionen jedoch im Leerlauf weiterarbeiten. Immer mehr Menschen unserer Zeit verlassen die Kirche. Ihr Wort verliert seine Glaubwürdigkeit.

Die Christen der ersten Zeit dagegen legten alles zusammen. Sie versammelten sich täglich zum Gebet, sie lebten in Freude und Einfachheit. Daran wurden sie erkannt.

In den letzten Jahren der Vorbereitung zum Konzil der Jugend wurden äußerst vielfältige Vorstellungen zum Ausdruck gebracht. Die nachfolgenden haben sich unter allen Vorstellungen am stärksten herausgeschält: Mit ihnen werden wir uns im ersten Abschnitt des Konzils der Jugend beschäftigen:

Kirche, was sagst du von deiner Zukunft? Wirst du auf die Mittel der Macht und auf die Vorteile der Kompromisse mit der politischen und finanziellen Macht verzichten?

Wirst du die Privilegien aufgeben und dich weigern, Kapital anzulegen? Wirst du endlich ›die universelle Gemeinschaft werden, die mit allen ohne Unterschied teilt‹, endlich eine versöhnte Gemeinschaft, ein Ort der Gemeinschaft und der Freundschaft für die gesamte Menschheit?

Wirst du am konkreten Ort wie auf der Erde Samenkorn einer Gesellschaft ohne Klassen und Privilegierte werden, in der nicht mehr ein Volk über das andere herrscht, noch ein Mensch über den anderen?

Kirche, was sagst du von deiner Zukunft?

Wirst du das ›Volk der Seligpreisungen‹ werden, ohne andere Sicherheit als Christus: ein armes Volk, das kontemplativ lebt und Frieden schafft, das Träger der Freude und eines befreienden Festes für die Menschen ist, auf die Gefahr hin, daß du verfolgt wirst um der Gerechtigkeit willen?

Da wir zu diesem Volk dazugehören, wissen wir, daß wir nichts Anspruchsvolles von anderen verlangen können, wenn wir nicht selbst alles für das Ganze riskieren. Was haben wir zu befürchten? Sagt uns Christus nicht: ›Ich bin gekommen, um ein Feuer auf Erden zu entzünden; was will ich anderes, als daß es stark brennt!‹ Wir werden es wagen, beim Konzil der Jugend alles im voraus selbst zu leben, was wir verlangen. Wir werden es wagen, uns gemeinsam und endgültig zu engagieren, um das Unverhoffte zu gestalten, den Geist der Seligpreisungen im Volk Gottes hervortreten zu lassen und ein Ferment zu sein für eine Gesellschaft ohne Klassen und Privilegierte.

Wir richten diesen ersten Brief über das, was uns bewegt, an das Volk Gottes, um mit ihm zu teilen, was uns am Herzen liegt.

Eröffnung des Konzils der Jugend
Taizé, 1. September 1974.

Literatur in Auswahl

Artikel und Bücher der Communauté

Frère Michel (Bergmann):
Was verzögert das Umdenken in den Entwicklungsländern? In: Zeitschrift für evangelische Ethik, 1970, S. 44 ff
Frère Pierre-Yves (Emery):
Les formes d'institution dans la Communauté de Taizé. In: Collectanea Cisterciensia, 1966, S. 153 ff
Frère Olivier:
Nouvelles des frères en mission (L'Ouest de la France). In: Aujourd'hui, Januar 1966, S. 9 f
Frère Charles-Eugène (Paguin):
Berufung zur Kommunität und Aufruf zur Einheit der Kirche. In: L. Präger (Hrsg.): Frei für Gott und Menschen. Stuttgart 1964², S. 35 ff
Frère Roger (Schutz):
La Communauté de Cluny. Notes explicatives. O. O. 1941
Une Communauté d'intellectuels protestants. In: La vie protestante (Genf), 6. November 1942
L' idéal monacal jusqu'à Saint Benoît et sa conformité avec l'Evangile. Lausanne 1943
Introduction à la vie communautaire. Genf 1944
(und frère Max [Thurian]): La Communauté réformée de Taizé-lès-Cluny. In: La vie sprirituelle, 1951, S. 481 ff
(und frère Max [Thurian]): Les communautés régulières et le monde. In: Le Semeur, 1952, S. 91 ff
La règle de Taizé. Bonneville 1954; Taizé 1967². Deutsche Übersetzung: Die Regel von Taizé (und die Geistlichen Weisungen). Gütersloh 1963. Sowie: Warten auf das Ereignis Gottes. Freiburg 1970 (Herder-Tb 365; Teil I)
Pour un bon œcuménisme. In: Unitas, 1954 (= Verbum Caro, 1957, S. 3 ff)
Naissance de communautés dans les Eglises de la Réforme. In: Verbum Caro, 1955, 14 ff
Facteurs non-théologiques dans les divisions avec l'Eglise catholique romain. In: Unitas, 1955, S. 16 ff
Résultats théologiques et spirituels des rencontres œcuméniques avec les catholiques romains. In: Unitas, 1957, S. 36 ff
Sakrament – Liturgie – Ordensgemeinschaften. In: Dokumente 13, 1957, S. 202 ff

»L'Opération Espérance« de Taizé en faveur de l'Amérique latine. In: La documentation catholique, 7. Juli 1963, S. 907 ff
Das Heute Gottes. Freiburg 1963 (Herder-Tb 136)
Einheit und Zukunft. Freiburg 1965 (Herder-Tb 219)
Naissance de Taizé. In: Semences d'unité, Tournai 1965, S. 243 f
Dynamik des Vorläufigen. Freiburg 1967 (Herder-Tb 274)
Einmütig im Pluralismus. Aktualisierung der Regel von Taizé. In: Warten auf das Ereignis Gottes. Freiburg 1970 (Herder-Tb 365; Teil II)
Die Gewalt der Friedfertigen. Freiburg 1972 (Herder-Tb 421)
Ein Fest ohne Ende. Freiburg 1973 (Herder-Tb 472)
Kampf und Kontemplation. Freiburg 1974 (Herder-Tb 493)
Frère Roger. Ansprachen anläßlich der Verleihung des Friedenspreises des Deutschen Buchhandels 1974. Frankfurt 1974

Frère François (Stoop):
Le christianisme, religion d'amour. In: Verbum Caro, 1960, S. 35 ff

Frère Max (Thurian):
Joie du ciel sur la terre. Introduction à la vie liturgique. Genf 1946
Position de l'œcuménisme. In: Catholicité, 1947, S. 25 f
La Communauté de Cluny. In: Verbum Caro, 1948, S. 108 ff
A propos de »l'avertissement« du Saint-Office du 5 Juin 1948. In: Verbum Caro, 1948, S. 184 ff
Les grandes orientations actuelles de la spiritualité protestante. In: Irénikon, 1949, S. 368 ff
Les communautés régulières dans l'Eglise réformée. In: Esprit et Vie, 1950, S. 471 ff
Le dogme de l'assomption. In: Verbum Caro, 1951, S. 2 ff
Le Saint-Siège et le mouvement œcuménique. In: Verbum Caro, 1952, S. 164 ff
Ehe und Ehelosigkeit. Zwei Dienstordnungen christlichen Lebens. Gelnhausen/Berlin o. J.
Der ungeteilte Christ. Aktion und Kontemplation. Freiburg 1963 (Herder-Tb 246)
Maria. Mainz 1965
Liturgie et actualité. In: Verbum Caro, 1966, S. 18 ff
Der Glaube in der Entscheidung. Freiburg 1969 (Herder-Tb 345)

Frère Yann (Fentener van Vlissingen):
Approches psychologiques du célibat. Les images, le corps, la solitude. Taizé 1969

Ohne Verfasserangabe:
Einführung in die Retraite. In: R. Bochinger (Hrsg.): Die Gnade des Gebets. Gütersloh 1964, S. 15 ff

Die Zeitschriften:
Aujourd'hui (März 1963–Januar 1970)
Brief aus Taizé (seit 1970)
Communion (seit 1970)
Verbum Caro (1947–1970)

Artikel und Bücher über die Communauté

H.-E. Bahr: Nun auch protestantische Klöster? In: Deutsches Pfarrerblatt, 1955, S. 561 f
Verkündigung als Information. Hamburg 1968
F. Baumann und F. Rausser: Taizé. Basel 1968
K.-M. Beckmann: Monastische Ideale? In: Kirche in der Zeit, 1964, S. 445 f
E. Bethge: Dietrich Bonhoeffer. Theologe, Christ, Zeitgenosse. München 1967
F. Blanke: Evangelisches Mönchtum. In: Reformatio, 1964, S. 269 ff
Ch. Boyer: Taizé, a center of Ecumenism. In: Unitas (engl.), 1961, S. 239 ff
H. Clasen: Die Arkandisziplin in der Alten Kirche. Heidelberg 1956 (unver. Dissertation)
Fêtes et Saisons, Juli 1965: Taizé, 25 ans de communauté, 25 ans d'œcuménisme
Fêtes et Saisons, April 1971: Le concile de jeunes
Fêtes et Saisons, Juni/Juli 1974: Ouverture du concile de jeunes
J.Gerhartz: Wirklich arm sein. Die Armut in der Communauté de Taizé. In: H. Schlier (Hrsg.): Strukturen christlicher Existenz. Würzburg 1968, S. 317 ff; 393 ff
J.-Chr. Hampe: Abschied der Zölibatäre. In: Radius, 1970/71, S. 4 f
J. Heijke: An Ecumenical Light on the Renewal of Community Life: Taizé. Edinburgh 1967
O. Hesse. In: Nachrichten vom Amt für Jugendarbeit, Wolfenbüttel, 2/1973
G. Heinz-Mohr: Christsein in Kommunitäten. Stuttgart 1968
Herderkorrespondenz, 1970, S. 306 ff: Taizé und das Konzil der Jugend
H. Hohmann: Das Kuriosum von Taizé. In: Christ und Welt, 12. Juni 1970
W. Joest: Berufung. In: Religion in Geschichte und Gegenwart, I³, Sp. 1088 f
Jungenwacht, 1957, S. 127 ff: Die Communauté de Taizé
S. von Kortzfleisch: Mitten im Herzen der Massen. Stuttgart 1963
Lebrun (Eveque d'Autun): Les humbles débuts de Taizé. Taizé 1968
B. Lohse: Luthers Kritik am Mönchtum. In: Evangelische Theologie, 1960, S. 413 ff
Nachrichten vom Amt für Jugendarbeit, Wolfenbüttel, 2/1973
K.-A. Odin: Evangelische Mönche. Ein Bericht aus Taizé. In: Frankfurter Allgemeine Zeitung, 28. Mai 1966
Panorama Chrétien, Juli 1963, S. 18 ff: Le mystère de Taizé
J.-M. Paupert: Taizé und die Kirche von morgen. Luzern/München 1969
L. Präger (Hrsg.): Frei für Gott und Menschen. Evangelische Bruder- und Schwesternschaften der Gegenwart in Selbstdarstellungen. Stuttgart 1964²
J. Rilliet: Nach 25 Jahren am Scheideweg. Sonntagsblatt, 22. 9. 1965

E. Schick: Evangelische Orden? In: Reformation, 1954, S. 547 ff
W. Schleiter: Evangelisches Mönchtum? Entwicklung und Aufgabe der Bruderschaften und Schwesternschaften in der Kirche. Stuttgart o. J.
A. Stökl: Jugendretraite in Taizé: Weg zum Konzil der Jugend. In: H. Löwe (Hrsg.): Einkehr in die Stille. Kassel 1972, S. 71 ff
suchen, warten, wagen. Auf dem Weg zum Konzil der Jugend. Graz/Wien/Köln 1973
M. Villain: L'Abbé Paul Couturier. Apôtre de l'unité chrétienne. Tournai 1964[4]
S. Wend: Ein Brief über Taizé. In: Quatember 1949/50, S. 217 ff
F. Wulf: Die Stellung des Protestantismus zu Aszese und Mönchtum. In: Geist und Leben, 1954, S. 21 ff